कदम की फूली डाल

कदम की फूली डाल

विद्यानिवास मिश्र
एम.ए.

लोकभारती प्रकाशन

लोकभारती प्रकाशन
पहली मंजिल, दरबारी बिल्डिंग, महात्मा गाँधी मार्ग
इलाहाबाद-211 001
वेबसाइट : www.lokbhartiprakashan.com
ईमेल : info@lokbhartiprakashan.com
शाखाएँ : 1-बी, नेता जी सुभाष मार्ग, दरियागंज
नयी दिल्ली-110 002
अशोक राजपथ, साइन्स कॉलेज के सामने
पटना-800 006 (बिहार)
36-ए, शेक्सपियर सरणी
कोलकाता-700 017

प्रथम संस्करण : 2017
द्वितीय संस्करण : 2022

आस्था पेपर कन्वर्टर
प्रयागराज द्वारा मुद्रित

KADAM KI PHOOLI DAAL
Edited by Vidyaniwas Mishra

ISBN : 978-93-5221-092-3

मूल्य : ₹ 425

स्वगत

'छितवन की छाँह' के बाद दूसरा संग्रह प्रस्तुत करते समय मेरा ध्यान इस अन्तराल की उदास जिन्दगी की ओर बरबस चला जाता है। इस उदासी का कारण यह नहीं कि सुधियों की रसज्ञता से वंचित रहे, और न यही है कि मेरी साहित्य-यात्रा में कोई बाधा आयी, प्रत्युत इस विपरीत विगत दो-तीन वर्षों की अवधि मेरे लिये साहित्यिक अभिज्ञान की अवधि रही है। फिर भी जितनी रिक्तता जीवन में आज है, उतनी कभी नहीं थी। पहले दुःख-दर्द अधिक था, पर जीवन में रस था। आज शायद कोई मानसिक पीड़ा नहीं है, पर जैसे किसी ने रस सोख लिया है। प्रणय या मैत्री की जिस स्निग्ध भूमि में छतनार छितवन का बिरवा रोपा था, वह भूमि आज रेत-रेत रह गयी है। एक प्रकार से निष्क्रिय वैराग्य चारों ओर से ग्रसता चला आ रहा है।

कारण मैं स्वयं ठीक-ठीक नहीं जानता। हो सकता है कि जिन्हें मैं मित्र मानता था और अब भी जिन्हें अमित्र समझने के लिए मेरा हृदय प्रस्तुत नहीं है, उन्होंने दगा की, जिससे यह रीतापन आया हो। हो सकता है कि प्रेम की जिस प्रगाढ़ता की मैंने आशा की हो, वह आशा उस मात्रा में पूरी न हुई हो, इसलिए यह विरक्ति है। हो सकता है कि मेरी भावुकता ने इधर प्राप्त प्रतिक्रियाओं के विरुद्ध सत्याग्रह किया हो। बहरहाल मैं इस बीच जो कुछ भी सोचता था, लिखता रहा, उससे भी मेरी रिक्तता रीती नहीं, भरती ही गयी। इस संग्रह का विचित्र इतिहास है।

सोचा था कि 'विन्ध्य के अंचल में' इस शीर्षक के विन्ध्यभूमि से ही सम्बन्धित लेख इसमें जोड़ूँगा और मेरे दो उत्साही तरुण साथियों ने लेखन के भार से मुझे मुक्त करने का अनमाँगा वर दिया। उन्होंने मेरा आलस्य झकझोरकर कुछ निबन्ध लिखवाये भी, पर कुछ नियति का विधान ऐसा था कि वह योजना बीच में ही स्थगित हो गयी। पर मैं उन साथियों का ऋणी हूँ। वे साथी श्री आद्याप्रसाद त्रिपाठी और श्री अवधेशप्रसाद अग्निहोत्री हैं।

कुछ निबन्ध ऐसे हैं, जिन्हें स्वयं बैठकर कभी आधी रात के बाद या कभी रात के पिछले पहर महीनों के मानसिक उद्वेलन और मन्थन के अनन्तर विवश होकर मुझे लिपिबद्ध करना पड़ा है। पर यह सच है कि जिन्दगी इस अफसरी में इतनी ऊसर हो

गयी है कि उसमें किसी पौधे को अंकुरित होने के लिए 'अर्ज' (अन्तःप्रेरणा) नहीं होती। यहाँ तक कि जो भावना हजार बार मन में चक्कर भी काटती है, वह भी कभी-न-कभी दैनिक कार्य-चक्र के नीचे पिस जाती है। इसलिए बहुत कम एक तो सोचता हूँ और लिखने का जहाँ तक सवाल है, वह एक घटना होती है। यदि लिखने का साहस और संकल्प अभी बना हुआ है, तो मैं इसे बहुत बड़े सुकृत का फल मानता हूँ, क्योंकि थोड़ी-बहुत सार्थकता अपनी रिक्तता को भी साहित्य को अर्पित करने में ही मानता हूँ।

इस प्रकार के निरुत्साहपूर्ण वातावरण में लिखे गये ये निबन्ध हैं, जिन्हें प्रोत्साहन मिला है केवल इने-गिने सुहृदों से। उनके नाम यहाँ गिनाऊँ तो कदाचित् जो छूट जायँ, वे कुछ अन्यथा समझने लगेंगे।

पर प्रोत्साहन ही तो सब-कुछ नहीं है, उससे भी अधिक महत्त्व है उस सन्ताप का जो मुझे अपने तथाकथित मित्रों से इधर अप्रत्याशित मात्रा में मिला है और जिनके अपकार का प्रयोजन आज तक भी मैं समझ नहीं पाया। उस सन्ताप ने ही मेरे विरक्त भावों की लौहधातु को गलाकर इन निबन्धों के साँचे में ढाला है। उस सन्ताप के प्रति इसलिए सविशेष कृतज्ञता दुःखमयी है कि हृदय से इन अप्रत्यक्ष उपकारियों का आभार मानकर भी वाणी से उनके नाम नहीं उचार सकता। एक निबन्ध में उनकी वन्दना मैंने अलग से की है और वह इस संग्रह में मौजूद है।

काश ये वन्दनीय महापुरुष मेरी हार्दिक कृतज्ञता का लवमात्र भी ग्रहण कर पाते तो मुझे सन्तोष हो जाता। जिन्दगी के जिन कड़वे निष्कर्षों की घूँट गले में उनकी कृपा से गयी है, वे निष्कर्ष भी काश, कभी भुलाये जा सकते। इन निष्कर्षों पर अमल तो मैं अब भी नहीं कर पा रहा हूँ। लेकिन इनके कारण मेरा मनःप्रसाद बिगड़ गया है, इसमें कोई सन्देह नहीं। मैंने अपनी मनःस्थिति को इसीलिए इधर के निबन्धों से दूर रखने की कोशिश की है। कहीं-कहीं एक धुँधली-सी झाँई उसकी आ गयी हो, तो नहीं कह सकता वैसे मैंने जो अपने परिसर की प्रकृति है, उसमें एकाकार होकर ही अपने को अभिव्यक्त किया है, अपने से एकाकार होकर नहीं। कदम के शतकिंजल्कित कुसुम में मुझे दुर्दिन में भी अक्षय सौन्दर्य तथा सौभाग्य की पूर्णता का प्रतीक मिला और मैंने इसलिए उसकी आराधना की। वह आराधना प्रस्तुत ग्रन्थ के तीन खण्डों या तीन सोपानों में साकार हुई है, पहला है भ्रमण, जिसके अन्तर्गत विन्ध्यभूमि के सौन्दर्य-दर्शन से आकलित अनुभव संगृहीत हैं, दूसरा है चिन्तन, जिसमें साहित्य के कुछ तात्कालिक प्रश्नों की जिज्ञासा है और अपनी मान्यताओं के समर्थन में कुछ विशिष्ट कवियों या काव्यों का पर्यालोचन है और तीसरा है स्वप्न, जिसमें बौद्धिक धरातल से ऊपर उठकर अन्तःकरण अपनी आराध्य भावभूमि में पहुँचकर आश्वस्त हो गया है। अन्तिम खण्ड सबसे छोटा है, क्योंकि ऐसी आश्वस्तता के क्षण इधर बहुत विरल रहे हैं।

इस संग्रह के निबन्धों की पार्थिव प्रतिमा को जिस धरती के स्नेह-रस से भिनने का अवसर मिला है, उस विन्ध्यभूमि के प्रति हृदय से आभार प्रकट किये बिना मेरा स्वगत भाषण अधूरा रहेगा। अतः विन्ध्यभूमि ने अपनी जो प्राकृतिक और सांस्कृतिक सम्पदा मेरे लिये उन्मुक्त की, उसके लिए उस भूमि का चिर ऋणी हूँ। साथ ही उन मित्रों का ऋणी हूँ, जिनकी स्नेह-चर्चाओं ने अमृत-बिन्दु बनकर समय-समय पर विषधर नागों के विषाक्त प्रभाव को दूर करते हुए मेरी साहित्य-साधना को जीवनदान किया है। अपने आदरणीय मित्र मानव जी तथा शिवानन्द जी का विशेष रूप से आभार स्वीकार करना है; क्योंकि इन लोगों ने रीवा के साहित्यिक वातावरण को बराबर प्राणान्वित किया है और उस वातावरण ने मुझे बराबर स्फूर्ति दी है। भाई जगदीशचन्द्र जी जोशी तथा श्याम जी की आशंसाओं ने समय-समय पर बहुत प्रोत्साहन दिया है। राममित्र जी तथा गोस्वामी जी ने तो वस्तुतः मुझे विरागोन्मुख नैराश्य से उबारा है, इसलिए उनको तो मैं इन निबन्धों का प्रेरक ही मानता हूँ। श्री शुकदेव दुबे ने इस पुस्तक के प्रूफ देखने में उदारतापूर्वक सहायता की है तथा अभिन्न हृदय भाई (वात्स्यायन जी) ने मेरी निबन्ध-यात्रा को अपनी स्नेह-दृष्टि से उपोद्बेलित किया है। इन सबके प्रति हृदय से आभारी हूँ।

यह जानते हुए भी कि मेरे ये निबन्ध आज के प्रचलित अर्थ में निबन्ध नहीं हैं, क्योंकि परीक्षोपयोगी नहीं हैं, जो परीक्षोपयोगी नहीं होगा वह बहुपठित न होगा, इस न्याय से निबन्धकार के रूप में मेरी स्वीकृति न होगी, फिर भी यदि कुछ सहृदय विद्वानों का परितोष करा सका, तो मैं अपनी रचना को कृतार्थ मानूँगा।

—विद्यानिवास मिश्र

विषय-सूची

खण्ड 1

यात्रा

मुकुट, मेखला और नूपुर

विन्ध्य के अंचल में मुझे आये दो संवत्सर से कुछ अधिक हो रहा है। मैं रुककर पीछे देखता हूँ तो सबसे पहले मेरा मन हिमालय के चरणों में बिछी हुई धानी तराई की स्निग्ध स्मृतियों में भीग-सा उठता है। मेरा जन्म उसी तराई की धरती में हुआ है और बचपन भी उसी के रस से सिंचित हो करके पला है। यह सही है कि साल-भर वाण और तुलसी की हिय-लगी विन्ध्य-भूमि में रहकर भी इसके वन-निर्झरों में, इसके कला-केन्द्रों में, सोन, नर्मदा, गोपद, बनास, केन, बेतवा और दशार्ण की पृथ्वी के हृदय से नदियों की चट्टानों के साथ अठखेलियों में और अतीत के अधखुले पृष्ठों सरीखे बोलते शिल्पों में रमा घूमा हूँ, पर मन इनमें घुलकर इसी से एक न हो सका। इसका कारण यह नहीं है कि मैं अपने को प्रवासी अनुभव करता हूँ, बल्कि ठीक विपरीत मुझे उस अतीत के दुलार की धरती का इसमें पूरक दान मिलता है। जब-जब मैंने कोसों दूर झाड़ियों और पथरीली चट्टानों के बीच में वसुधा के वक्ष से स्तन्य-पान करती हुई सरिताओं को देखा है, तब-तब मुझे अनन्त और अपार जीवन का उमड़ाव लिये वे अधीर नारायणी, सदानीरा, कौशिकी सरीखी नदियाँ याद आयी हैं, जिनके प्रेमावेग में जाने कितने शत सहस्रजनों का विध्वंस प्रतिवर्ष निहित रहता है, उनके अधैर्य की बराबर यहाँ उपशान्ति मिली है। जब मैंने जेठ में धायँ-धायँ जलती छोटी-छोटी पहाड़ियों की चोटियों पर से खड़े हो करके तृणविहीन और धूसर भूमि का फैलाव निहारा है, तब-तब मुझे हिम-शैल-मालाओं का स्वर्णरंजित अनन्त सौभाग्य और बैसाख-जेठ में गलते हुए हिमपिण्डों के उमड़ाव से लहराते हुए साठी (षष्ठि) धान के झूमते खेत भी नजर आये हैं, मुझे लगा है कि रूप के अनन्त सौभाग्य को विरह की साधना मानो यहीं मिली है और मुझे अज्ञेय की अमर पंक्तियाँ याद आयी हैं, 'विरह की पीड़ा न हो तो प्रेम क्या जीता रहेगा।' मेरे मन में सहसा यह खयाल आया है कि हिमालय भारत के उस गौरव का प्रतीक है, जिसका दर्शन उसने अपनी सभ्यता के प्रथम यौवन में कालिदास की प्रसन्न वाणी में किया है और जिसकी नन्दिनी को शिव का अर्द्धाङ्ग बनाकर संगीत, नृत्य, नाट्य, शिल्प, काव्य आदि समस्त के स्रोत गंगा, यमुना, सरस्वती की तरह बहाया

है और विन्ध्य उस दारुण तपस्या की, बर्बर आँधियों से बचने के लिए उस विवश वनवास की, कला, संस्कृति और समृद्धि को बहुत साधना से सिंचित करने के प्रयत्न की, अहर्निश अपलक जागरण की और आपसी बिलगाव में भी वीरता के अद्भुत और अप्रतिम आदर्श के निर्माण की भूमि है। मुझे पहले तो अपनी भोजपुरी का धानी आँचल न मिलने से तपन मालूम हुई, पर बाद में 'वसने परिधूसरे वसाना' शकुन्तला की तरह और उस रामचरित की सीता की तरह मूर्तिमती विरह-व्यथा-सी मैं इस करुण सुन्दरता को पाकर कृतार्थ ही हुआ और इन बीहड़ और निर्जन वनों में कभी-कभी हजारों मील दूर अनन्त महासागर का मन्द-मन्द गर्जन और शरद् की राका में उस अनन्त नील के उज्ज्वल तरंगित ज्वार में सोयी हुई धरती के स्वप्न का चन्द्रोदय भी मैंने देखा है, तब जैसे गीत की कड़ी पूरी हो गयी है। मुकुट, मेखला और नूपुर जैसे इन तीन शृंगारों के प्रतिरूप से हिमालय, विन्ध्य और सागर भारत की अनूठी समंजसता के विधायक हों, मुकुट की दीप्ति, मेखला की ध्वनित साँस और नूपुर का उन्मद विलास परस्पर पूरक और उपकारक हैं और विलग नहीं।

जो एक विशेष प्रान्त के मोह में, एक विशेष जनपद के मोह में और एक विशेष कोने के मोह में इस विशाल देश की इस विशाल मोहकता को भूल जाता है, उसके ऊपर मुझे तरस आती है। मुझे केवल इतना समझ में आ सकता है कि जिस माँ का दूध पिया हो, उसका ऋण कुछ विशेष होता है पर उस ऋण का शोध भी मेरी समझ में सबसे बड़ा यही है कि वैसे दूधवाली जितनी माताएँ हों, सबकी वत्सलता की पात्रता अपने में लायी जाय, क्योंकि माँ एक की नहीं, सबकी है और वह अनेक होते हुए भी एक है।

इस मातृ-भूमि की वन्दना में जिन कवियों ने गीत गाये हैं, उन सबने इसको खण्ड करके नहीं देखा, खण्ड को देखते हुए भी इसकी अखण्डता को उसमें पाने की कोशिश की, पर इस अखण्ड भूमि को अपने खण्ड से तिरोहित करने का प्रयत्न उन्होंने नहीं किया। उनकी पगडण्डी पर मैं भी चलूँगा। विन्ध्य के अंचल में आया हूँ तो हिमालय से दूर होकर नहीं, सागर से दूर होकर नहीं, गंगा और कावेरी से दूर होकर नहीं, बल्कि मन में इन सबकी एकाकारता लाते हुए विन्ध्य का दर्शन करने आया हूँ। जिन लोगों को इससे अधिक पाने की मुझसे आशा होगी, उनसे मैं क्षमा चाहता हूँ।

मुझे स्मरण है कि एक बार मैं सीधी से लौटकर रीवा आया तो मेरे एक भोजपुरी मित्र उस यात्रा के बारे में बातचीत करते समय पूछ बैठे कि सीधी की बोली कौन-सी है। मैंने कहा, भोजपुरी है और सीधी की तहसीलों की बोली, व्यवहार और नाता-रिश्ता मिर्जापुर के राबर्ट्सगंज तहसील, बिहार के पलामू और मध्यप्रदेश के सरगुजा के लोगों से अधिक मिलती है। वे मित्र मेरे दुर्भाग्यवश पत्रकार थे और उन्होंने बिलकुल ठीक दूसरे दिन 'विन्ध्य प्रदेश में भोजपुरी' ऐसा एक शीर्षक एक पत्र में छापने की कृपा कर

ही दी। इसका परिणाम हुआ कि विन्ध्य की इकाई को एकदम अलग विच्छिन्न नग—वह भी ऐसा नग जो किसी अँगूठी में जड़ने के लिए न हो—माननेवाले कुछ मित्रों ने एकदम आकुल होकर मुझे गहरा उलाहना दिया कि साहब आपकी मन्शा क्या है? विन्ध्य प्रदेश के सीधी जिले को आप लेना चाहते हैं क्या? मैंने सीधा-सा जवाब दिया कि न मुझे लेना है, न देना है क्योंकि इन चीजों के लेने-देने का सौदा करने का भार जिस पेशे के लोगों पर है, सौभाग्यवश वह मेरा पेशा ही नहीं है। मेरा पेशा केवल बिना शर्त के, बिना किसी प्रतिदान की आशा के धरती का रस सब जगह सबको निर्विशेष भाव से लुटाना है, केवल देना नहीं है। मेरे उन मित्रों को शायद ही इससे सन्तोष हुआ हो, क्योंकि वे लोग तो ऐसे हैं, जो भारत के प्रत्येक साम्राज्य के उदय और अस्त, प्रत्येक कला की उड़ान, प्रत्येक साहित्य की रचना को अपनी सीमाओं में जकड़ करके रखना चाहते हैं। मैं कम-से-कम काल की सीमा को लाँघनेवाली सरस्वती की इन प्रसादियों को देश में सिमटाकर रखने के पक्ष में नहीं हूँ। क्योंकि मेरा विश्वास है कि छोटी प्रीति बड़ी प्रीति को जन्म न दे सके और बड़ी प्रीति भी ऐसी प्रीति को जन्म न दे सके जिसमें प्रीतिपात्र कौन है, यह पहचानना, यह अंगुलि-निर्देश करके बताना असम्भव हो जाय तो उसे मैं मनुष्य की दयनीय दुर्बलता मानता हूँ। मनुष्य की पहचान निस्सन्देह ममता है, पर साथ ही मनुष्यता का मापदण्ड भी उस ममता का दान है! उस दान में जिसने कंजूसी की है, वह बौना बनकर रह गया है और दान देना ही नहीं, दान लेना भी और इसलिए दान को भी समर्पण कर देना उसकी महत्ता है। इस सम्बन्ध में मुझे एक कहानी याद आ रही है, जिसके ऐतिहासिक सत्य-असत्य के सम्बन्ध में कुछ मतामत देने की आवश्यकता नहीं है, पर जिसका दार्शनिक सत्य अचल और ध्रुव है। वह कहानी है गोरखनाथ और मधुसूदन सरस्वती के भेंट की। गोरखनाथ अपने सात सौ वर्षों की साधना को एक सिद्धिशिला में पुंजित करके उचित पात्र की तलाश में भटकते-भटकते काशी के घाट पर पहुँचे। देखा, अद्वैत वेदान्त के अन्तिम जाज्वल्यमान नक्षत्र, भक्ति के अगाध सागर और विरक्ति के हिम-शिखर मधुसूदन सरस्वती घाट की सीढ़ियों पर बैठे-बैठे अपना संन्यास-दण्ड गंगा की लोल लहरों में एकाकार कर रहे हैं। इतनी बड़ी सिद्धि के स्वामी, जिससे न जाने कितने विश्वों की सम्पत्ति खरीदी जा सके, न जाने कितने चमत्कारों को न्योछावर किया जा सके और न जाने कितने योगसाधकों को परिचय मात्र देने से पागल बनाया जा सके, भिखारी बनकर उस संन्यासी के सामने खड़े हुए—महाराज, मुझे कुछ माँगना है। जवाब मिला, कहिये। मैं भी माँगकर आपकी माँग पूरी करने की कोशिश करूँगा, क्योंकि माँगकर रखना मेरा तो व्रत ही नहीं है। गोरखनाथ ने और विनम्र होकर कहा—"मेरी माँग आप ही से पूरी हो सकती है और उसके लिए आपको याचक बनने की जरूरत न पड़ेगी। मैं अपने 700 वर्षों की साधना किसी उचित पात्र में न्यास करके यह शरीर छोड़ना चाहता हूँ ताकि नये सिरे से, नये

कलेवर से, नयी साधना में मैं लग सकूँ। मुझे भय इतना ही है कि यदि उचित पात्र न मिला तो मैं इस सिद्धि को लेकर भटकता रहूँगा। एक तरह से यह शरीर और साधना के लिए बेकार हो गया है और इसलिए यह सिद्धि भी अब मेरे जैसे निरन्तर साधक के लिए दुर्वह बोझ बन गयी है। मुझे समस्त जगतीतल में तुम्हीं एक सत्पात्र दिखे हो। मुझे निराश न करो।''

आचार्य मधुसूदन ने निस्संकोच भाव से उस शिला को ग्रहण कर लिया और ग्रहण करने के दूसरे क्षण उन्होंने गंगा की निर्मल धारा में विसर्जित कर दिया। पर आश्चर्य की बात यह कि गोरखनाथ ने इसे अपमान नहीं माना। बल्कि ठीक उलटे इसे चौगुना सम्मान मान करके आनन्द-विगलित होकर उन्होंने यह आशीष दी—''वत्स, इससे बढ़कर सुन्दर उपयोग तुम्हारे सिवाय कोई सोच भी नहीं सकता था। मैं स्वयं ऐसे उपयोग की कल्पना नहीं कर सकता था। तुम्हारा यह आदर्श न जाने कितने दूसरों को भी अमर बना देगा, मैं नहीं बता सकता।''

यह कहानी मुझे भारत के जीवन-दर्शन का सबसे बड़ा सत्य लगती है और जब कभी किसी भी परस्पर आदान की बात आती है तो मैं इस कहानी को बरबस याद कर लेता हूँ। आज भारत के विभिन्न राज्यों के बीच एक-दूसरे से बिछुड़ने की, एक-दूसरे से अलग रहकर मनोराज्य खड़ा करने की कल्पनाएँ बहुत जोर मार रही हैं और यह यहाँ के इतिहास के लिए नयी चीज नहीं है। मध्ययुग का इतिहास भी इसी करुणा से परिपूरित है। हाँ, अन्तर इतना अवश्य है और वह अन्तर और भी शोचनीय है कि मध्ययुग में बिलगाव के केन्द्र व्यक्ति थे और इने-गिन व्यक्तियों की और उनके परिवारों की आन की रक्षा में देश के विभिन्न अंग आपस में कट मरे, पर आज ऐसे बिलगाव की भावना व्यक्ति-समूहों में उठायी जा रही है, क्योंकि ये समूह निस्पन्द हैं। मैं सोचता हूँ कि रवि ठाकुर के शब्दों में कोई कमल के इन शतदलों को कमल में असंलग्न होकर निहारने की कोशिश क्यों नहीं करता। क्या एक-एक दल नोचकर ट्रे में बिछा देने से ही उनकी सत्ता प्रमाणित की जा सकती है?

विन्ध्य की विशेषताएँ भारत का केवल अलंकार बनने के लिए नहीं बल्कि उसका हृदय बनने के लिए मुझे अधिक उपयुक्त लगीं, क्योंकि आखिर समस्त शरीर के रक्त का आकर्षण-विकर्षण ही तो हृदय का काम है। भौगोलिक स्थिति से और ऐतिहासिक दृष्टि से भी यह प्रदेश उत्तर और दक्षिण, पूर्व और पश्चिम भारत का सन्धि-स्थल रहा है। आज एक सुगठित और चेतन इकाई के रूप में यह प्रदेश नयी शक्ति लेकर उठ रहा है, तो केवल यही कामना है कि इस शक्ति का विनियोग गलत रास्ते में न हो। मैं जो कुछ देख-सुन सका हूँ उससे मुझे बस यही लालसा हुई है कि वसुमती के सोये हुए ये शक्ति-स्रोत समस्त भू-मण्डल में रस फैला सकें। लोगों से अगस्त्यवाली कहानी के बारे में कई बार सुना है और उसमें लोगों की व्यथा भी कई बार अनुभव करने को

मिली है, पर मैं विन्ध्य के उस महान् विनय को अवनति मानने के लिए कभी तैयार नहीं हूँ, उसी प्रकार जिस प्रकार कि तुलसी की दास्य-भक्ति को मनुष्य की कायरता मानने के लिए तैयार नहीं हुआ जा सकता है। शक्तिशाली की विनय कायरता नहीं होती और हिमालय अपनी ऊँचाई में बड़ा है, सागर अपनी गहराई में बड़ा है, तो विन्ध्य अपने विनय के विस्तार में बड़ा है, ऐसा विस्तार जो संस्कृति के सभी कीर्त्ति-स्तम्भों को व्याप्त करके फैला हो। मेखला की कड़ियों में उलझने में जो आस्वाद मुझे मिला है, वह मुकुट के दर्शन से प्राप्त चकाचौंध से या नूपुर के लुभावने आकर्षण से कम है या बेशी है, यह तुलना की ही नहीं जा सकती, क्योंकि वह एकदम अलग है, जैसे दाख, मिश्री और मधु की मिठास एकदम अलग होती है।

●

राष्ट्रपति की छाया

सबसे लम्बा दौरा करने का मुझे अवसर तब मिला जब राष्ट्रपति डॉ. राजेन्द्र प्रसाद का शुभागमन मार्च, 1953 में विन्ध्य प्रदेश में हुआ। अपने विभागीय कर्त्तव्य के कारण मुझे टीकमगढ़ से लेकर अमरकण्टक तक उनकी छाया के पीछे अनुधावन करना था और यह अनुधावन बेजोड़ था। तीन दिनों के भीतर लगभग एक हजार मील की दौड़ और वह भी कुछ किराये की गाड़ी, कुछ बस, कुछ जीप के द्वारा कभी भूली नहीं जा सकती, जैसे चन्द्रमा या चन्द्रमा की छाया पकड़ने की कोशिश कोई नाव में बैठा हुआ व्यक्ति करे, ठीक वैसी ही मेरी कोशिश थी और मैंने उनकी वाणी सुनी और उनकी वाणी को अखबारों के द्वारा अपने पत्रकार बन्धुओं के सहयोग से न जाने कितने कोटि-कोटि लोगों तक पहुँचाया, परन्तु मैं उनकी छाया न पकड़ सका और इस दौड़-धूप में कुण्डेश्वर प्रपात से लेकर कपिलधारा तक जामनेर, दशार्ण (धसान), केन, सतना, टोंस, बीहर, सोन, जुहिला और नर्मदा इन सभी नदियों को, विन्ध्य की न जाने कितनी गिरिमालाओं को, कितनी घाटियों को, कितने ऊँचे-नीचे पुलों को और न जाने किन-किन कुसुमित काननों को पार करना पड़ा। कुछ देखे, कुछ अनदेखे, कहीं मुँह धोने को मिला, कहीं सिर्फ पानी पीने को मिला, कहीं मोटर ढकेलने में श्रमदान-यज्ञ करना पड़ा, कहीं ड्राइवर के अनुरोध से पतली अँगुलियों के दुर्भाग्य के कारण मोटर के इंजन में आलोड़न-विलोड़न भी करना पड़ा। कहीं सैकड़ों मील तक आगे जानेवाली रुपहली चमकदार कारों की धूल भी खानी पड़ी और इन सबके ऊपर चैत की चाँदनी में चुरते हुए अनजान में न जाने कितनी सुधा-विन्दु भी गले के नीचे चली गयी होगी, नहीं जानता। यह सही है कि भर आँख देखने का अवसर कहीं कुछ भी न मिला लेकिन जिसे लोग विहंगम दृष्टि कहते हैं, उसका एक अद्भुत उदाहरण जरूर सामने पेश हुआ। आज जब मैं उन स्मृतियों को आकलित करने बैठा हूँ तो बहुत कोशिश करने पर भी टीकमगढ़ के तालाब के साथ जतारा का तालाब, जुहिला के साथ धसान और केन के पुल के साथ देवलोंद का पुल सब गड्डमड्ड हो जाता है। जैसे मेरी आँखों ने कोई भी शोभा चखी न हो, निगल ली हो। हाँ, उस यात्रा से एक लाभ यह हुआ कि दूरी का बोध हो गया और

इस प्रदेश के सामान्य लक्षणों का ज्ञान हो गया। वह यह कि पथरीली जमीन पत्थरों से लड़-झगड़कर बहनेवाली नदियों में बड़े-बड़े पत्थर के ढोंके, विरल पत्तोंवाले पेड़ और झंखाड़ धूसर जंगल, क्षण-क्षण पहाड़ियों का चढ़ाव-उतार; लाल रेत और लाल धूलि, हरियाली का नामोनिशान नहीं सिवा नदियों और तालाबों के श्यामल जल प्रसार में, कोसों बस्ती नहीं, और जगह-जगह लम्बे घूँघट, लम्बी डोर और लम्बी गर्दनवाले खड़े, बिक्री की चीजों में पान सबसे अधिक सुलभ, वह पान भी अनेक विशेषताओं से मण्डित, यह दूसरी बात है कि चखने में उनका लवलेश भी न मिले और सामन्त-युग के प्रत्येक व्यवहार में अवशेष। इस दौरे में जो कष्ट हुआ वह तो बहुत-कुछ बिसर चला है, पर मनोरंजक क्षण अब भी बहुत ताजे हैं। कुछ क्रम से शुरू करूँ तो जिन सेठ जी की गाड़ी भाड़े पर की गयी थी, उनके प्रतिनिधि का मोटा शरीर और लहमे-लहमे में मोटर बिगड़ जाने पर हम लोगों की खीझ; क्रोध के प्रत्युत्तर में उनका मोटा मौन, ड्राइवर की तेज आवाज जो मोटर की गति की कमी को पूरा करने के लिए उत्सुक थी, चिन्ता और थकान को मिटाने के लिए सहयात्री बन्धुओं द्वारा जिनमें पत्रकार एवं साहित्यकार वर्ग के लोग ही अधिक थे, प्रस्तुत किये गये लोक-गीतों के श्लील-अश्लील विविध रूप, उन्मुक्त परिहास और रेखागणित की विभिन्न आकृतियों एवं विभिन्न कोणों की सृष्टि करती हुई एक-दूसरे की ओर झुककर हमारी झपकियाँ, उन झपकियों में सिर की टक्कर और फिर एक अट्टहास और सामूहिक जागरण, धसान नदी में भोर होते-होते कालिदास के मेघदूत की तरह प्यास बुझाने की वह ललक, पर साथ ही राष्ट्रपति के आगमन की वेला समीपतर जानकर टीकमगढ़ के सर्किट हाउस की अलका तक उड़कर पहुँचने की अधीरता, और फिर मोटर फेल हो जाने पर जतारा के सुविस्तृत सागर के किनारे चाय-पान में खड़ी दुपहरी में तपन बुझाने की कोशिश और अन्त में ठीक-ठीक दो बजे टीकमगढ़ के तालाब में डुबकी लेकर एक लम्बी साँस यह यात्रा का प्रथम खण्ड है। टीकमगढ़ में चार या पाँच घण्टे रुकना पड़ा, जिसके बीच मन्त्रियों, अधिकारियों और पत्रकारों से बातचीत करते-करते रात हो चली और सन्ध्या समय आयोजित लोकनृत्योत्सव में मन सतना और रीवा के कार्यक्रम में अटका रहा। खाते-पीते और मेंढकों को तराजू पर बटोरते-बटोरते ग्यारह बजे और टहकती चाँदनी में टीकमगढ़ से फिर उसी फटीचर गाड़ी में हम लोगों ने प्रस्थान किया। कुछ फ्री-थिंकर साहित्यकार वहीं बिछुड़ गये और दो-एक नये फ्री-थिंकर गाड़ी में आ घुसेड़े गये, जिनको यह फ्री-थिंकिंग बहुत महँगी पड़ी होगी क्योंकि अबकी बार वह गाड़ी नौगाँव से 4 मील आगे महाराज छत्रसाल की समाधि तक पहुँचते-पहुँचते एकदम समाधिस्थ हो गयी। शायद उस जगह का नाम नउआ नाला था। रात के लगभग दो बजे रहे होंगे। मेरे और साथी ऊँघ रहे थे, पर मेरी आँखों में नींद नहीं थी। मैं अपने अगले कार्यक्रम की चिन्ता में एकदम उन्मन हो रहा था कि इतने में गाड़ी रुक गयी। फिर धीरे-धीरे एक-दो घण्टे

सोन पर निर्मित देवलोंद-पुल

कई युग की भाँति बीते और तब भी मोटर स्टार्ट न हो सकी। मेरे दूसरे साथी भी जग पड़े और सामूहिक श्रमदान-कार्य से मोटर हम लोग ढकेलकर एक मील तक ले चले। मेरे साथियों में एक भूतपूर्व एकाउण्टेण्ट जनरल भी थे और उन्होंने हिसाब लगाया तो पाँच दिन में रीवा इस गति से निरन्तर चलने पर पहुँचने की आशा बँधी और पाँच दिन पार होते-होते सरकारी आर्थिक वर्ष भी पार हो जाता था, यह खयाल करके थोड़ी काल्पनिक साँस मिली क्योंकि वसन्त का आगमन सरकारी दफ्तरों में और स्कूलों-कॉलेजों में ऐसी ज्वराकुल पीड़ा को जन्म देता है कि संस्कृत और हिन्दी के कवियों को गाली देने की तबीयत हो उठती है। बहरहाल एक मील चलने का परिणाम यह हुआ कि हम लोगों के डूब मरने के लिए भी जो पानी का आसरा नउआ नाला में था, वह भी पीछे छूट गया और अब लाली फूटने लगी थी। दूसरी चिन्ताएँ जो पानी की माँग सबसे पहले करती हैं, उठने लगीं और सब लोगों ने राइट एबाउट टर्न करके फिर एक मील पीछे मार्च किया। मेरे साथ प्रेस ट्रस्ट आफ इण्डिया के प्रतिनिधि श्री आचार्य थे जो कि विनोदप्रिय और निश्चिन्त प्राणी हैं। उन्होंने कहा—''असली प्रयोग कैमरे का तो यहाँ है जब कि राष्ट्रपति के स्वागत की उतावली में विन्ध्य प्रदेश के साहित्यकार और पत्रकार श्रमदान-यज्ञ के द्वारा मोटर एक सौ पचास मील तक ढकेलने के लिए उद्यत हैं, दुर्भाग्यवश कैमरामैन साथ नहीं था, पर एक छोटा कैमरा था और उसने इन बन्धुओं की पृष्ठच्छवि उतारी।

इतने में एक जीप आयी जिसमें एक सितार बजानेवाले, एक चपरासी, एक ड्राइवर और जाने मनों सामान था। बहुत प्रेमपूर्ण विनय के अनन्तर मुझे उसमें धूल फाँकने भर को जगह मिली और मारुत-गति से हम लोग उड़े। भगवान् ने इतनी सुबुद्धि दी कि छतरपुर में सड़क पर मकान लेनेवाले डॉ. हरीराम मिश्र का आतिथ्य छीनकर लिया और चाय पीकर छतरपुर से सवार हुए। पर जहाँ हम साठ मील की रफ्तार से भग रहे थे वहाँ अस्सी मील प्रति घण्टे की रफ्तार से मेरी बदकिस्मती भी दौड़ी चली जा रही थी और क्या मौका उसने चुना कि पन्ना की दूसरी घाटी आते-आते अखण्ड मरुभूमि में गाड़ी एकदम रुक गयी। यह तो मुझे पता नहीं कि उसके किस अवयव में खराबी आयी, पर कम-से-कम तीन घण्टे तक मैंने अपना हाथ काला किया और इस आशा में कि कम-से-कम मुँह काला होने से बच जाय, क्योंकि चार बजे तक न पहुँचने का अर्थ यह था कि सूचना विभाग की सतभतारी नौकरी को तलाक दूँ या उत्तम श्रेणी की लिखित रोष-भंगिमा का सामना करूँ। ड्राइवर जरा कुछ मस्त मिजाज का आदमी था। वह पुर्जा-पुर्जा खोलकर नये सिरे से ठीक करने की झंझट से बचना चाहता था, इसलिए पहले तो उसने हाथ डालकर खराबी दूर करने की कोशिश की, बाद में मेरी बँगला चित्रकला की शैलीवाली अँगुलियों को देखकर मुझसे कोशिश करने को कहा। मैं बिच्छू का मन्त्र न जानते हुए भी साँप के बिल में हाथ डालने को विवश हो गया, पर नतीजा

यही निकला कि आखिर में ड्राइवर महोदय को करौंदे की छाया में एक घण्टा विश्राम लेकर मोटर के पुर्जे-पुर्जे के साथ भिड़ना पड़ा और तब गाड़ी ठीक हुई। इस बीच जो प्यास लगी, उसकी बात मैं अधिक क्या बताऊँ, मेरे सितारिया सहयात्री ने रो-गाकर प्यास भुलाने की चेष्टा की पर विफल रहे। मैंने भी सूखते गले को करौंदे के फूलों को चूसकर तर करना चाहा, पर ओस चाटने जैसी बात थी। खैर, डेढ़ बजे जब गाड़ी फिर स्टार्ट हुई, अन्धाधुन्ध सरपट मारते रीवा ठीक चार बजे पहुँची और मैं हाथ-मुँह धोकर सफेदपोश बनने का मौका निकाल सका। बस इतना ही और ठीक पाँच बजे राजभवन में विधान-सभा के सदस्यों के बीच में राष्ट्रपति की छवि देखने पहुँच गया। वहाँ जो प्रेम-चर्चा प्रारम्भ हुई और व्यक्तिगत छींटाकशी के द्वारा जनसेवा का पवित्र आदर्श सामने रखा जाने लगा तो अजातशत्रु राजेन्द्र बाबू का भी संयम आकुल हो उठा और भाषा में मृदुलता रहते हुए भी उनका कण्ठ कुछ कठोर हो गया क्योंकि ऐसे प्रेम-मिलन की कोई अतिथि कैसे आशा करता। इसके बाद वे सार्वजनिक सभा में पहुँचे, जहाँ मुगलों की ऊँचाई नापकर मंच बनाया गया था और मंच पर जाने की अनुमति बहुत कठिनता से विन्ध्य प्रादेशिक हिन्दी साहित्य सम्मेलन के प्रधान मन्त्री को मिल सकी। वह भी इसलिए कि वह विन्ध्य प्रदेश की प्रमुख साहित्यिक संस्था की ओर से 'अभिज्ञान' (चिन्हारी) देने गये थे। इस 'अभिज्ञान' के देते समय मुझे कालिदास के 'अभिज्ञान शाकुन्तल' की वह चिन्हारी याद आयी, जो दी तो गयी स्मृति के लिए, पर ठीक अवसर पर जो स्मृति कराने के लिए उपस्थित न की जा सकी और करुणविरह के अनन्तर ही पुनःस्मृति कराने में उपयोगी सिद्ध हुई। मुझे लगा कि बहुधन्धी राष्ट्रपति के हाथों में यह भेंट भी कौन जाने कब स्मृति-विस्मृति की आँख-मिचौनी खेलेगी। इस भेंट में भवभूति का एक श्लोक उद्धृत किया गया था जो कि उत्तररामचरित में वासन्ती द्वारा राम की दूसरी बार की पंचवटी यात्रा के प्रसंग में कहा गया है—

ददतु तरवः पुष्पैरर्घ्यं फलैश्चमधुश्च्युतः।
स्फुटितकमलामोदप्रायाः प्रवान्तु वनानिलाः।।
विरल कामलं रज्यत्कण्ठः क्वणन्तु शकुन्तयः।
पुनरिदमयं देवो रामः स्वयं वनमागतः।।

मुझे ऐसा लगा कि इस अभिनन्दन में उनकी दूसरी यात्रा की अभिव्यंजना तो छिपी ही थी, साथ-ही-साथ स्वागत के उत्साह में एक व्यंग्य-भरी वेदना भी निहित थी।

इसके बाद मिष्टान्न-भण्डार से लेकर न जाने और कितने अन्य संगठनों ने आदर के समस्त विशेषणों का अपव्यय करके मंच के नीचे से ही अभिनन्दन-पत्र भेंट किया और राष्ट्रपति के सैन्य-सचिव इन सभी रंगीन कागजों को सहेजकर रखते रहे। मुझे समझ में नहीं आता कि इन अभिनन्दनों का अभिप्राय क्या होता है। इनसे न तो अभिनन्दन प्राप्त होनेवाले को आदर प्राप्त होता है, न अभिनन्दन देनेवाले को। पर

लेनेवाला बहुत आभार प्रकट करता है, देनेवाला देकर अपने को गौरवान्वित मानता है। दोनों पक्ष इस कार्य की निष्प्रयोजनता या दूसरे शब्दों में एक-दूसरे को मूर्ख बनाने की प्रयोजकता भली-भाँति जानता है। पर न देनेवाले को हिचक होती है, न लेनेवाले को इनकार। हाँ, दर्शकों को समय और बुद्धि के ह्रास का दुःख अवश्य होता है। खैर, इतनी चिन्ताएँ भी मैं आज कर रहा हूँ। उस समय तो मैं केवल खजुराहो-दर्शन का छवि-संग्रह भेंट करने के जुगाड़ में इधर-उधर दौड़-धूप कर रहा था और साथ ही जल्दी-से-जल्दी नयी ठीक की हुई गाड़ी में पत्रकार बन्धुओं को लेकर अमरकण्टक राष्ट्रपति का स्वागत करने के लिए पहुँचने की तैयारी भी। जैसा कि मैं ऊपर लिख चुका हूँ, मैं राष्ट्रपति की परछाईं पकड़ने की कोशिश में बराबर रहा, पर परछाईं बराबर मुझसे आगे रही। इस बार भी लोगों को बटोरते-बटोरते इतना विलम्ब हो गया कि हमारे अमरकण्टक पहुँचने के पहले ही राष्ट्रपति वहाँ पधार चुके थे और हम लोगों की मोटर पर सुव्यवस्था करनेवाली पुलिस का प्रतिबन्ध लग चुका था। रास्ते में मैं कई रात्रि के जागरण का प्रतिकर वसूलने में लगा रहा। इसलिए कितनी घाटियाँ आयीं और कितनी घाटियाँ चली गयीं, कितने नाले आये जिनमें किसी में भी फिल्ली डूबने की भी गुंजाइश नहीं थी, मोटर छपकोरी मारती हुई निकल गयी; दो जगह वनराज भी सड़क पर आये और वे भी एकदम श्वेत जो विन्ध्य प्रदेश की अपनी निराली निधि हैं और स्वतन्त्रता-प्राप्ति के बाद सामन्तयुगी क्रूर पाश से जिन्हें अभय प्राप्त हो चुका है और निर्बाध गति से अब विचरण करने लगे हैं, अब जगह-जगह उनकी फोटो लेने के लिए उतावली है, उनके शिकार का नाटक करने का उत्साह है, मेरे सहकारियों ने इन वनराज के दर्शन के लिए मुझे उठाया, मैंने भी अपने पेशे को सार्थक करने के लिए फोटोग्राफर को जगाने की कोशिश की, पर वह न जग सके और दोनों बार वनराज शान के साथ निकल गये। भोर होते-होते राजेन्द्र ग्राम के पास जुहिला में मुँह धोने के लिए हम लोग रुके। अब यह स्पष्ट था कि अमरकण्टक समय से पहुँचना सन्दिग्ध था, पर मेरे पत्रकार बन्धुओं को अमरकण्टक साल रहा था और उन्हें बसनिहा का आराम और भोजन बदा नहीं था। गाड़ी खूब गति से आगे बढ़ी और इस गाड़ी का उद्घाटन चूँकि हमीं लोगों ने किया था, इसलिए टीकमगढ़वाली यात्रा के सेठ जी के बस के सत्याग्रह का सुख इस बार नहीं था।

यह विन्ध्य प्रदेश का आदिवासी क्षेत्र था और जो उत्साह मैंने नागरिकों में नहीं पाया, वह यहाँ के वनवासियों में मिला। जगह-जगह मंगल-कलश लिये भड़कीले वस्त्रों में आदिवासी महिलाएँ खड़ी थीं और आनन्दविह्वल कण्ठ से गीत गा रही थीं। एक जगह हम लोगों की मोटर देख करके उन्होंने जो अलापना शुरू किया तो हमने मोटर तुरन्त रोकी और उनकी छवि उतारी। उनके गीतों में एक गीत बहुत ही प्रिय लगा, जिसका भाव राम के स्वागत में वनवासियों का आत्म-निवेदन था।

मैं सोचता रहा कि कोल-किरात वही तो हैं, जिन्होंने न जाने कितने युगों पहले निर्वासित राम के स्वागत में पत्तों के दोनों में फल-फूल की प्रेम सहित भेंट अर्पित की थी और उस पर भी यह विनय दिखलायी थी कि, "यह हमारि अति बड़ि सेवकाई।" लेहिं न बासन बसन चोराई। यह उनके निश्छल और सहज स्नेह को किन थैलियों में भरा जा सकता है, नहीं जानता। पर यह सन्दिग्ध है कि आज के आगन्तुक राम के आगे-पीछे आनेवाली लैस फौज इन अमूल्य भेंटों को संचित कर पायेगी और देहाती हृदयवाले राजेन्द्र बाबू के कर कमलों तक—कर कमलों से अधिक उनके स्निग्ध हृदय तक अभिनन्दन पहुँचा पायेगी। वह तो गँवार रश्मियों की तरह इनकी शीतल मोतियों को धरती में ढुलकाने के सिवा कुछ दूसरा कर ही नहीं सकती। पता नहीं कब शासक और शासित के बीच सीधा नाता जुड़ेगा और एक-दूसरे के प्रति भय, आशंका, अलगाव, वैषम्य और दूरी कम होगी।

अमरकण्टक में हम लोगों को केवल इतना मौका मिला कि नर्मदा कुण्ड में एक डुबकी लेकर पिछली धूल जमा करके नयी धूल संचित करने के लिए शरीर तैयार कर लिया जाय। दस एक मिनट नर्मदा माई की हाथी के पेट के नीचे सरककर निकलने की पुण्य-यन्त्रणा भी हम लोग देखते रहे। बात यों है कि यह हाथी कुछ इस आकार-प्रकार का है कि केवल छोटे-से कदवाले लोगों या ठिगनी और कनकछरी-सी देहवाली कामिनियों को छोड़कर दूसरों के लिए पेट-पीठ छिलाये बिना और दो मिनट तक मृत्यु-सी चक्की में पड़ने की भी यन्त्रणा झेले बिना इस पार से उस पार निकला नहीं जा सकता। और निकल न सकने पर चूँकि पापी होना स्वतः प्रमाणित हो जाता है, इसलिए पुण्य के प्रमाण देने के लिए जाने कितने धमधूसर लोग भी किसी-न-किसी तरह निकल जाने के विश्वास में दम साधकर हाथी के नीचे घुसते हैं और जब उनका नथुना फूल जाता है, चेहरा सुर्ख हो जाता है, एक-एक नस फूल उठती है, दम घुटने लगती है तो आस-पास नर्मदा मैया की जय उन्हें किसी-न-किसी प्रकार निकलने की प्रेरणा देती है और निकलकर वह भी मैया की टेर लगा देते हैं। पता नहीं किस मसखरे ने इस पुण्य के प्रत्यक्ष दृष्टान्त की परम्परा चला दी कि मोटी अक्ल और मोटे शरीरवालों के लिए एक अच्छा खासा प्रहसन तैयार हो गया। मुझे इस समय अफसोस यही हुआ कि मेरे साथ के दो-तीन फ्री-थिंकर पिछली फ्री-थिंकिंग के भुगतान से इतने भर गये थे कि फिर उन्होंने छाँछ को वैसे पानी की कौन कहे, फूँककर पीने से भी इनकार कर दिया और वे इस बार साथ न आये। आये होते तो उनके ऊपर माई के हाथी का यह प्रयोग किया जा सकता था।

फिर ताबड़तोड़ हम लोग आगे पहुँचने की उतावली में राजेन्द्र बाबू के भाषण प्रारम्भ होने के आधे घण्टे बाद पहुँचे। सुख यही था कि उनके भाषण में ऐसी एकस्वरता थी,

जिसको आँख-कान मूँदे पिछले भाषणों के जोर पर लिखा जा सकता था और वही हमने और हमारे साथियों ने किया भी।

वास्तव में राजेन्द्र बाबू का यह भ्रमण केवल योजना के प्रति विश्वास जगाने के लिए उद्दिष्ट जान पड़ा, मानो वे दमयन्ती के पास देवताओं के दूत बनकर नल होकर आये हों। दमयन्ती की विकलता तो नल के लिए है, पर नल को दूत का कार्य ईमानदारी से सम्पादन करना है, इसलिए वे प्रत्येक देवता की प्रशंसा किये जा रहे हों। यही प्रतिक्रिया मेरे आस-पास के लोगों में आयी, जो राजेन्द्र बाबू में अपना मनोवांछित पाकर भी उनकी बातों में उतनी मात्रा में नहीं आ रहे थे। बसनिहा (राजेन्द्र ग्राम) में आदिवासी सम्मेलन के उपर्युल्लिखित भाषण के बाद वे उसी दिन बुढ़ार के कोयला-क्षेत्र के लोगों के बीच में अपने हीरक कण बिखरानेवाले थे। अबकी बार हम लोगों ने यह ठान लिया कि राष्ट्रपति के पहले बुढ़ार अवश्य पहुँचेंगे और इस कार्यक्रम में तो हम अपनी अग्रगामिता सिद्ध कर दें और हम सफल होकर ही रहें। यहाँ पर सबसे पहले हमने प्रेस कार्ड की महिमा देखी। टीकमगढ़ में तो मुझे केवल इतना ही अनुभव हुआ कि सबको प्रेस कार्ड अपने दस्तखत से देकर जब मुझे अपने को प्रमाणित कराने के लिए कोई कानूनी सबूत न मिला तो मैंने सोचा कि बजाय इसके कि मैं इधर-उधर यह चिल्लाता फिरूँ कि बताओ भाई, मैं किसका फूफा हूँ, मैंने खुद अपने लिये एक कार्ड प्रमाणित कर लिया। बुढ़ार में ऐसी घटना घटी कि एक माननीय मन्त्री हमारे प्रेस के घेरे में आ गये और उनसे प्रेस-कार्ड जब माँगा गया, तो बावजूद मेरे यह बताने कि यह माननीय मन्त्री हैं, हमारे घेरे के अन्दर नहीं आते, जागरूक प्रहरी ने प्रेस-कार्ड के लिए दुराग्रह किया ही। बाद में किसी दूसरे भले आदमी के आने पर इस संकट से मुझे छुट्टी मिली।

भाषण समाप्त होते ही मैंने उस छाया की वन्दना की और सन्तोष की साँस ली कि इस छाया के अनुधावन के ब्याज से ही विन्ध्य के विहंगम दर्शन इतनी अल्प अवधि में हो गये और इस सन्तोष-सुख में थकान, भूख-प्यास और चिन्ता सब-कुछ सफल हो गये।

•

अमरकण्टक की सालती स्मृति

बरसों पहले मेघदूत पढ़ा था और तब नर्मदा को अपनी गोदी में खिलानेवाले और दुलराकर झरनों के पलनों में झुलानेवाले आम्रकूट के बारे में मन में एक बड़ी तीव्र उत्कण्ठा जगी थी। यहाँ आने पर जब पता चला कि आज उसी का नाम अमरकण्टक है तो अज्ञेय जी की वह बात मन में चुभने लगी कि कभी-कभी कुछ नाम भी बड़े मर्मस्पर्शी होते हैं, जैसे यह अमरकण्टक। जाने कितने दिनों से मुझे यह नाम सालता रहा। इसके बारे में बहुत सारा यन्त्रवत् प्रचार कार्य करने के अनन्तर और पूरी पुस्तिका छपवाने के अनन्तर, पूरी मित्रमण्डली के साथ गर्मियों में एक दिन दो-तीन दिन के लिए वहाँ जा निकला। कितना बड़ा जत्था साथ में था और उनके साथ कितनी मुसीबतें हुईं, कितनी उलझनें आयीं, कितनी खीझ हुई और कितनी बार कितनी बातों के लिए बैठकर कान पकड़ना पड़ा, इसकी अलग कहानी है। शायद वह सब बायरन के इन शब्दों को कि 'इस संसार का कोई भी सुख दुःख से अविलग नहीं रह सकता' चरितार्थ करने के लिए हुआ हो।

अमरकण्टक हम लोग शहडोल से कार में चले थे और रास्ते में प्रातः 8 बजे के लगभग जुहिला के तट पर राजेन्द्र-ग्राम में राजेन्द्र-कुटीर के ठीक नीचे पानी में सिर उठाये पत्थर के ढोंकों पर बैठकर कुछ देर तक जलक्रीड़ा करते रहे। मुझे यह जगह बहुत भायी। चारों ओर से पहाड़ियों का दुर्ग, जुहिला का मीठा पानी और निर्मल नीर में रंगबिरंगे उपलों का संगीत और उस संगीत से समय के शिलाकृत पदचिह्नों की खोज की प्रेरणा बालू के प्रत्येक कण में से निकलती हुई धरती की ज्येष्ठतम सन्तान विन्ध्य के इतिहास के स्वर में लहरी की गूँज और करमा नृत्य की थकान में अँगड़ाती हुई साँवली पिण्डलियों की रग-रग में नूतन रस की संचार करनेवाली लहरियों की कलरागिनी का आलाप इन सब में मनुष्य यदि अपने को घण्टे-दो-घण्टे भी अर्पण कर दे तो वह युगों का खोया विश्वास पुनः प्राप्त कर सकता है, इसमें रंचमात्र भी सन्देह नहीं। जुहिला की यह ऊषा नर्मदा के तरंगित यौवन के मध्याह्न की और सोन की उद्वेग-भरी सन्ध्या की नवल भूमिका थी।

नर्मदा कुण्ड के मन्दिर

चढ़ी दोपहरी में सरई के वनों के बीच में ऊपर चढ़ते हुए हम लोग अमरकण्टक के चरणों में पाँवड़े बिछाये नर्मदा के निकुंज के किनारे जा पहुँचे। ऊपर डाक बँगले में टिकने की व्यवस्था करनेवाले ओवरसियर नाम के जीवधारी दुपहरी की मीठी नींद ले रहे थे। इसलिए बिस्तर वगैरह तो सीधे हो गये, पर प्यास बुझाने के लिए घण्टों प्रतीक्षा करनी पड़ी, तब जाकर साथ के चौथी श्रेणी के अफसरों की मेहरबानी से दो घड़ा जल आया और नर्मदा माई की जय की बदौलत जीनेवाले हलवाइयों के यहाँ से शुद्ध चीनी की मिठाइयों के सहारे पानी गले के नीचे आकुलता से पहुँचाया गया।

सन्ध्या समय हम लोग सदल-बल नर्मदा कुण्ड में तन-मन की तपन बुझाने उतरे। कुण्ड के बीच में दो-तीन मन्दिर हैं और उनमें शिव प्रतिष्ठापित हैं और कहा यह जाता है कि यह कुण्ड ही नर्मदा का आदि स्रोत है, जिसके अन्दर से नर्मदा निकलकर कुछ दूर तक लुप्त होकर पुनः नियमित रूप से.बहने लगती हैं। कुण्ड के पार्श्व में अनेक मन्दिर हैं, जो प्रायः सभी कलचुरि राजाओं के बाद के बनवाये हुए हैं। कुछ दूर पर पातालेश्वर मन्दिर कलचुरि राजा कर्णदेव का बनवाया हुआ है, जो स्थापत्य में खजुराहो के मन्दिरों के समकक्ष है। जिस समय हम लोग स्नान करके निकले, उसी समय यह विचार हुआ कि यथार्थ और यथार्थ के चित्र में कितना अन्तर होता है। यह सचमुच बड़ी विस्मयकारिणी बात है। कुण्ड के इन मन्दिरों का जितना सुन्दर चित्र लगता है, उतना उनका यथार्थ नहीं और वनों का, घाटियों का और पूरे परिसर का जो मनोरम चित्र आँखों में झूलता है, वह चित्र में नहीं उतर पाता। इसे मनुष्य की शक्ति की पराजय कहें या प्रकृति की लज्जा का निदर्शन, कुछ समझ में नहीं आता। बहरहाल पहले एक जगह बैठकर यह विचार-विमर्श होने लगा कि अब क्या कार्यक्रम बनाया जाय। पर विचार-विमर्श इतना गहरा हुआ कि साँझ हो आयी और साथ में जो हम लोग भर्तृहरि की शिला बाँधकर चले थे, उसके कारण चाँदनी रात में दूर निकलकर घूमने की और दुरन्त विरह तथा विफल सौन्दर्य को अपने हृदय में ग्रहण करने की सारी उमंगें स्थगित करनी पड़ीं और डाक बँगले के सामने कुर्सी मेज लगाकर अनेक प्रकार के मनोवैज्ञानिक अध्ययन तथा अनुशयन में अवसर गँवाकर पहली रात दुश्चिन्ता में काटी गयी। रात में और सभी साथ के लोगों के सो जाने पर एकाएक मैं चुपके से शय्या से उठा और वन की ओर जा निकला, वन जो बिलकुल लगा हुआ था और जहाँ वनराज के दर्शन की सम्भावना प्रतिक्षण सन्निहित थी। विशेष रूप से ऐसी मृदुल चाँदनी में शय्या छोड़ते समय मुझे एक साथ जाने कितनी बातें याद आयीं। याद आया कि कालिदास का मेघदूत अपनी यात्रा में पहला डेरा यहीं डालने आता होगा; याद आया कि वह प्रतिवर्ष यहीं से हिमालय की गोद में बसी हुई अलका में उस संस्कृति की उस पुरातन रागिनी का सन्देश वहन करता होगा जो नर्मदा की शिलाओं की सहचरी है, जो दीप्ति और गरिमा के लिए दावा न करे पर जो स्थिर स्निग्धता और सहज सुन्दरता में हिमालय

के हिम-मुकुट को एक बार पिघला देने की क्षमता रखती हो, जिसके कण-कण में बसनेवाले शिव हिमालय के परमोच्च शिखर पर सादर प्रतिष्ठापित किये गये हों और जो देश के पूर्व-पश्चिम, उत्तर-दक्षिण जोड़नेवाली प्रकृति की सिद्ध मेखला रही है। फिर याद आया कि यहीं सोन और नर्मदा के विवाह की बारात सजी थी और सजकर भी बिना भाँवर पड़े लौट पड़ी थी। जाने तब से कितने निर्झर, कितने गिरि, वन-उपवन और कितनी सरि-सरिताएँ मनावन करने में लगी होंगी, पर एक बार के बिछुड़े अभी तक मिल नहीं पाये। फिर याद आया कि यह बिछुड़न प्रत्येक मनुष्य के जीवन में है, प्रत्येक मनुष्य कभी-न-कभी इस बिछुड़न का अनुभव करता है और इसके साथ-साथ यह भी अनुभव करता है कि मिलन की आशा कैसी मादक थी और इसी में वह मिलन का वास्तविक सुख पा जाता है, क्योंकि शायद अप्राप्त मिलन ही सुख है, प्राप्त नहीं। याद आया कि कीट्स ने कहीं गाया है कि श्रुत रागिनी मधुर है, तो जो रागिनी सुनी न गयी, गायी न गयी, उसकी गूँज जो ध्वनि निकलने के पहले उठ आयी है, वह कहीं अधिक मधुर होती है। यह बिछुड़न चाहे मनुष्य के श्रेय और प्रेय के बीच में हो, चाहे साध्य और साधन के बीच में हो, चाहे विषय और विषयी के बीच में हो, मन और आत्मा के बीच में हो, आत्मा और विश्वात्मा के बीच में हो या गिरा और नयन के बीच में हो, पर प्रत्येक को इसका अनुभव होता है और यह अनुभव उसे बराबर पवित्र बनाता है, ऊँचे उठाता है, हताश नहीं करता और नीचे नहीं गिराता। शायद बिछुड़न की इस जलन का ही आस्वाद लेने के लिए मेघ यहाँ ठहरा हो।

मन इन सुधियों में तिरता-तिरता फिर जब किनारे लगा तो मैंने देखा कि चाँदनी डूबना चाहती है और भोर का धुँधला प्रकाश जैसे अनधिकृत प्रवेश पाना चाहता हो और मैं चुपचाप आकर नींद का अभिनय करने लगा। अभिनय देर तक यों ही नहीं चल पाता, पर मेरे मित्र उर्मिला को—किसी को भ्रम न हो, मेरी लायक भाभी के सुयोग्य गति को—प्यास लगी और वे पानी के लिए इधर-उधर तलाश करते मेरे पास आये और तब सामूहिक जागरण हो गया। कुछ देर तब भी लगी और मोटर में सबको पधराकर हम लोग कपिलधारा के लिए बहुत ही राजनैतिक आश्वासन आदि के अनन्तर रवाना हो सके।

कपिलधारा नर्मदा का सर्वप्रथम प्रपात है—लगभग सौ फीट ऊँचा और आम तौर से बरसात के अलावा शेष महीनों में दो धाराओं में विभाजित। प्रपात के नीचे कुण्ड में जाने के लिए घुमावदार रास्ता है और प्रपात के ठीक नीचे नर्मदा की शक्ति का पात वहन करने के लिए स्नानार्थियों की अपार भीड़ लगी रहती है। उसमें भी विशेष रूप से एक क्षीणतम धारा के नीचे यह परीक्षा की जाती है कि जिसके ऊपर वह धार न पड़े, वह सौ-सौ जनम में भी तर नहीं सकता। रास्ता बहुत ही ऊबड़-खाबड़, बड़े-बड़े पत्थरों के ढोंकों पर फिसलनवाला है, पर श्रद्धा और धारा को शिव की भाँति सिर पर ओढ़ने की प्रबल उत्कण्ठा इन बाधाओं को नगण्य कर देती है। कपिलधारा के बाद ही

कम गहरा, पर अधिक फैला दूसरा प्रपात दुग्धधारा है और इसका रास्ता अधिक सुकर है। दोनों स्थानों पर हम लोगों ने अत्यन्त परितृप्त होकर स्नान किया। साथ की महिलाओं में एक तो शरीर के भार से और उस भार से भी अधिक अपार भय के भार से दर्शकमात्र बनी रहीं, दूसरी ने किसी प्रकार बहुत हिम्मत दिलाने पर और धर्म के संचय के मोह से कपिलधारा की विषम धार के नीचे दो-तीन मिनट जल की शर-वर्षा सही और तीसरी ने अत्यन्त उछाह और उमंगपूर्वक विशुद्ध ग्राम्य उच्छलता के साथ बार-बार बरजने पर भी नर्मदा की सारी शक्ति अपने में भर लेने की दिलावरी दिखलायी और इन सबसे अधिक उन्मुक्त और उन्मोहित भाव से एक अन्य जोड़ी ने फोटो खिंचवाते-खिंचवाते स्नान किया और इस जोड़ी की सहज प्रेम-साधना की हम सबने नतमस्तक होकर वन्दना की।

दुपहरी में तीन चूल्हे दगे और करीब-करीब साँझ तक चपरासियों के साथ नीचे-ऊपर, कभी आलू के लिए, कभी पानी के लिए, कभी किसी दूसरी छोटी-मोटी चीज के लिए चढ़ते-उतरते जब समस्त संचित आनन्द बेचारा इस महँगे मूल्य के लिए पछताने लगा, तब जाकर दो कौर सुअन्न कहने के लिए मृदु, पर तपती हुई तिपहरिया में गले के नीचे गया। अब शाम को फिर 'वही मुण्डे-मुण्डे मतिर्भिन्ना' षट्राग शुरू हुआ। कोई तीर घाट, कोई मीर घाट, विशेष रूप से महिला-वर्ग मानो अपने मत के ऊपर आज के साहित्यकारों की भाँति अडिग था और इसके कारण मित्रों में से भी कुछ झल्लाये, कुछ उखड़े, कुछ उदास हुए और अन्त में सब तितर-बितर हुए। तितर-बितर होते ही मैंने सन्तोष की साँस ली और चुपचाप नर्मदा माई की अपने साथ की जीवन्त प्रतिमाओं को नमस्कार करते हुए हम लोग माई की बगिया की तरफ चले। माई की बगिया, कहा यह जाता है कि सोन और नर्मदा के पूर्व-राग की लीला-भूमि है और गुलबकावली के फूलों की संसार भर में एकमात्र बगिया है। गुलबकावली के फूल शायद वर्षा में आते हैं, इसलिए फूलों की गन्ध तो नाक तक नहीं पहुँची। हाँ, एक छोटा-सा कुण्ड एक पेड़ के नीचे जरूर देखने को मिला, जिसको वहीं रहनेवाले बाबा ने बतलाया कि यह नर्मदा और सोन की परस्पर-प्रेम-प्रतिज्ञाओं के समय का उत्सर्ग किया हुआ अमिय नीर है। बाबा से बड़ी देर तक छनती रही, जंगल के बारे में, शेर के बारे में, सन्त-महात्माओं के बारे में, खुद बाबा के बारे में और बाबा की उम्र के बारे में। कुल ले-देकर बहुत गहन और गूढ़ चर्चा थी, जिसका बहुत ही कम अंश हम लोग अपने पल्ले पा सके और इस समय तक तो सिवाय इसके कि बाबा की उम्र ज्यादा थी, पर इतनी ज्यादा नहीं थी जितनी कि वे बतलाते थे, कुछ भी याद नहीं रहा है। हाँ, यह याद जरूर है कि उसी समय जंगल की पगडण्डी से भील यात्रियों का एक दल प्राकृतिक वेश-भूषा से सुसज्जित वहाँ आया और उनसे कुछ देर तक बातचीत करने का बाँका अवसर प्राप्त हुआ। वैसे हमारे साथ एक मित्र ऐसे थे जो लोक-जीवन से अधिक

लोकगीतों के संग्रही थे और कोई भूखा हो, प्यासा हो, मरता हो या जीता हो, वह यह समझते थे कि हर एक वनवासी और हर एक ग्रामवासी चौबीस घण्टे बाबू लोगों को गाना सुनाने के लिए बना है और बेचारे बारह-चौदह कोस चलकर थके हुए कुछ कच्चा-पक्का सेंकने के लिए तैयारी कर रहे थे कि इतने में मेरे मित्र ने अनुरोध किया कि गाना सुनाओ। खैर, उन्होंने तो नहीं, लेकिन उनके साथ के दो-चार बच्चों ने इसी बीच में जो भूख के कारण विकट रागिनी छेड़ी और उनके अभिभावकों ने भी आग जलाना छोड़कर उनको मारने, पीटने और रागिनी को और तार-स्वर देने में सहायता पहुँचायी तो हमारे मित्र ने भी कान मूँदा और कहा कि अब चलना चाहिए। अगत्या हम लोग मुड़े। मुड़ते-मुड़ते सोचा कि कविता तो मैंने भी लिख दी है, लेकिन माई की बगिया जैसी होनी चाहिए, वैसी शायद रही नहीं। पता नहीं कभी सौ एकड़ में थी। आज कुल ले-देकर शायद एक बिस्वा जमीन, जो शायद मेरे कमरे से दो-चार हाथ अधिक हो, घेरकर यह बगिया है। पाँच-छह गुलबकावली के पेड़ हैं। एक नाद सरीखा कुण्ड है और बाबा की कुटिया है। खैर, मूर्ति वगैरह तो प्रलय से पहले की है, क्योंकि कहा यह जाता है कि प्रलय में मार्कण्डेय महाराज यहीं पर तिराये थे और अब तक उनका आश्रम मौजूद है। पहले यहाँ दलदल था और गुलबकावली दलदल में ही होती है। दलदल के होने के कारण शायद वह बेहद फूलती रही और जितना ही वह फूलती रही, उतना ही लोग उसे पाने की कोशिश करते रहे और दलदल में फँसकर मरते रहे और मनुष्य की अन्य विफलताओं के समान ही यह विफलता भी इस स्थान को मोहक रूप देने में कृतकार्य हुई। पर आज सब सपाट है। स्मृति केवल नाम में सिमटी हुई है। कई जगह अब भी दलदल के अवशेष सूखे पड़े थे और इतना अवश्य लगता था कि कोई धारा इसके नीचे से गयी है और कुण्ड तक जुड़ी हुई है। यह भी लगता था कि प्रकृति के किसी आकस्मिक कोप ने इस उपवन के फैलाव को उजाड़ दिया है, उसी प्रकार जिस प्रकार आज के बुद्धिवादी युग के व्यामोह ने धार्मिक भावनाओं के साथ संलग्न लोक की गहरी और स्नेहभरी मानवीय आस्थाओं को उच्छिन्न कर दिया है और जिस प्रकार नगर के परिष्कार ने गाँव को उजाड़ बना दिया है।

उस दिन रात में फिर उखड़ी हुई वीणा के तार ठीक करने की कोशिश जो हुई तो बजाय स्वर मिलने के तार और झनझनाने लगे और जितना ही हमने सामूहिक और व्यक्तिगत रूप से जयदेव और विद्यापति का मन्त्र एक करके प्रयोग किया, उतना ही अधिक मान का वितान भी बढ़ने लगा और अन्त में कालिदास से लेकर भारतेन्दु हरिश्चन्द्र तक एक-एक शृंगारी कवि का तर्पण करते हुए मैंने जब दर्शनशास्त्र पर एकदम अष्टम स्वर में व्याख्यान देना प्रारम्भ किया, तब जाकर देवियाँ शान्त हुईं और हम सबने एक-एक करके तीन बार कर्णस्पर्शपूर्वक यह प्रतिज्ञा की कि 'बहुवचने झल्येति' पाणिनि ने बहुत सही कहा है और जैसे अकेले का आनन्द घर नहीं, वैसे दुकेले

का आनन्द बाहर नहीं। अतएव किसी भी दशा में किसी भी प्रकार आज से, इस क्षण से जन्म-जन्मान्तरपर्यन्त पुनः हम लोगों से इस बाह्यानन्दसाधना में द्वैतवाद ग्रहण न होगा। आखिर में शंकराचार्य ने कोई भाँग थोड़े ही पी थी कि अद्वैतवाद का प्रचार किया था। दूर क्यों जायें, इसी अमरकण्टक के धनी-मानी सेठ शोणभद्र ने भी बुद्धिमानी का काम किया था, नहीं तो बेचारे का सारा सोना अरब समुद्र में चला जाता और जिस शान और गौरव के साथ वह विधुर राजनैतिक नेता की भाँति उत्तर भारत की नदियों की एकीकृत धाराओं से जाकर गंगा में मिलता है और सबके ऊपर अपने प्रदेश की महिमा का रोब जमाता है, वह भला कैसे सम्भव था। इसलिए मासानां मासोत्तमे मासे आषाढ़ मासे हम लोगों ने यह संकल्प किया कि जब तक गृहस्थी का जुआ है तब तक घूमने नहीं जायेंगे। जायेंगे भी तो इसकी नोटिस नहीं देंगे और घूमकर आयेंगे तो घूमने की डींग नहीं हाँकेंगे। दूसरे शब्दों में संसार के प्राचीन राजनीतिज्ञ श्रृगाल पण्डित की परिच्छिन्न शब्दावली में—"अब जो जियबों तो बाग न जइबों। बाग जो जइबों तो आम न खइबों। आम जो खइबों तो लोक लोकैया। कबहुँ न खइबौं झाँखर पैयाँ।" अर्थात् साधारण लोगों की बोलचाल की भाषा में किसी समय की बात है कि श्रृगाल पण्डित हमीं लोगों की तरह से किसी आम्रकूट में जा पहुँचे और वहाँ जो एक आम टपका हुआ धरती पर मिला तो श्रृगाल पण्डित की रसना ने जोर मारा और आँख मूँदकर उन्होंने ज्यों ही उस आम को अपने मुँह में रखा, त्यों ही आम की गन्ध से आकृष्ट बिच्छू ने वह डंक मारी है कि श्रृगाल पण्डित कुश लेकर तुरन्त संकल्प पढ़ने बैठ गये इस आशंका में कि कहीं प्राण पहले न निकल जायँ—"अब जो प्राण रहेंगे तो आम के बाग में नहीं जाऊँगा और अगर कहीं दुर्भाग्य ने ला पटका भी तो अब आम का फल तो चखना ही नहीं है और फिर कहीं चाण्डाल जिह्वा ने आम के लिए लोभ प्रकट ही किया तो कम-से-कम जमीन पर पड़ा आम देखना ही नहीं, देखना ही नहीं। ऊपर से जो आम गिर रहा हो, उसको मुँह में लोककर खाना यह श्रृगाल पण्डित का पीढ़ी-दर-पीढ़ी के लिए वसीयतनामा है।"

हम लोग भी जब यहाँ आये थे तो इसे अमरकण्टक से अधिक आम्रकूट समझकर आये थे और आम का पेड़ तो देखने को तो एक-दो मिला, लेकिन दो-तीन दिनों में ही जो सत्संग हुआ और सत्संग के अलावा स्काउट रैली में जो दूसरी चीजें देखने को मिलीं, वे आम्रकूट की वृश्चिक बन गयीं। सुना है कि आम की गन्ध से और बिच्छू मे बहुत बड़ा सम्बन्ध है। आम की मंजरी बिच्छू की दवा है, क्योंकि वह बिच्छू के लिए सम्मोहन है, पर स्वयं बिच्छू से भी अधिक उसका प्रभाव साहित्यशास्त्रियों ने माना है और तभी अनंग की प्रत्यंचा के पंचवाणों में सबसे प्रथम स्थान आम को ही मिला है। पर यहाँ तो काल के प्रभाव से आम तो रहा नहीं, कूट है और कूट पर ये सालती हुई वृश्चिक के दंश-सरीखी स्मृतियाँ हैं। मन एकाएक फिर पीछे की ओर दौड़ चला।

कलचुरियों ने कभी इस स्थान को बसाना चाहा था। कबीर और कबीर के शिष्यों ने इसके विरह-सौन्दर्य में साईं को पाने के लिए जगह ढूँढ़ी थी और आज फिर विन्ध्य प्रदेश के उप-राज्यपाल श्री कस्तूरी सन्थानम् इसके प्राचीन स्वप्न को साकार रूप देना चाहते हैं। कारबार शुरू हो गया है और इसे पंचमढ़ी के समकक्ष राजधानी रूप देने का स्वप्न देखा जा रहा है।

दूसरे दिन हम लोग सोनमुड़ा देखने गये। देखा, एक ढाल है। ढाल के ऊपर एक छोटा-सा बुलबुला है जिसमें से कुछ पानी के बुल्ले निकलते रहते हैं और निकल करके उस ढाल के नीचे कहाँ विलीन हो जाते हैं, आँखों को कम-से-कम नहीं ही दिखायी पड़ता, पर इसी को कहते हैं सोनमुड़ा, सोन का शीर्ष। सोन वैसे इस पथ पर बहुत दूर तक दिखायी नहीं पड़ता, लोग कहते हैं कि वह रास्ता उन्माद में भूल गया है, भटक गया है। पता नहीं वह अपने वैभव के उन्माद में भूला या प्रेम के गर्व के उन्माद में भूला, पर आज भी पहली वर्षा हो जाय तो जो एक तन-मन को पागल कर देनेवाला श्यामल प्रसार क्षितिज तक लहराता दिखता है, उसमें योगी का मन भी पागल हो जायगा। हाँ, यह पगला देनेवाली शोभा बिजली की कौंध नहीं है, दामिनी की तड़प नहीं है, आधी रात में उठनेवाली कुररी की पुकार नहीं है और क्षण-भर में सागर को हिमालय का रूप देनेवाला पूर्णिमा का रजतमय ज्वार नहीं है; यह स्थिर, अविलक्षण, सहज और शाश्वत सौन्दर्य का सम्भार है जिसमें विस्मय के आनन्द का एक अपूर्व क्षण चाहे न हो, पर इसमें प्रौढ़ हृदय की उस परिपक्व रसानुभूति की प्राप्ति है जो कालिदास के दुष्यन्त या श्रीहर्ष के उदयन या बाण के पुण्डरीक की नहीं, बल्कि भवभूति के राम और वह भी उत्तररामचरित के राम की निजी सम्पत्ति है।

तीन दिनों के मधुतिक्तमय प्रवास के अनन्तर हम लोग सन्ध्या समय एक समाधान की विवश समस्वरता में प्रस्थित हुए। रास्ते में अपने-अपने प्रादेशिक लोकगीतों का पारायण हुआ जिसमें रूठी हुई बाघेली महिला को छोड़कर प्रायः सबने भाग लिया। उन महिला और उनके पतिदेव में शहडोल में उतरने पर कैसी ठनी, इसकी कल्पना का आनन्द लेते हुए हम लोगों ने यात्रा का अन्तिम भाग चन्द्रमा की पीली छाया में समाप्त किया।

सोन और नर्मदा की प्रचलित प्रेमकहानी पर कुछ पंक्तियाँ लिखी थीं, वे ये हैं—

दो बिछुड़ों की विरह-कहानी आज अमर है शूल बन गयी।

शोणभद्र प्रणयी रूठा था, लौट चले ये सजे बराती,
दौड़ चली अभिमान भरी थी, नवल नर्मदा भी इतराती,
उस क्षण की वह रोष-बंकिमा दुःख दुरन्त की मूल बन गयी।

विरही के सन्देश-भार से, नमित थकित उस मेघदूत की,
दम भर दम पाने की आशा, छाया में इस आम्रकूट की,
माई की बगिया में आकर, दुसह हृदय की हूल बन गयी।

सोने का मद सोनमुड़ा में, बुल्लों में उठता-गिरता है,
मानिनि प्रणयिनि के अन्तर का ज्वर उतर उमड़ा करता है,
सोना रेती में मिल जाता, मिट्‌टी भी शिवफूल बन गयी।

दिग्भ्रम से मोहित हो मद में, सोन भले निज मग बिसराये,
एक बार मुड़कर रेवा ने, चरण नहीं पीछे लौटाये,
धाना की स्मृतिहरितबेलि वह धनिक हृदय में धूल बन गयी।

कोहनाये वर को समझाने, नउआ बाँभन दो सँग धाये,
केंह जुआ डग को आ छेंके, द्विज कैमूर नीति बतलाये,
हठ की दुर्निवार धारा में गिरि-बाधा अनुकूल बन गयी।

मदिर मिलन के मधु पलने में पल-भर प्रेम झुला जो होता,
तो क्यों क्षुधित विन्ध्य-वन होता, तृषित विरह का वारिधि होता,
अनगायी अनगूँजी लय की प्रलय क्षणिक वह भूल बन गयी।
दो बिछुड़ों की विरह-कहानी आज अमर है शूल बन गयी।

रुपहला धुआँ

जिसने जल-प्रपात नहीं देखा होगा, वह इस शीर्षक की हँसी उड़ाये बिना न रहेगा और वैसे तो एक फुट पानी गिरे तो भी, सहस्र फुट पानी गिरे तो भी, पानी का एक सूत गिरे तो भी और पानी का पहाड़ गिरे तो भी, प्रत्येक दशा में पानी का गिरना जल-प्रपात ही कहा जाता है। हाँ, यह दूसरी बात है कि हर एक प्रपात से धुआँ नहीं निकलता, हर एक धुआँ रुपहला नहीं होता, पर मैं जिस प्रपात के बारे में बयान करने जा रहा हूँ, उसके रुपहले धुएँ के जादू से अभी तक मैं अपने को अभिभूत पाता हूँ। नियागरा और गिरिसप्पा के जो वर्णन पढ़े थे, उनमें से बहुत-कुछ अनुमान लगाकर इस प्रपात को देखने गया था। यह प्रपात रीवा से तीस-तैंतीस मील दूर है। रीवा से सिरमौर सड़क जहाँ खतम होती है, वहाँ से लगभग पाँच मील है और इसका नाम आसन्न गाँव के नाम पर चचाई का कूड़ा है। यह बीहर नदी पर है। नदी के उस पार चचाई गाँव है और यहाँ लगभग 375 फीट का बीहड़ प्रपात बनाती हुई नदी एक मनोरम घाटी में प्रवेश करती है। मैं इस जगह वसन्त, ग्रीष्म, पावस और शरद् इन सभी ऋतुओं में और प्रातःकाल, दुपहरी, सन्ध्या और आधी रात इन सभी वेलाओं में गया हूँ और कई पार्श्वों से इसको निहारने का अवसर भी मुझे मिला है, पर जब-जब निहारा है और जिस-जिस पार्श्व से निहारा है, तब-तब बराबर मेरी आँखें जलसीकरों की शुभ धूम्रराशि से नयी शीतलता पाती रही हैं।

पहली बार जब मैं वहाँ गया था, तब फगुनहट बयार लहकार मार रही थी और इस धुएँ की ढेरी को इधर-उधर बिखराने में अपार उत्साह दिखा रही थी। धरती तपने लगी थी, नदी विरह की कृशता में अत्यन्त क्षीण हो चुकी थी और दायें-बायें पार्श्वों को एकदम फैलाकर छलाँग भरनेवाला जल-प्रपात बीच में सिमटकर एक परवलय बनाता हुआ नीचे कुण्ड की ओर जा रहा था। हरियाली प्रायः विदा ले चुकी थी और जिस पलाश की वसन्त में फूलने की बड़ी बड़ाई होती है, उस पलाश के भी दर्शन वहाँ कहीं नहीं थे, आकाश सूना पड़ा था, धरती वीरान लग रही थी। पता नहीं किस जाति के कँटीले झाड़ वहाँ पर फूलने लगे थे, जो ऐसा लगता था कि धरती की सुप्त व्यथा के शूल की तरह

से उकस आये हों; पर ये शूल असंख्य थे और इन शूलों में छोटे-छोटे फूल भी असंख्य थे। मैंने देखा है, गुलाब को छोड़कर प्रत्येक कँटीले पेड़ में जो फूल आते हैं, वो प्रायः पीले होते हैं और प्रायः बहुत छोटे होते हैं, जैसे संसार के समस्त फूलों का उपहास करने के लिए प्रकृति द्वारा सजाये गये विदूषक हों और इस आकाश की अकलंक नीलिमा के प्रसार के नीचे कुण्ड के आकाश से भी नीले जल की श्यामलता के ऊपर तथा धरती की धूसरता और इन झाड़ों की हरियाली और फूलों की पीतिमा के परिपार्श्व में चाँदी का धुआँ उमड़-घुमड़ रहा था। धुआँ का एक रूप बादल भी है और वह भी कभी-कभी अपना सर्वस्व दान करने के अनन्तर शरद् के आकाश में रजत-खण्ड बन जाता है, पर उसमें शायद प्रत्येक कण में से उमड़नेवाली प्राण-शक्ति उतनी नहीं होती, जितनी इस धुएँ में से मुझे निकलती हुई साफ-साफ अनुभव करने को मिली।

मैं घहरते हुए सावन-भादों में भी वहाँ गया हूँ और मैंने इस प्रपात के उद्दाम यौवन के उस महावेग को भी देखा है जो सौ-डेढ़ सौ फीट की अपनी चौड़ी धारा की प्रबल भुजाओं में धरती के चटकीले धानी आँचर में उफनाते यौवन को कस लेने के लिए व्याकुल हो जाता है और मैंने देखा है कि जब अम्बर के महलों में घनालिंगन करनेवाली सौदामिनी धरती के इस सौभाग्य की ईर्ष्या में तड़प उठती है, तब उस तड़पन की कौंध में इस प्रपात का उमड़ाव फूलकर दुगना हो जाता है।

शरद् की शुभ्र ज्योत्स्ना में जब यामिनी पुलकित हो गयी है और जब इस प्रपात के यौवन का मद खुमार पर आ गया है और उस खुमारी में इसका सौन्दर्य सुरतान्त में शिथिल पड़ी मुग्धा के वदनमण्डल की भाँति और अधिक मोहक बन गया है, तब भी मैंने इसे देखा है और तभी जाकर मैंने शरदिन्दु को इस प्रपात की शान्त तरल स्फटिक-धारा पर बिछलाते हुए देखा है।

मैंने कई बार सोचने की कोशिश की है कि सरिताओं और पर्वतों के सन्देश और गायन से मुखरित देव-वाणी इन प्रपातों के सौन्दर्य के प्रति क्यों उपेक्षित भाव रखती आयी है। झरनों के कल-निनाद-मात्र का संकेत करके वह प्रकृति प्रेम में सनी कविता क्यों उपराम पा गयी है और वाल्मीकि, कालिदास और भवभूति की सौन्दर्य-दृष्टि प्रपात की शोभा को क्यों भूल गयी है। शायद इसलिए कि वह कठोर पर्वत की तरह ऊँचे उठने का अभिमानी नहीं है या इसलिए कि सरिता का पतन होते हुए भी सरिता के ऊर्मिल प्रेम-प्रवाह से प्रपात अत्यन्त अनभिज्ञ है, शायद इसलिए कि उसके वर्णन से देवराज के प्रमुख पुरुष मेघ की हेठी हो सकती है या इसलिए कि वह मनुष्य के पतन में भी उन्नति की आकांक्षा का प्रतीक है या कि वह दलित धरती का उच्छ्वास है या अपनी दुर्बलता में भी मनुज की देवताओं से स्पर्द्धा का प्रबल उफान है। कारण चाहे जो भी हो, पर कवि की, और विशेष रूप से संस्कृत के कवि की इस अद्भुत शोभा

के प्रति उपेक्षा मुझे बहुत अखरती रही है। मुझे याद आया कि डॉ. रामकुमार वर्मा ने एक कविता चचाई पर लिखी है और उन्होंने कहीं पर यह भी लिखा है कि प्रकृति का पतन भी कितना सुन्दर होता है। मैं केवल इतना और जोड़ दूँ कि पतन कहीं भी हो; उसका पथ हमेशा 'स्वीट, प्रिम्बरोज डाउनवर्ड' (मधुर, गुलाबी, निम्नाभिमुख) होता है और यह और अधिक मनोहर हो जाता है, जब यह उस सीमा तक पहुँचा दे, जहाँ से ऊँचे उठने की सच्ची प्रेरणा आप-से-आप उठे और प्रकृति का पतन इसलिए नहीं मनोहारी होता कि उसमें कोई अपनी निजी विलक्षणता है, बल्कि इसलिए कि उसमें मनुष्य को अपने स्वभाव का तादात्म्य मिलता है और मनोहरता का आस्वादन करनेवाला स्वयं मनुष्य होता है। देवता को या देवता के पीछे दौड़नेवाले ऊर्ध्वमुख, ऊर्ध्वरेता, नीतिवादी, सन्तवादी साहित्यकार को प्रकृति के इस पतन से कोई सहानुभूति शायद नहीं होगी, पर जो मानव-मन की दुर्बलताओं से प्रीति रखता है और उन दुर्बलताओं में भी जो क्षमता देख सकता है, जो मनुष्य की दुर्बलताओं को चुपचाप क्षमा करनेवाली माता धरित्री की ओर देखकर चलता है, देवताओं के आकाश की ओर बराबर नहीं ताकता रहता है, उसे यदि कहीं मनुष्य की आकांक्षा का ज्वार मिलेगा तो जल-प्रपात के ही वैभव में, उसे यदि घोर दुर्दिन की झड़ी में कजली की तान उमड़ानेवाले झूले का आनन्द मिलेगा तो प्रकृति के इसी चाँदी के हिंडोले में।

पहली बार जब मैं गया था तो वहाँ ठहरने के लिए कोई स्थान बना नहीं था और इसलिए खड़ी दुपहरी में चट्टानों की ओट में ही छाँह मिल सकी थी। ये भूरी-भूरी चट्टानें पानी के आघात से घिस-घिसकर काफी समतल बन गयी हैं और इनका ढाल बिलकुल खड़ा है। इन चट्टानों के कगारों पर बैठकर लगभग सात-आठ हाथ दूर प्रपात के सीकरों का छिड़काव रोम-रोम से पिया जा सकता है। इन शिलाओं से ही कुण्ड में छलाँग मारनेवाले धवल जल-बादल की छटा अत्यन्त समीप से आँखों में भरी जा सकती है। हवा के झोंके के साथ बादल पेंग मारते-से दिखायी देते हैं और उनके मन्द गर्जन का स्वर भी जाने किस मलार के राग में चढ़ता-उतरता रहता है कि मन उसमें खो-सा जाता है। एक शिला की शीतल छाया में कगार के नीचे पैर डाले मैं बड़ी देर तक बैठे-बैठे सोचता रहा कि मृत्यु के गहन कूप की जगत पर पैर लटकाये भले ही कोई बैठा हो, किन्तु यदि उसे किसी ऐसे सौन्दर्य के उद्रेक का दर्शन मिलता रहे तो वह मृत्यु की भयावह गहराई भूल जायगा। मृत्यु स्वयं ऐसे उन्मादी सौन्दर्य के आगे हार मान लेती है, नहीं तो समय की कसौटी पर यौवन का गान अमिट स्वर्ण रेखा नहीं खींच सकता था। मिट्टी में खिले हुए गुलाब की पंखुड़ियाँ झर जाती हैं और उनको झरते देख मृत्यु हँसना चाहती है पर उस मिट्टी में से जब गुलाब की गन्ध ओस पड़ने पर उसास की भाँति निकल पड़ती है, तब मृत्यु गलकर पानी हो जाती है। मैं सोचता रहा कि यहाँ जो अजर-अमर सौन्दर्य उमड़ा चला जा रहा है, वह स्वयं विलय का सौन्दर्य

है—विलय मटमैली धारा का शुभ्र जल कणों में, शुभ्र जल कणों की राशि का शुभ्रतर वाष्प में और वाष्प का सौन्दर्य के रसभरे जूहीलदे घुँघराले और लहरीले चूड़ापाश में। यह चूड़ापाश जूहियों से इस तरह सज जाता है कि उसके निचले छोर की श्यामलता भर दिखायी पड़ सकती है, एक अद्वितीय चाँदनी उसे ऊपर से छाप लेती है। मैंने देखा कि साँझ हो आयी है। सूर्य की तिरछी किरणें जाते-जाते इस सौन्दर्य का रहस्यभेदन करते जाना चाहती हैं। पर जैसे प्रपात जाने कितने कवच मन्त्र उच्चारण करता हुआ और मुखर हो रहा है और अपने को इस प्रकार समेट रहा है कि रवि-रश्मियों का प्रयत्न आप-से-आप विफल हो रहा है। इस बार घाटी में उतरने का अवसर नहीं मिला था, क्योंकि आधे घण्टे के भीतर क्योटी प्रपात की भी एक झलक लेने की बलवती इच्छा उकसने लगी थी। इसलिए दिवस के यथार्थ में वसन्त के वैभव के बीच अपनी कृशता, अपने एकाकीपन और अपनी उपेक्षा में उस विरही महागायक के स्वर की गूँज मन में भरते हुए और उस गूँज में विन्ध्य के अन्तर्मन की पुकार की अनुगूँज को भी पाते हुए मैं क्योटी के लिए लौट पड़ा था। लौटकर आने पर 'वसन्त का चचाई' शीर्षक से कुछ पंक्तियाँ गुनगुनाते हुए लिख डाली थीं और वे पंक्तियाँ ये हैं—

पाहन के उच्छ्वास विजन के तुम मधुहास रजतमय,
जीवन के सम्भार पतन के तुम उल्लास हरितमय,
कजली के उमड़ाव फाग के तुम अवसाद विरहमय,
कण के कण में विलय-विलय में तुम विश्वास अजरमय।
मुनि वन्दन में विनत विन्ध्य के उन्नय की तुम आशा,
वीर चचाई निर्झर, उसकी अतल शक्ति की परिभाषा।
सावन में गरज-गरज हहराते तुमको मैं तो देख न पाया,
फागुन की ढलती दुपहर में तुझे देखने मैं यों आया,
नीचे सघन श्यामता देखी, ऊपर देखा सुन्न अकास,
मन में कुसुम खिले कितने भी, खिले कँटीले द्रुम ही पास,
हिय में सुधि घन की छा आयी, पुरवा लेने लगी हिलोर,
त्यों फुफकार भरी दखिनैया धायी मनहर सपन बिथोर।
तब सोचा ऋतुपति की शोभा बीहर को वरदान नहीं है,
मधुमद में इतरानेवाला इस प्रपात का दान नहीं है,
युगों-युगों से चट्टानों से जुझहारों का देश रहा जो,
अन्तर में भीनी सरसाई, ऊपर रूखा वेश रहा जो,
उस प्रदेश के राग हिंडोला, धरती की तुम तृप्ति माँगते,
होरी का तुम दाह न चाहो, धनिया की परितृप्ति माँगते।

सँझियारे दीपक तो पर की नेहधार से जल पाते हैं,
जब लौं उकसाये ना कोई स्वयं नहीं वे बल पाते हैं,
तरुण-निशा के हृदय-सिन्धु को उमड़ानेवाले हिमकर तुम,
भोरहरिया की आस, और स्वप्नों के अन्तरतर तुम,
तुम विहाग के राग जलन तुमसे क्यों माँगू,
तम हरते हैं दीप, प्राण तम में मैं माँगू।

दूसरी बार बड़े-बड़े अफसरों के साथ वर्षा में वहाँ जाने का अवसर मिला और साथ में मोटे, दुबले हर एक डिजाइन के लोग थे। अबकी बारी नीचे उतरने की हमने ठानी और काफी रपटीले रास्ते से डाक बँगले के पास से हम लोग उतरने लगे (डाक बँगला अब तक बन चुका था और उसका उद्घाटन भी शायद हो चुका था, नहीं तो हमें ठहरने को कैसे मिलता?)। साथ में हमारे एक मोटे अफसर नीचे उतरने की अनुपयोगिता पर काफी लम्बी-चौड़ी स्पीच देने लगे, पर हम तो मोटे नहीं थे और उनकी मोटी स्पीच हमारे गले उतर भी नहीं सकती थी, हम नीचे उतरते गये। नये रास्ते बनाये और कहीं-कहीं रास्ता नहीं था तो शाखा पकड़कर नीचे उतरते गये और अन्त में हमारे नीचे साड़ी के छहराते हुए छोर की तरह नदी की धारा प्रकृति के श्यामल सौन्दर्य के उभार का सह्य न होने के कारण अलग किनारे फेंक दी गयी-सी दीखने लगी। हरियाली सघन हो आयी और कहीं-कहीं उष्ण कटिबन्धी फूलों की लहक-भरी गन्ध भी पुरवैया के साथ समस्त संज्ञा झकझोरती और विजड़ित करती चली आने लगी। घाटी से ऊपर आकर अब ठीक आमने-सामने प्रपात से आखों की मुठभेड़ हुई तो फागुनवाला अवसाद और वसन्तवाली विरह वेदना एकदम स्वप्न की भाँति तिरोहित हो गयी। प्रपात पागल हाथी की तरह चिंघाड़ रहा था। रह-रहकर जब बादल इस चिंघाड़ को बर्दाश्त न करते हुए तड़प उठते थे, तब प्रपात का उन्माद और द्विगुणित होकर आस्फालित हो जाता था। हाँ, यह जरूर था कि चाँदी का धुआँ कुछ तो मिट्टी की प्रीति के उमड़ाव के कारण, कुछ कजरारे मेघों की कजरारी छाया के कारण और अधिक तो विश्व के किशोर-किशोरी के श्यामल शृंगार से तन्मय होने के कारण कुछ अधिक सँवराने लगा था, पर इस सँवराई शोभा में भी रुपहले धुएँ की आभा बीच-बीच में चमक उठती थी, मानो उसके अन्तर के रूप का ज्वार मन्मथ के भी मन्मथ विश्व-मोहन के साँवरे रूप को चुनौती दे रहा हो। इस चुनौती में कौन जाने उस बरसानेवाली का मौन उपालम्भ न छिपा हो और उसी के रूप की प्रतिच्छाया पाकर यह प्रपात और अधिक स्फीत न हो गया हो।

बड़ी देर तक मैं खोया रहा और जब चचाई को लेकर विभागीय कार्य की रूपरेखा की बातचीत अपने मन्त्री और सचिव से वहीं शुरू हो गयी, तब जाकर मुझे अपनी असम्प्रज्ञात समाधि से विदा लेनी पड़ी और उसके बाद तो एकदम द्विजदेव के उनये चन्द्रमा से गिरते-गिरते द्विवेदी-युग के गद्यमय धरातल पर ठक से पाँव लग गये और

मीमांसा होने लगी कि पर्यटकों के लिए चचाई का किस प्रकार प्रचार करना चाहिए। यहाँ हरित उद्यान बनाना चाहिए, बाँध बँधाना चाहिए, पनबिजलीघर भी खड़ा करना चाहिए, आदि आदि। वहाँ मैं क्या सुझाव देता कि ये सब चीजें तो ठीक हैं, लेकिन खुद चचाई के लिए आज देखने की नयी आँख बनानी चाहिए, इसके स्वर को सुनने के लिए नये कर्णयन्त्र बनने चाहिए और इसके सन्देश को ग्रहण करने के लिए नया हृदय रोपा जाना चाहिए। यह सुझाव देता भी मैं तो नियम-परिधि में बँधे हुए मालिक उसे क्यों सुनते? क्योंकि यह सुझाव नियमन के विकराल बन्धन की छटपटाहट से मुक्ति पाने के ही साधन हैं।

तीसरी बार जब मैं वहाँ गया तो चाँदनी रात थी। नौ-दस बजे तक संगीत के रस में अंशतः और शेष अंश में चाँदनी के रस में तैरते हुए मन का जब चचाई के साथ साक्षात्कार हुआ तो जैसे एक विचित्र योग मिल गया हो। चाँद अपनी मस्ती पर, प्रपात अपनी मस्ती पर, रात अपनी मस्ती पर, मन अपनी मस्ती पर और शेष सब चीजें एकदम विच्छिन्न। वहाँ पहुँचते ही मेरे दो तरुण मित्रों को छोड़कर दूसरे लोग एकाध घण्टे में ही सौन्दर्य निहारते-निहारते ऊबकर सो गये। ऊबते वे क्यों न? वे तो जिन्दगी का नेह सोखनेवाले तिलचटा ठहरे। उन्हें बाजार की सौदेबाजी से, लेन-देन से, शोर-गुल से और नकद-उधार से इतनी प्रीति हो जाती है, इतना मोह हो जाता है कि उनसे एक क्षण का विछोह भी दुस्सह हो जाता है। ऐसे लोगों को प्रकृति के सौन्दर्य से जबर्दस्ती अनुराग कराना पड़ता है और यदि अनुराग करते भी हैं तो वे दूसरों का अनुराग विरस कर देते हैं।

खैर, वे लोग सो गये और मैंने सुख की साँस ली। ताश के पत्ते बिछे और जो मेरे दो तरुण मित्र थे, वे दोनों काफी भावुक और कला की सुकुमारता से काफी हद तक सँवारे हुए तरुण थे, दोनों की आँखों में सपनों की लाल डोरी थी और दोनों के हृदय में उल्लास की अपार लहर थी। रमी जम गयी, पर रमी ब्याज मात्र थी। असल में दृष्टि कभी चन्द्रमा की ओर जाती, कभी प्रपात की ओर, कभी प्रपात के चरणों में बिछी नदी की ओर, कभी चाँदनी के रुपहले स्वप्न में सोयी हुई धरती की सुख-शान्ति की ओर आँखें टिक नहीं पातीं। प्रभात कब होने लगा, इसका पता-थाह तब लगा ज़ब भोर की बयार घूमने निकली और उसकी अवाई में पहली चिड़िया बोल उठी। मुझे ऐसा लगा कि भोर का यह सन्देश आनन्द-विजड़ित इन्द्रियों से गहा न जायगा और मैं यद्यपि तिमंजिले से नीचे उतरा, स्नान आदि के लिए, पर मोटर की पिछली सीट पर चुपचाप लेट गया, और गहरी नींद आ गयी। सूर्य निकलते-निकलते मेरे रतजगा के साथियों ने मुझे धीरे से जगाया और मैं प्रपात की मूल धारा की ओर चल पड़ा। चलते-चलते मेरे मन में आया कि धुएँ से तो आँखें कड़आ जाती हैं, कड़आते-कड़आते गीली हो जाती हैं, पर मेरी आँखें इस रुपहले धुएँ से भीगते-भीगते बिना कड़आये जो लग गयीं, वह

किस जादू का असर था। मैं वैसे अपने निजी जीवन के रूमानियत का राज कभी न खोल सका। शायद खोलने की कोशिश भी न की, क्योंकि खोलने के लिए कोई उत्कण्ठा नहीं जगी, कोई प्रेरणा नहीं आयी, पर 'अमिय हलाहल मद भरे, श्वेत स्याम रतनार' 'आँखें जिन्हें जिलाने, मारने और मदहोश करने में समर्थ नहीं हो सकीं', वे आँखें भी ऐसी जगहों में आकर हृदय का सब भेद जाने किस छल में पड़कर चुपचाप लुटा रही हैं, मैं स्वयं नहीं जान पाया। मुझे अब भी समझ में नहीं आता कि लोगों को विरह या संयोग का उद्‌दीपन ऐसे स्थानों में कैसे मिल जाता है। मुझे तो संयोग और विरह दोनों दशाओं में वहाँ जाने का मौका मिला है और मैं वहाँ जाकर दोनों दशाओं को ही भूल गया हूँ, उनके लिए उद्‌दीपन पाने की तो बात ही दूर है। यह जरूर है।

पावस में चचाई जल-प्रपात

कलचुरियों की राजधानी गुर्गी

वर्तमान विन्ध्य प्रदेश जिन दो प्राचीन जनपदों के एक संयुक्त रूप में आज अपनी भौगोलिक सीमाओं के भीतर बँधा हुआ है, उनमें वत्स जनपद बघेलखण्ड है और चेदि जनपद बुन्देलखण्ड है। वैसे तीसरी शताब्दी से लेकर तेरहवीं शताब्दी तक चेदिवंशीय राजाओं का प्रसार वत्स जनपद में ही अधिक रहा और यही कालान्तर में कलचुरी, कटच्छुरी, डहरिया या हैहयवंशी कहलाते रहे। इनकी दो शाखाएँ थीं। एक शाखा का प्रसार दक्षिण तक फैला हुआ था और उसकी राजधानी त्रिपुरी (जबलपुर के पास) में थी, और दूसरी शाखा का प्रसार काशी और काशी से भी उत्तर गोरखपुर तक था। इसकी राजधानी सम्भवतः वर्तमान गुर्गी या गोलकी थी। इसी वंश में गांगेय देव और कर्णदेव अत्यन्त प्रसिद्ध और कलाप्रेमी सम्राट् हुए हैं। गांगेय देव परमारवंशी धाराधिपति भोज के समकालीन हैं, सम्भवतः उनसे पराभूत भी हुए थे। ये गांगेय चालुक्य सम्राट् तैलप के सम्बन्धी थे और दोनों मिलकर भोज को हरा नहीं सके थे और इसीलिए आज तक जन-उक्ति चली आती है–"कहाँ राजा भोज, कहाँ गंगऊ तेली" (क्व नृपतिर्भोजः क्व गाङ्गेयनृपतैलपौ)। इन्हीं कलचुरियों ने समय के प्रवाह में अपनी राज्यश्री अपने प्राचीन मित्र और सम्बन्धी चालुक्यों की एक शाखा बाघेलों को चुपचाप समर्पित कर दी और उनके साथ वैवाहिक सम्बन्ध में बँध गये। गुर्गी कलचुरियों की कला-साधना की उसी प्रकार रंगभूमि बनी, जिस प्रकार चन्देलों के लिए खजुराहो बना। गुर्गी की कला की झलक रीवा के संग्रहालय में स्थित हर-गौरी, द्विशिरकीर्तिमुख, वराह, जैन-युगल और नृसिंह की विशाल और प्राणवान् प्रतिमाओं में तथा रीवा के महाराज के किले के पुतरिहा दरवाजा में मिलती है। पर उसकी विपुल सम्पत्ति रायपुर कलचुरियान की गलियों में, घर की दीवालों में, यहाँ तक कि नाबदानों में तथा गुर्गी महसाँव के सुविस्तृत खँडहरों में बिखरी पड़ी हुई हैं। अभी बहुत हाल ही में इनकी रक्षा और संग्रह का कार्य हाथ में लिया गया है। इसी कार्य को देखने के लिए मैं एक दिन अपने मन्त्री के साथ वहाँ जा निकला। कलचुरि कला की प्रतिमा का परिचय मुझे अमरकण्टक के पुराने

रीवा किले में लगा हुआ गुर्गी दरवाजा

मन्दिरों, सोहागपुर के विराटेश्वर मन्दिर तथा चन्दरेह के स्थापत्य में तथा रीवा में स्थित संग्रह के शिल्प-सौन्दर्य में कुछ-कुछ मिल चुका था और खजुराहो से उसकी समानता की झाँई का भी आभास मिल चुका था। इसीलिए जब मैं गुर्गी गाँव में पहुँचा और वहाँ पर बटोरकर रखी गयी टूटी-फूटी छोटी-बड़ी कलाकृतियों को बहुत समीप से जाँचने लगा तो मेरा ध्यान सबसे पहले एक कंकालिनी काली मूर्ति की ओर गया जो अपने अंकन में यथार्थवादी कला की सूक्ष्म-से-सूक्ष्म पहचान को मात दे रही थी और याद आया कि खजुराहो के जार्डिन संग्रहालय में ठीक ऐसी ही कंकालिनी मूर्ति है, जो चौंसठ योगिनी मन्दिर से शायद लायी गयी है। अन्तर केवल इतना है कि जहाँ खजुराहो में नृत्य-मुद्राओं में अप्सराओं की विविध भंगिमाएँ अंकित हैं, वहाँ गुर्गी में स्वयं शिव की विविध मुद्राएँ अंकित हैं। शिव के साथ-साथ शिव के गणों की तथा गणेश की अत्यन्त सुन्दर अष्टभुजी मूर्ति यहाँ गुर्गी के खँडहरों में पड़ी हुई है। पुष्प-अलंकरण प्रायः सदृश हैं और विच्छित्ति का सौन्दर्य कहीं अधिक है। भावों के आन्तरिक मर्म के अंकन में शायद उतनी सफलता गुर्गी की कला को नहीं मिली है, पर उसमें समन्वय अद्भुत है। इसीलिए उसकी हर-गौरी प्रतिमा में शिव और पार्वती की मुखमुद्रा में गुप्त-युग की सौम्यता, खजुराहो की गम्भीरता और भुवनेश्वर की आनन्द-तन्मयता, एलोरा की कल्पना-विशालता और अजन्ता की सूक्ष्म भाव-व्यंजना का अपूर्व समन्वय है। लगता है, शिव में शुंग-काल के यक्ष, अजन्ता के अवलोकितेश्वर, गुप्त-काल के विष्णु, एलोरा के नटराज और खजुराहो के सौन्दर्य-विगलित कन्दर्पेश्वर सब एक में मिलकर अत्यन्त स्थायी आनन्द-मुद्रा में हर-गौरी बन गये हों। गुर्गी में तीन-चार घण्टे धूप के प्रखर होते तक हम लोग परिक्रमा लगाते रहे। कई बार मूर्तियों के भग्न सिर हाथ में उठा-उठाकर हम उनको धड़ से जोड़कर पूरी करने की कोशिश करते रहे। सारा स्थान बावड़ियों, महलों, मन्दिरों के भग्नावशेषों से अभिव्याप्त है और इस स्थान के वैभव की स्मृति रागिनी यहाँ की बरेज (पनवाड़ी) और उसके पास का कमलों से भरा हुआ सरोवर अब भी सुनाता है। यहाँ की बरेजों से पान बहुत दूर तक जाता है और उनको सींचनेवाले घड़ों के निशान पेशेवर जलवाहकों के कन्धे पर जाने कितने युगों से गहरे पड़े हुए हैं। तृणों से ढकी हुई बरेज के अन्दर गीली मिट्टी से दबायी हुई पान की लता जो एक-एक क्षण की सम्हाल और स्नेह-स्पर्श माँगती है, इतिहास के विजन में बिना किसी छाँह के, बिना किसी स्नेह स्पर्श के झुलसती हुई म्रियमाण कला-परम्परा की सूखती हुई लता की ओर करुण संकेत करती है और इन पान की लताओं को सींचनेवाले स्निग्ध श्यामल अनपढ़ कहार कमल के सुरभित जल के बराबर सक से उत्फुल्ल होकर जब अपनी बत्तीसी चमका देते हैं तो लगता है कि वे हम शिक्षितों का उपहास कर रहे हों, जिनके ऊपर इतिहास की बरेज के सींचने का भार है और जो सींचने की कौन कहे, झुलसी हुई बरेज देखने की भी सुधि नहीं रखते।

हमारे साथ एक और ऊँचे अधिकारी थे। उन्होंने कमल नहीं देखा था और जब मैंने एक-एक दल फैलाकर कमल का विकास उन्हें दिखाया, कमल का किंजल्क और कमल की केसर उन्हें दिखलायी तो वे चकित रह गये। एक-एक दल खोलते समय किस प्रकार रंग उत्तरोत्तर गहरे से हलका होता चला जाता है, किस प्रकार वर्ण और सुरभि की सिलवटों के भीतर तक पहुँचते-पहुँचते एक अपूर्व कोष का उद्‌घाटन होने लगता है, इसकी उन्हें जानकारी नहीं थी और यह तो उनकी सच्चाई थी कि उन्होंने स्पष्ट स्वीकार किया कि उन्हें जानकारी नहीं थी। पर सच तो यह है कि आज हमारे देश में शिक्षा के ऊँचे-से-ऊँचे स्तर तक पहुँचे हुए लोग अपने देश के सौन्दर्य के प्रतीक कमल के बारे में और साथ ही देश के सौन्दर्य के अन्तर्मर्म के बारे में जो जानकारी रखते हैं, वह शून्य के बराबर है या ऐसी है कि उसका अभाव होना अधिक श्रेयस्कर होता। जिस प्रकार कमल में रंग की शोखी नहीं होती, गन्ध की मादकता नहीं होती, स्पर्श का छुई-मुईपन नहीं होता और जिस प्रकार उसका सौन्दर्य बाहर से भीतर की ओर अधिक विस्तृत होता चला जाता है और जिस प्रकार उसके गर्भगृह में सुनहले केसरों के बीच में अलि अपना स्वर खो देता है, उसी प्रकार भारतीय कला का सौन्दर्य भी वर्णाढ्‌यता में नहीं, उद्‌दाम विह्वलता में नहीं, स्पर्श न सहनेवाली सुकुमारता में नहीं और बाह्य आवरण की मोहकता में नहीं, बल्कि रंग के एक क्रमिक घुलन में, गन्ध के स्थायित्व में, स्पर्श की असम्पृक्तता में तथा अन्तरोन्मुखीनता में और अन्तर्नाद की साधना में है। इसलिए कला की देवी और उनके वाहन का डासन-असन केवल यह कमल ही है और कोई भी अलंकरण या कोई भी शृंगार उसके बिना पूरा नहीं उतर सकता, क्योंकि वह विराट् पुरुष की नाभि से निकले नीहारिकाओं के मन्थन से उठे भुवन कोष का पर्याय है, ज्ञान वेद की प्रथम पीठिका है, स्रष्टा के प्रथम योग-साधना में ध्यान का एकमात्र आधार है, कला-साधना में कला के शिव का एकमात्र उपहार है और साहित्य के विष्णु का वह नेत्र है। कमल थिर जल में खिलता है, भारत की कला सुख-शान्ति का सन्देश सुनाती है, कमल के प्रत्येक अवयव में एक अनुहारता है, एक समानुपात है और एक शाश्वत माधुर्य है, इसीलिए उसकी जैसी मधु मधुपों को अन्यत्र मिल नहीं पाती और लगभग यही बात भारतीय कला के सम्बन्ध में भी कही जा सकती है, जो समन्वय, समस्वरता और शाश्वत माधुर्य में अपना कोई जोड़ नहीं रखती।

कमल और भारतीय कला के इस सादृश्य को स्मरण करते-करते सहसा मेरे मन में यह बात उदित हो आयी कि हमको आज तक जिस मध्ययुग की विलासिता, ह्रासशीलता और हीनता का पाठ कक्षा सात से लेकर एम. ए. तक पढ़ाया जाता रहा है, उससे क्या हमारी नयी पीढ़ी की शिक्षा का उद्धार नहीं होगा। गुर्गी जैसी जगहों में जाने पर ही यह पता चल सकता है कि जिसे मध्ययुग कहा जाता है, वह मध्ययुग जो कि छठी शताब्दी से सत्रहवीं शताब्दी तक फैला हुआ है, वह मध्ययुग अपकर्ष का

युग नहीं है। किसी परिस्थितिवश राजनैतिक दुरवस्था हो जाने से ही और वह भी केवल कुछ मुख्य केन्द्रों में, देश की समग्र प्रगति का अवमूल्यन नहीं किया जाना चाहिए। देश की सांस्कृतिक धारा ने जो बहुमुखी प्रगति इस मध्ययुग में की है, वह इतिहास के लिए एक गौरव की वस्तु है। ऐसा जरूर लगता है कि कहीं तार आकर एकदम टूट गया है और एक बहुत बड़ी रिक्तता आ गयी है, विशेष करके शिल्प और स्थापत्य के क्षेत्र में, क्योंकि सत्रहवीं शताब्दी के बाद के मन्दिर और शिल्पों में एक विचित्र-सी विद्रूपता और एक वर्णसंकर परिलक्षित होने लगा। जो अन्तः सौन्दर्य का लक्ष्य भारतीय कला का था, वह लक्ष्य बाद में इतना तिरोहित हो गया और बाहरी तड़क-भड़क और रंगसाजी के लिए इतना प्रबल आग्रह भर गया कि सत्रहवीं शताब्दी के बाद के सफेदी किये हुए मन्दिर एक निर्जीव वस्त्र-आवृत शव की तरह लगते हैं। साथ ही बड़ा दर्द होता है, जब मूर्तियों को हम खण्डित और मन्दिरों को ध्वस्त देखते हैं, प्रकृति के हाथों से नहीं, बल्कि बर्बर कलाध्वंसक मनुष्य के हाथों से, जो मनुष्य यह विश्वास नहीं कर सके कि कला और धर्म के बीच समन्वय हो सकता है तथा धर्म मानव-जीवन के चरम आनन्द के लिए है और उसके जीवन का उल्लास है, केवल एक दुराग्रह और कठोर सैनिक नियन्त्रण का अनुशासन नहीं।

गुर्गी में हजारों प्रतिमाएँ भग्न पड़ी हैं और बहुत कम उनमें से समग्र रूप से रक्षित हैं। आज धर्म के प्रति उतनी गहरी आस्था नहीं है, पर कला की रक्षा के लिए काफी गरम चर्चा चारों ओर है। इसका परिणाम यह है कि हम कला का सौन्दर्य तो निरख पाते हैं, पर उस कला में निविष्ट विश्वास नहीं अनुभव कर पाते। हम कलाकार की साधना आज के कलाजीवियों के मानदण्ड से नापने बैठते हैं। हम यह क्षणमात्र भी नहीं अनुभव कर पाते कि कला की सृष्टि के लिए सौन्दर्य-दृष्टि के साथ-साथ एक भीतरी विश्वास चाहिए। उसके बिना सौन्दर्य एक तमाशा बन जाता है और यही कारण है कि आज के तथाकथित कलाकारों की सृष्टि फैशनमात्र बनकर रह जाती है और इसीलिए उस फैशन का दूसरे दिन एकदम लोप हो जाता है, उसकी परम्परा आगे नहीं बढ़ पाती। कलचुरी शासक राजनैतिक दृष्टि से जैसे भी रहे हों, पर उन्होंने जो भारत की कला-परम्परा को एक नये अभिनिवेश के साथ आगे बढ़ाया है, उसके लिए यह समस्त देश उनका ऋणी रहेगा। कला के कुछ आलोचक ऐसे हैं जो विदेशी दृष्टि से 'अन्धेन नीयमानायथान्धाः' की तरह उत्तर मध्ययुग की कला ह्रासोन्मुख कला है, इसलिए उसमें कोई मौलिकता या नवोन्मेष या प्रेरणा सम्भव ही नहीं है, प्रायः यह मानकर चलते हैं। दुर्भाग्यवश ऐसे आलोचक ही भारत में अब तक छाये रहे हैं, जिससे मध्ययुग की कला का वास्तविक मूल्यांकन नहीं किया जा सका है। ह्रासोन्मुखता का नारा इतना बुलन्द रहा है कि बहुत कम लोगों ने यह पहचानने की कोशिश की कि मध्ययुग में हमारे राष्ट्र की दृष्टि सूक्ष्म विश्लेषण और गहन जीवन-दर्शन की ओर मुड़ी

थी, इसीलिए प्रत्येक क्षेत्र में एक विस्मयकारी विस्तार दिखलायी पड़ता है। चाहे वह दर्शन का हो, साहित्यशास्त्र का हो, गणित का हो, आयुर्वेद का हो या कला का हो। अकेले गुर्गी ऐसे आलोचकों के लिए बहुत बड़ी चुनौती है। केवल हर-गौरी की प्रतिमा का चित्रमात्र देखकर डॉ. सुनीति कुमार चटर्जी ने मेरे पास पत्र लिखते हुए अत्यन्त मुक्त कण्ठ से आशंसा की थी कि चेदि-शैली के उत्कर्ष का यह एक नमूना है और हर-गौरी जैसी कितनी असंख्य प्रतिमाएँ गुर्गी में लेटी हुई हैं, यह बात बिना वहाँ गये समझी नहीं जा सकती।

आज गुर्गी गाँव के आस-पास के लिए उसका गौरवशाली इतिहास एक भूत की कहानी जैसा अरूप रह गया है। गुर्गी के शिलालेख रीवा संग्रहालय में जो गाथा कहते हैं, उसका कितना धुँधला संस्करण वहाँ की जनश्रुतियों में उतर आया है, यह देखकर मन में यह भी विचार आता है कि समय बड़ा कठोर होता है। छह-सात सदियों का व्यवधान भी कमनीय-से-कमनीय गौरव-कुसुम की एक-एक पंखुड़ी उधेड़ डालता है और डाल में एक सूखा वृन्त मात्र छोड़ देता है। उस वृन्त के सहारे समग्र कुसुम की परिकल्पना करने बैठता है इतिहास, पर उस परिकल्पना के बिना नये कुसुम रूप और रंग नहीं पाते, यह भी एक ध्रुव सत्य है।

समय और इतिहास के इस द्वन्द्व का ध्यान करते-करते मैं जब गुर्गी से दुपहरी में रीवा के लिए प्रस्थित हुआ तो कमल के फूलों की भेंट आयी और उन कमलों को रास्ते-भर निहारते-निहारते और सहलाते-सहलाते हम उस प्राचीन राजधानी की राजलक्ष्मी की वन्दना करते रहे जिसने कला की देवी से ईर्ष्या नहीं की और जिसने अपने कमल सुन्दरियों के हाथों में नहीं सजाये, बल्कि शारदा के अनुगामी हंसों के चंचुपुट में खिलाये। उस राजलक्ष्मी का स्वतन्त्र भारत में जो पुनरागमन हुआ है, उसमें उसकी दानशीलता का प्रत्यागमन हो, इस कामना से हमारा हृदय अब भी पुलकित है।

●

रेवा से रीवा

सहस्रबाहु महापराक्रमी कार्तवीर्य के अपार बाहुबल का परिमापन करनेवाली, कार्तवीर्य के कालान्तर में परवर्ती वंशजों, कलचुरियों की कीर्त्तिकौमुदी को अपने हृदयतल में धारण करनेवाली तथा कलचुरियों के निकटतम सम्बन्धी चालुक्यों की व्याघ्रपराक्रमी शाखा बाघेलों की साहित्य और कला की रसिकता से, विरह की तपन में आश्वासन का जीवनदान पानेवाली रेवा की कितनी स्मृतियाँ आज के इस रीवा नाम में आकर मुकुलित हो गयी है, कह नहीं सकता। आज जब इस रीवा के आस-पास के प्राकृतिक और कलात्मक वैभव के दर्शन के क्षण एक-दूसरे से जोड़ने बैठा हूँ तो मुझे लगता है कि यद्यपि रेवा और रीवा में कोसों का व्यवधान है, पर रीवा और उसके परिसर का प्रत्येक अंग मानो रेवा की मिट्टी से ही ढला हुआ लगता है। विन्ध्य के चरणों में विशीर्ण नर्मदा का प्रतिरूप बीहर और त्रिपुरी को भी अपनी सुन्दर कलाकृतियों में पराजित करनेवाली गोलकी (गुर्गी), कपिलधारा जलप्रपात का जाने कितना गुना आवेग लिये चचाई, क्योटी और बहुती प्रपातों का उद्दाम यौवन, आम्रकूट की प्राचीन अमराई को अंक भर भेंटनेवाले गोविन्दगढ़ तालाब का मनोरम विस्तार और रेवा-निकुञ्ज की चैत की चाँदनी में जगनेवाली उत्कण्ठा का आज भी अनेक रससिद्ध कवियों की रचना में अवतार यह सब चीजें क्या सिद्ध नहीं करतीं कि रेवा की शिव-साधना का दूसरा अध्याय है रीवा, नर्मदा की संस्कृति के विकास का दूसरा खण्ड है रीवा, नर्मदा के हुलास का दूसरा जन्म है रीवा और अन्त में उसके अनन्त विरह के आवेग का अनेक प्रपातों में शिर धुनने का दूसरा क्षण है रीवा।

पहले मैं रीवा नगर से ही शुरू करूँगा। मैं घर से बहुत कम घूमने जिसे टहलना कहा जाता है—बाहर निकलता हूँ और समस्त चेतावनियों, उपदेशों और प्रतिदिन की शिक्षाओं के बावजूद भी पैदल तभी चलता हूँ, जब पैदल चलने की परवशता होती है, नहीं तो अपने गुरु के उपदेश के अनुसार उतना ही खाता हूँ, जिसको बैठे-बैठे या लेटे-लेटे पचाया जा सकता है। इसलिए इतिहास का ज्ञान तो लेटे-लेटे प्रगाढ़ होता जाता है, पर कोई मुझसे पूछे कि रीवा में अमुका जी का या अमुक जी का निवास किस

हिस्से में और किस दिशा में है तो मैं प्रायः अनुत्तीर्ण ही रहूँगा। इसलिए मुझे चीजों को देखने-सुनने का मौका बहुत कम लगता है, पर जब लगता है तब मैं उसका भरपूर उपयोग करने की कोशिश करता हूँ। लोगों से सुना करता था कि लखनऊ की शाम और बनारस की सुबह मोहक होती है, पर रात विन्ध्य की ही। रात की यह मोहकता मुझे बराबर सम्मोहित करती रही है और दिन का ताप साँझ की बाती के साथ स्नेह पीकर बलनेवाले दीपक की जलन से जब-जब मैंने परितृप्ति चाही है, तब-तब मैं विन्ध्य की रजनी में कृष्णाष्टमी के शशि की भाँति निशीथ में चुपके से बंकिम कला के द्वारा विहाग का सन्देश पहुँचानेवाले विश्वात्मा के साथ में अनजाने में खो गया हूँ और यह भूल गया हूँ कि यह परितृप्ति मैंने माँगी थी, तब-तब मुझे यह लगा है कि इस परितृप्ति का अभाव जीवन में कभी मैंने अनुभव ही नहीं किया। इन क्षणों का जब उतार होता है, तब अवश्य लगता है कि विस्मृति से बढ़कर मनुष्य को समय ने कोई मलहम नहीं दिया और यह विस्मृति जितना ही अधिक आत्मा को अभिव्याप्त करके होती है, उसी अनुपात में मनुष्य सच्चे आनन्द को प्राप्त करता है। विन्ध्य का निवास या शापभ्रष्ट यक्ष की भाँति दुर्दिन का प्रवास इन आत्मविस्मृति के क्षणों को पाकर ही समय-समय पर कृतकार्य होता रहा है और इन क्षणों में ही न केवल यात्रा के लिए नया सम्बल मिला है, बल्कि साथ ही यात्रा का जो चरम गन्तव्य है, उस परम आनन्द की पूर्ण उपलब्धि भी मिली है और मैं इसी के कारण उन अलका के मित्रों का कृतज्ञ हूँ, जिन्होंने मुझे यहाँ भेजा और उनसे भी अधिक इनका कृतज्ञ हूँ, जिन्होंने रसाल के रसास्वाद को वृश्चिक-दंश से प्रतिकृत करना चाहा है। वृश्चिक-दंश की व्यथा मंजरी की सुरभि-भावना में निढाल हो जाती है और वह भावना चाहे दो क्षण के लिए भी सघन हो उठे, पर उसके ये दो क्षण युग-युग के दुस्सह तापों, वेदनाओं और पीड़ाओं को उसी प्रकार उपशमन कर देते हैं, जैसे कि शरीर की छाया के विछोह को दोपहर में एक क्षण मिलनेवाला सान्निध्य या जैसे कि जीवात्मा को परमात्मा से अविलग होने की दिव्य उन्माद-दशा की एक झलक या जैसे कि समस्त शोक के निःश्वास के लिए राम नाम का एक बार जाप या जैसे कि काव्य-तत्त्व की मृगतृष्णा के चिरन्तन भटकाव को मानस की पुरइन सरीखी चौपाइयों में ढुलकने के लिए व्याकुल एक ओस-कण की झलमलाहट।

अभी बहुत ताजी याद है, जब मुझे रीवा को अपने बाहुपाश में घेरनेवाली बीहर और बिछिया में, चचाई की घाटी में तथा गुर्गी के खँडहरों में भरपूर रमने-घूमने का मौका मिला है। पहले मैं बिछिया और बीहर के संगम से ही अपनी बात शुरू करूँगा।

इन नदियों के आर-पार मोटर से कई बार गुजरा हूँगा, पर इनके बीच मचलनेवाले उपलों के साथ या इनके हृदय में उठनेवाली लहरियों की हिलोर के साथ एकाकार होने का अवसर कुल तीन-चार बार मिला होगा। इन सभी अवसरों की स्मृतियाँ सँजोयी हुई हैं। सबसे पहली बार यथानाम स्वभाववाले निर्द्वन्द्व जी के कुटीर पर उनके पूर्वजों द्वारा

रीवा चत्वर के सामने हर-गौरी की प्रतिमा

बनवाये हुए रपटे पर रात में सँभल-सँभलकर पैर रखते हुए गोस्वामी जी के साथ पहली पग-यात्रा, दूसरी बार खजुराहो-यात्रा की तैयारी के समय कुछ ड्राइवर, कुछ मोटरखाना और कुछ सरकारी मशीन के चरखे की कृपा से, बिलकुल विश्रृंखल हो जाने के फलस्वरूप किसी प्रकार मन को समाधान देने के लिए राममित्र जी द्वारा आयोजित नौका-यात्रा में भाई (अज्ञेय जी), गोस्वामी जी, मित्र जी और कला की मूर्तिमन्त साधना सरीखी कपिला जी के साथ जमुआ के निकुञ्जों में से झाँकते हुए मन के मीत चन्द्रमा के साथ होड़ की वह काव्यमय वेला, तीसरी बार मित्र जी के दिवंगत अनुज के अत्यन्त करुण निधन के समय शोकनिमग्न सार्थ के साथ अँधियारी रजनी के हृदय में अपनी निस्तब्धता को प्रतिध्वनित करनेवाली उस अर्द्धचेतन जन-पंक्ति में रहकर भी सबसे अलग मृत्यु के यथार्थ में सीझने का दुर्वह क्षण और चौथी बार जो अभी बहुत ही हाल की बात है और जिसका घटना-क्रम अभी मस्तिष्क में सुव्यवस्थित-सा है, बाहर से आये हुए अपने एक सहकर्मी बन्धु श्री वीरेन्द्र सिंह जी की क्लान्ति को दूर करने के लिए तथा उनसे भी अधिक क्लान्ति संचित करनेवाले अपने एक अन्य मित्र की बरसों की राजनैतिक जड़ता में चैतन्य संचार करने के लिए हम लोग नये सरकारी फार्म कुठुलिया में नाव पर आसीन होकर बीहर और बिछिया के संगम तक आये और पुनः मौसम के भले-बुरे जितने भी फल हो सकते हैं, उनके साथ आवश्यकता से अधिक न्याय करते हुए और प्रवाह के विरुद्ध खेनेवाले साथ के दो बाहुबली मित्रों को उनकी सद्‌बुद्धि के लिए बार-बार धन्यवाद देते हुए चन्द्रमा के डूबते-डूबते फार्म के घाट पर वापस आ लगे। यह सबसे पूर्ण अनुभव है।

यह बात अवश्य है कि स्वयं यहाँ के लोग शायद अभी तक इस मोहक नौका-विहार के सुलभ अवसर से ठीक वैसे ही अपरिचित हैं, जैसे मुग्ध यौवन अपने आकर्षण से स्वयं अपरिचित रहता है, नहीं तो यहाँ ग्रीष्म ऋतु में जो चहल-पहल होनी चाहिए थी, वह क्यों नहीं है? ऐसा सर्वत्र होता है। हिमालय की छाया में रहनेवाले उसकी गुरुता से और उसकी शुभ्र उज्ज्वलता से ऊब-से जाते हैं, नियागरा के नीचे काम करनेवाले मजदूर उस प्रचण्ड जल-शक्ति के उद्‌दाम वेग के प्रति बहरे हो जाते हैं और सागर की उत्ताल तरंगों में रात-दिन खेनेवाले मछुवों के लिए सागर का ज्वार एक व्यर्थ की परेशानी मालूम पड़ने लगता है, जैसे मनुष्य का आनन्द विस्मय में संचित हो और पीड़ा उस विस्मय के उद्‌घाटन में। जब तक वह किसी वस्तु को जानना चाहता है, तब तक उस चाहना में उसे जो रस मिलता है, उसका वैसा ही उतार उसे उसकी प्राप्ति में भी मिलता है। अस्तु, मैं एक ओर विथकित मित्र तथा अपने एक अद्‌भुत चिदानन्दी मित्र गोस्वामी जी के साथ जब शाम के झुटपुटे में कुठुलिया फार्म के लिए रवाना हुआ, तो सबसे पहले जो बात मेरे ध्यान में आयी, वह यह कि कहीं यह प्रकृति में त्राण पाने की कामना पलायन तो नहीं है। तत्क्षण मुझे इसका समाधान मिला कि नहीं, यह तो

उसकी वास्तविक साधना है, सहज सौन्दर्य से जो उसका सामान्य व्यावसायिक जीवन में विश्लेष हो जाता है, उस विश्लेष का एकमात्र उपचार है। प्रकृति को जो जड़ कहते हैं, उनका अगाध चैतन्य मुझे दुर्भाग्यवश नहीं मिला है; पर इतना जानता हूँ कि मनुष्य जब अपने कार्य के भार से दबकर मुर्दा-सा हो जाता है, तब उस शव में प्राण फूँकनेवाली जो शक्ति है, उसी का नाम प्रकृति है जिसका कि पतन भी मनुष्य का उत्थान कराता है और फिर मैं सोचता हूँ कि हमारे देश की संस्कृति नदियों की धारा से बनी है और इसीलिए वह नदी की धारा की ही भाँति शाश्वत, प्रवहमान् और सदैव एक महान् सत्य के पीछे अनुधावनशील तथा सदैव नये-नये कूलों के लिए अपने रस-सिंचन से दानशील रही है। हम आज भी अपने नव-निर्माण में इन नदियों पर आशा लगाये हुए हैं। और आज की हमारी उद्योग-शक्ति भी नदियों के जीवन पर आधारित है। तो यदि हम इनके साथ अवसर मिलने पर भी कुछ समय के लिए परस्पर द्रवशील नहीं होते, तो यह हमारी बहुत बड़ी अकृतज्ञता है।

यह तो एक आत्मविश्लेषण हुआ। हम लोग ज्यों ही कुठुलिया फार्म पहुँचे, त्यों ही फार्म के मध्य में अवस्थित चैत्य के हाल सरीखे नये सरकारी प्रयोग-भवन के समक्ष फार्म के अधीक्षक से भेंट हुई जो कि इतने बड़े फार्म और जाने कितनी मशीनों, मनुष्यों और जड़-चेतन, स्थावर-जंगग जगत् के एकमात्र अधिष्ठाता होने के कारण काफी उल्लसित प्राणी दीख पड़ते थे और जिनके मुँह से फार्म का परिचय सुनने में बड़ा अपूर्व रस मिल रहा था। किस प्रकार उन्होंने दो हजार पपीते लगाये हैं, माल्टा, आम, नींबू, सन्तरा और अमरूद की पाँति-की-पाँति बिछायी है, सालाना कितने मन पपीता निकलनेवाला है और अमरूद की कितनी जेली अमेरिका भेजी जानेवाली है, इन सबका व्याख्या-सहित सस्वर पाठ उनसे सुनने का जिसे मौका मिला होगा, वह अपने को धन्य समझेगा। उस दिन उनकी स्निग्ध चर्चा में अगर कोई बाधक था, तो गगन में उद्भ्रान्त होकर घूमनेवाला चन्द्रमा जो बार-बार उझककर किसी दूसरी ओर हम लोगों का मन हठात् खींच लेता था। वीरेन्द्र सिंह जी तो खेतों की चर्चा में डूबते क्या, धँसते चले जा रहे थे, पर कुछ तो सुल्तान सिंह जी द्वारा कुठुलिया फार्म की कई बार घूँटी पिलायी जाने की अतिरेकमयी परितृप्ति, कुछ अपने मित्र गोस्वामी जी की बीच-बीच में परिहास-भरी उक्तियों का खिंचाव और असल में उन्मद शशि के संकेतों की पुकार मुझे सबसे अधिक विवश कर रही थी कि मैं फार्म के देवता से करबद्ध निवेदन करूँ कि जहाँ तक प्रचार और प्रसार का प्रश्न है, उसके लिए इतना प्रवचन कम-से-कम सात पोथा भरने के लिए पर्याप्त है, पर अब हम लोगों को पपीतापुरी और ककड़ी-कुञ्ज से त्राण दीजिये। आपके भाटापुराण के अलावा भी संसार में कुछ ऐसी चीजें हैं जिनके लिए भूख मनुष्य को समय-समय पर सताती है और वह भूख जठरानल की जितनी भी महिमा गायी जाती हो, पर उसकी तीव्रतम ज्वालाओं को भी नगण्य करनेवाली मनुष्य की वह विराट् विश्वव्यापिनी भूख होती है जो कोई भी अटकाव-भटकाव निमिष भर के लिए भी बर्दाश्त

नहीं कर सकती, पर मैं नहर की ऊँची नालियों के मेंड़ पर चलते-चलते आकुलता से प्रतीक्षा कर रहा था कि नदी का तीर आ जाय और पपीतों का त्रैराशिक गणित एकबारगी विसर्जित करने का मौका मिले।

नदी का तीर अन्त में आया और मैंने नाव में पैर रखने से पहले त्रिवचा लिया कि भाटापुराण की यह एक भी पंक्ति नाव में उठायी गयी तो मैं तो नदी की शरण गहूँगा। इसके अनन्तर हम लोग नाव पर विराजे और गोस्वामी जी ने सबसे पहला काम यह किया कि साथ में जो ककड़ी, खरबूज, तरबूज, सन्तरे, पपीते और आम इन सबके अलावा कलाकन्द आये थे, उनके साथ न्याय करने का प्रस्ताव रखा। पहले तो इस पर विवाद हुआ कि शुरू किससे किया जाय। आम के प्रति मेरा कुछ पक्षपात सदा से रहा है। मैंने उसे अन्त में रखने को कहा जिसमें 'मधुरेण समापयेत्' हो और तरबूज से शुरू हुआ। पर वल्लाह! क्या तरबूज आये थे, लानेवाले पण्डित को एक-एक ग्रास के साथ पार्लियामेण्टरी भाषा में धन्यवाद देते हुए हमने जब किसी प्रकार कलाकन्द के सहारे उनको गले के नीचे उतारा तो ककड़ियों पर हम लोगों ने दाँत चोखे किये। अन्त में जब हम लोग आम पर पहुँचे तो लगा कि कुठुलिया नाम की समस्त सार्थकता इन आमों में सम्भृत हो गयी है और अभी दो दिन पहले कबीरदास जी की समाधि के ठीक सिरहाने जाने कब के पाले-पोसे आम की कच्ची कैरियों से भी जो मेरे दाँत नहीं खट्टे हो सके थे, वे दाँत रीवा चौहट्टा के इन पके आमों से खट्टे हो गये—खट्टे क्या हो गये—रंग गये और गोस्वामी जी ने तो दूसरी बार दाँत लगाते ही जो अबाध गति से बुन्देलखण्ड की हरबोली जबान में समस्त आमवालों की स्तुति शुरू की और वीरेन्द्र सिंह जी ने भी सौदा खरीदने में फौज से सम्बोधित होनेवाले सरदार नामधारी व्यक्तियों की कथाएँ इसी प्रसंग में शुरू की तो हँसते-हँसते हम लोग लोट-पोट होने लगे और नाव भी काफी दोलायमान हो उठी।

इतने में मैंने देखा कि चाँद, जो शायद शुक्ल पक्ष की सप्तमी का चाँद था, अब भागना चाहता है। उसकी कान्ति काफी पीली पड़ने लगी है और अंग्रेजी में जिस 'वैनिंग मून' (क्षीयमाण शशि) की पीली छाया में कवियों द्वारा सदैव प्रेम की पीर पाली गयी है, वही हम लोगों को भी विनोद से सहसा खींचकर गहन चिन्तन की ओर प्रवृत्त करने लगा। मैंने विरह और संयोग दोनों के उत्कर्ष के सघन क्षणों में चन्द्रमा को निहारा है और उसको निहारा है उसके अनेक रूपों में, चैत-वैशाख की उजली और सुहावनी पूर्णिमा की धवल घाटी में वनराज-सा विहरण करनेवाला अमृत कलश के समान स्फीत शशांक, गौरी की नख-ज्योति-सरीखी द्वितीया की कला में जगत् की वन्दना को पाकर संकुचित जगदीश्वर का भाल—शृंगार बालचन्द्र, कृष्णपक्ष की अष्टमी के नक्षत्र-खचित आकाश में नीरव अन्धकार में यकायक वर्ड्सवर्थ की अरब मरु में मूर्च्छना बरसानेवाली बुलबुल के तान की भाँति, अधखिले वेले के विकास के प्रथम हुलास की भाँति और प्रतीक्षा की हताशा में प्रेयसी के नूपुर की परिचित पर नयी झनकार की भाँति विस्मय

के गर्भ से साधना के गह्वर से आ निकलनेवाले ब्रजचन्द्र के उदय का प्रतियोगी महायोगी ताराधिप चन्द्र, कृष्णपक्ष की चतुर्दशी के प्रभात में अपनी अन्तिम कला लुटाने की उतावली में समय से पहले ही विदा होने के लिए प्रस्तुत अत्यन्त सूना, पर जगत् की दुरन्त गति का प्रतिबोधक कृतबोध चन्द्र। मैंने संयोग में उद्दीपन नहीं पाया, विप्रलम्भ में ज्वाला नहीं पायी। एक प्रकार से मेरा मन चन्द्रमा को देखकर बराबर अपने अन्य सभी बन्धनों से विलग हो गया है मानो चन्द्रमा को छोड़कर मन का कोई दूसरा स्नेह बन्धन ही न हो। वह कौन-सा आन्तर हेतु है, जो इस पार्थिव मन को उस अपार्थिव ज्योति से व्यतिषक्त कर लेता है, मैं स्वयं नहीं जानता।

चन्द्रमा की चाँदनी छत पर, खेत में, प्रासाद में, कुटिया में सब जगह देखी है, पर जो शोभा उसकी नदी के वक्षःस्थल पर है, वह अन्यत्र नहीं; क्योंकि चन्द्रमा समुद्र का पुत्र है। वह भी उसी जलतत्त्व से बना है जिसको प्राप्त करने के लिए नदियाँ अहर्निश व्याकुल रहती हैं। बीहर और बिछिया के संगम तक पहुँचते-पहुँचते सप्तमी का चन्द्रमा थक चला था और रीवा के महाराज का राजप्रासाद तथा राजगुरु की हवेली की धवलिमा काफी धुँधली होती जा रही थी। अब वापस आने में काफी परिश्रम था, पर बाजी लगायी गयी कि देखें चन्द्रमा पहले डूबता है कि नाव पहले घाट पर जा लगती है। बाजी तो निश्चय ही हारी हुई थी; क्योंकि तीन मूर्तियाँ विशुद्ध रूप से सांख्य के पुरुष की भाँति निश्चल द्रष्टा बनी हुई थीं। केवल छतरपुर के एक लम्बे दोस्त की लम्बी बाँहें काम में आयीं, जो रह-रहकर हम लोगों की शाबाशी से खीझ उठते थे और बाजी न तो हारी गयी, न जीती गयी, बराबर रही अर्थात् नाव किनारे लगी कि चन्द्रमा डब्ब से डूब गया और शायद वह डूबा उसी ककड़ी-कुञ्ज में जहाँ पर भाटापुराण का आख्यान समाप्त हुआ था।

रेवा के साथ जुड़ी हुई मद-गजयूथों की उन्मद जलक्रीड़ा उनसे भी अधिक उन्मद, महिष्मती और त्रिपुरी सरीखी समृद्ध राजधानियों की त्रिपुरसुन्दरियों का तरंगित अंग-विभ्रमों से नदी की धारा को भी मात देनेवाला उद्दाम विलास, यौवन के चरम आनन्द की गति से रूप पानेवाले रेवा के तलशायी नर्मदेश्वरों की अपार शिवमयी रसानुभूति और इन सबकी स्मृतियाँ एक-एक करके इस विहार में मन में भर आयीं और जिस किसी ने उस स्मृति में इस नगरी का नाम रीवा रखा था, उसके प्रति मन कृतज्ञता से आनत हो आया। काश, इसके उस प्रतिक्षण आमोद देनेवाले रूप को पुनर्जीवित करने का प्रयत्न होता, सरस कदली श्रेणियाँ होतीं, निचुल और वेतस के निकुञ्ज होते, सप्तपर्ण की सुरभि से पागल समीर होता, हरशिरश्चन्द्रिकाधौत स्फटिक के घाट होते, हंसाकार नौकाएँ होतीं और नटराज की स्वरूपाराधना में कला का नर्तन होता, पर वह नहीं है। जाने दो, स्मृति तो बनी हुई है और ऐसे ही क्षणों को पाकर तो मनुज के अनन्त दुःखों की हेतु यह स्मृति भी वरदान बन जाती है।

●

होइहैं शिला सब चन्द्रमुखी

गोसाईं जी ने जब विन्ध्य के वासी उदासियों के साथ मधुर परिहास करते हुए लिखा था कि राम के चरणों के स्पर्श से समस्त शिलाएँ चन्द्रमुखी हो जायँगी, यह जानकर इन तपस्वी जनों को मन-ही-मन बहुत आनन्द लाभ हो रहा है, तब निश्चय ही उनके कलाग्राहक मन में खजुराहो की स्मृति बसी होगी, जहाँ कि ऐसा लगता है कि विश्व के समस्त सौन्दर्य की गतिशीलता पाहन के बन्धन में छटपटाती हुई रुँध गयी हो और जहाँ कि शिलामयी चन्द्रमुखियों की भंगिमाओं को देखकर सहज ही में मांसल सौन्दर्य की मोहकता बिसरायी जा सकती है। मैं खजुराहो कई बार हो आया हूँ, ऐसे लोगों के साथ, जिनसे कला से या सौन्दर्य की रसानुभूति से 3 और 6 का सम्बन्ध रहता है, ऐसे लोगों के साथ भी जो कला के प्रत्येक उत्कर्ष में पार्थिव धरातल छोड़कर एकदम ऊपर उठ जाते हैं, ऐसे लोगों के साथ भी जो साहित्य के अधकचरे ज्ञान की बदौलत अपनी वासनाओं की प्रतिच्छवि ढूँढ़ने की ऐसी जगहों में कोशिश किया करते हैं और ऐसे लोगों के साथ भी जो मेरी तन्मयता में अधिक तन्मय हुए हैं और जिस कला के साथ वह तन्मयता है, उसमें कम।

पर मैं जब-जब गया हूँ, तब-तब मुझे यही लगा है कि शायद यह चीज पिछली बार मैं इस दृष्टि से नहीं देख सका था या यह चीज यहाँ नहीं थी, आज यहाँ नयी आ गयी है। बराबर लगा है कि जैसे कोई गायक अपने स्वरों को नयी मींड़ दे रहा हो या कोई चितेरा अपने चित्र में नयी वर्णच्छाया भर रहा हो या कोई महाकवि अपनी पंक्तियों में नयी व्यंजना दे रहा हो या कोई दार्शनिक अपनी चिन्तन में नयी कड़ी जोड़ रहा हो। नयेपन का यह सर्वांगीण बोध क्या ह्रासोन्मुख कला या तथाकथित अनैतिक समाज की कुण्ठाओं की अतृप्तियों की प्रतिकृति कही जानेवाली सामन्त-कला या हेय दृष्टि से देखी जानेवाली मनुष्य की भोग-लालसा में कभी फलेगी-फूलेगी, ना यह सम्भव नहीं है। सत्य से बढ़कर कोई नैतिक आचरण होता नहीं और जो उस सत्य को शिव रूप दे सके वह कला केवल इसलिए हेय हो जाय कि उसका कुछ विपरीत प्रभाव अपरिपक्व मस्तिष्कवाले या विकृत हृदयवाले पामर जनों पर पड़ता है, यह उचित नहीं। इसलिए

एक मोहक सौन्दर्य-भंगिमा

जब मैंने अपनी पहली यात्रा में ही अज्ञेय जी को यह सुझाया कि खजुराहो के मन्दिरों में सर्वश्रेष्ठ और सर्वांग सुन्दर मन्दिर कन्दरिया का नाम इस परिसर को देखते हुए कन्दर्पेश्वर होना चाहिए तो उन्हें भी बहुत रुचा और उन्होंने कहा था कि यदि काम शिव के क्रोधानल में भस्मीभूत होने के अनन्तर शिव को पुनः अपने अनुकूल बनाने के लिए कोई साधन सोचता तो शायद यहाँ की कला साधना से वह ओछा ही पड़ता। यही बात प्रकारान्तर से आचार्य हजारीप्रसाद द्विवेदी ने किसी दूसरे प्रसंग में दुहरायी थी कि गतिशील सौन्दर्य को यदि कोई शिव कहीं टिका पाया है तो वह खजुराहो के इन कला-तीर्थों में, जहाँ पर शिव के भाग्य में लिखी हुई कला की रेखा की सफलता दिख जाती है।

खजुराहो रीवा से लगभग सड़क से 100 मील है। रीवा-नौगाँव सड़क पर पन्ना की मनोरम घाटी पार करने के बाद केन नदी का पुल पड़ता है। केन नदी बरसात में बहुत भयंकर हो जाती है और पुल जो कि रपटा मात्र है, जलमग्न हो जाता है, पर और महीनों में बड़े-बड़े विशाल भूरे पत्थर के ढोंकों के नीचे नदी दुबकी-सी दिखायी पड़ती है और केवल जहाँ-तहाँ कुछ मरकतमय जल का प्रसार सघन हो जाता है। इस स्थान से खजुराहो पैदल रास्ते से केवल 8-9 मील है और खजुराहो के मन्दिरों के लिए पत्थर यहीं से ढोये गये थे, इसका प्रमाण जार्डिन म्यूजियम में उपलबध एक शिल्प से प्राप्त होता है। जनश्रुति के अनुसार जिन चन्देल नृपतियों की कीर्त्ति का वितान खजुराहो में है, उनके उद्भव की कहानी इस प्रकार है कि कर्णवती (केन) और चन्द्रमा के सम्मिलन से चन्द्रात्रेय (चन्देल) वंश की उत्पत्ति हुई। इस अनुश्रुति का और कोई अर्थ हो-न-हो, पर इतनी ध्वनि इससे अवश्य निकाली जा सकती है कि खजुराहो की कला जहाँ अपने उपादान के लिए कर्णवती की ओर उन्मुख है, वहाँ कल्पना एक मोहक आह्लाद के लिए शिव के ललाटवासी चन्द्रमा की मुखापेक्षी। दूसरे शब्दों में कर्णवती के युगों के सोये अरमानों का साकार स्वप्न है खजुराहो का कला-वितान।

इस केन नदी के पुल पर गाड़ी रोककर हाथ-मुँह धोकर जब मैं सोचने लगा कि वर्ष भर होने को आया पर अभी बड़े पुल के निर्माण में आधुनिक युग के समस्त साधनों के होते हुए भी जो प्रगति की जा सकी है, वह काफी मन्द है और कितनी खर्चीली है, यह तो अलग बात है। और जब टनों सामान लादनेवाली ट्रकें नहीं थीं, टनों बोझ एक बार में उठानेवाले क्रेन नहीं थे और जब भवन का रेखा-चित्र बनाकर देशभर के निर्माण-विशारदों का सम्मेलन बुलाने का साधन नहीं था, तब भी जिन लोगों ने हद से बैलगाड़ी पर बड़े-बड़े पत्थर के ढोंके लादकर इतने मन्दिरों का निर्माण किया, वे अति-मानव तो नहीं थे। कम-से-कम यह तो सही ही है कि अपनी कृति के लिए जो एकान्त समर्पण और उस कृति के द्वारा परम शिव की आराधना के प्रति अटूट विश्वास यदि उनमें न होता तो कोई राजशक्ति भाड़े पर उनसे यह निर्माण-कार्य नहीं करा सकती

थी। भाड़े पर ढूह खड़े हो सकते हैं, दीवाल बन सकती है, या अधिक-से-अधिक ज्यामिति की शकलें खड़ी की जा सकती हैं, पर सजीव रूप का नर्तन या मानव-जीवन के समस्त उल्लास का इस प्रकार विविध रीतियों में विकिरण या समस्त कलात्मक व्यापार का शिव में केन्द्रीयकरण तथा समस्त ऐन्द्रिय रसानुभूतियों को पारमार्थिक आनन्द की अवस्था में उन्नयन, इन सबके अंकन में इतनी अधिक सिद्धि सम्भव नहीं होती। म्यूजियमवाले उक्त शिल्प में पत्थर ढोने और उठानेवालों के मुख पर जो एक विलक्षण उल्लास की भंगिमा है, वह कभी भाड़े की नहीं हो सकती। वह स्पष्ट इंगित करती है कि खजुराहो का निर्माता केवल कलाजीवी नहीं था, कला-साधक था। उस समय सबसे अधिक प्रवर्तित दर्शन सिद्धान्त को अपनाते हुए अपने माध्यम द्वारा, शिल्प द्वारा महान् विश्वव्यापी आनन्द तत्त्व की सच्ची आराधना उसने की है।

केन के पुल से लगभग 8-10 मील जाने पर बमीठा आता है जहाँ से दायें की ओर एक सड़क फूटती है और खजुराहो की ओर ले जाती है, खजुराहो से बस सर्विस नियमित रूप से आती-जाती है। कह नहीं सकता, पर शब्दों के लिए जातिवश एक विशेष आकर्षण होने के कारण बमीठा नाम में मुझे यह तत्काल ध्वनि निकलती लगी कि कहीं यह बामिष्ठा का स्मृति-शेष तो नहीं है, क्योंकि जो 24 वर्गमील के घेरे में लगभग 85 मन्दिरों का विस्तार पुराने विवरणों में वर्णित मिलता है, उसके अनुसार तो यह स्थान उस महान् वाम-साधना के तीर्थ का द्वार रहा हो, तो कोई आश्चर्य नहीं। बमीठा से लगभग 7 मील पर वर्तमान खजुराहो पड़ता है। खजुराहो गाँव के पहले खोहर नाला पड़ता है। सबसे पहले सड़क से जो चीज दिखायी पड़ती है, वह है शिवसागर तालाब और उसके पीछे कुछ बड़े पेड़ों की ओट में खजुराहो के दक्षिणी समूह के मन्दिर। चन्देलों और बुन्देलों ने तालाब बनवाने में विशेष रुचि दिखलायी है, पर आज उनमें से अधिकांश मरम्मत के अभाव में भग्न पड़े हुए हैं। इस सरकार का ध्यान उधर जा रहा है, यह सन्तोष की बात है। नहीं तो इन जलाशयों में उजड़े हुए कमल जो हजारों वर्षों की अतीत राज्यलक्ष्मी के विहार की स्मृति प्रस्तुत करते हैं, वह पुरोगामी-से-पुरोगामी हृदय को भी द्रवित कर देती है। जिस सामन्त शब्द के साथ लगी हुई प्रत्येक परम्परा का आज हम चुटकी उड़ाते-उड़ाते महज एक फ्यूडल नाम देकर तिरस्कार कर देते हैं, उसका भी कृतित्व मनुष्य की ऊँची-से-ऊँची आकांक्षा को स्पर्श करनेवाला है, यह समय के आघात से बचे हुए इन पुरावशेषों में स्पष्ट प्रतिभासित हो जाता है। लगता यह है कि जो सन्तुलित दृष्टि अतीत के मूल्यांकन के लिए अपेक्षित है और जिससे अपने को समझने और अपने भावी निर्माण को साकार रूप देने में सहायता मिल सकती है, वह प्रायः लोग नहीं रख पाते। या तो पुरानेपन के लिए चिपकाव ही रहता है या नयेपन का उन्माद ही। दोनों के बीच में कोई सीमान्त-रेखा देखने की कोशिश भी नहीं की जाती। प्रत्येक कला अपने परिसर और अपनी पिछली परम्परा को लेकर ही प्रस्तुत होती

है। इसलिए उसके रस ग्रहण के लिए भी, उसके देश-काल के प्रति न केवल सहानुभूति अपेक्षित होती है, बल्कि साथ ही यह सन्तुलित विमल दृष्टि भी जिससे उसको आज से जोड़ने में मदद मिल सके।

खजुराहो के मन्दिरों का निर्माण-काल लगभग छठीं-सातवीं शताब्दी से लेकर यदि जैन मन्दिरों के पुनरुद्धार को सम्मिलित कर लिया जाय, 16वीं-17वीं शताब्दी तक फैला हुआ है। चौंसठ योगिनी के मन्दिर के अवशेषों तथा उसकी कुछ अनुमानित प्रतिमाओं के संग्रहालय में अवलोकन से यह स्पष्ट हो जाता है कि यह स्थान निश्चित ही कोई जीवित शक्तिपीठ था और यहाँ ताराओं की साधना प्रवर्तित थी। पर कैसे यह शक्तिपीठ धीरे-धीरे शैव और वैष्णव क्षेत्र बना, यह किसी दबाव या आकस्मिक परिवर्तन के कारण नहीं, बल्कि प्रत्यभिज्ञादर्शन की ओर से जो क्रमशः यह प्रयत्न जारी था कि शक्ति में अवस्थित चिदंश में शिव को परिस्फुटित कराया जाय, उसी का यह अवश्यम्भावी परिणाम है। शंकर के अद्वैत और शक्ति तन्त्र के बीच एक ओर तथा लगभग उसी समय प्रचलित वज्रयान शाखा की सहजिया साधना और वैष्णवों की रागात्मक भक्ति के बीच दूसरी ओर सुन्दर समन्वय प्राप्त करने का यह सफल प्रयत्न है। अब इसको जो आँखें ह्रासोन्मुखता का प्रतीक मानती हैं उनकी प्राज्ञता के बारे में क्या कहा जाय? जो इन्हें समाज के अनैतिकता का दर्पण मानते हैं, उनके कुण्ठित विकारों को क्या कहा जाय और जो काम से आगे कभी ऊपर उठ नहीं पाये, इसलिए उन्हें अपने काम की विकृति की परितृप्ति मिलती है, उनकी मूढ़ता को क्या कहा जाय? पर सही बात यह है कि कला का सत्य इतना विराट् होता है कि वह स्थूल बुद्धि के लिए गोचर हो नहीं सकता, जब तक कि वह ऐसे प्रतीकों को न ग्रहण करे, जो स्वयं स्थूल हों और यदि आनन्द के प्रतीक के रूप में भौतिक सुखों का चरम उत्कर्ष रति गृहीत है, तो उसका अर्थ यह नहीं होता कि वह आनन्द अपने इस प्रतीक में पर्यवसित है। प्रतीक सर्वत्र व्यंजक साधन के रूप में गृहीत होते हैं और प्रतीकों में ही साध्य की इतिश्री मानना वज्र मूर्खता है। जो लोग अपने दिमागी नक्शे में खजुराहो की कला ढालना चाहते हैं, उन्हें एक क्षण के लिए यह सोचना चाहिए कि उसका निर्माता कौन था, कब था, कहाँ था और यदि उसकी आत्मकथा आज छपी हुई नहीं मिलती है तो क्या उसकी कृति में उसका परिचय नहीं है। आराधना का केन्द्र बिन्दु कहाँ है। हम गर्भगृह में प्रतिष्ठापित गहनता, शून्यता के साथ-साथ विशालता और परिपूर्णता से परिवेष्टित प्रतिमा तक पहुँच नहीं पाते, बाहरी दीवाल की रूप-लालसा में भटक जाते हैं—हम जो रूप की प्रतिच्छवि या छाया में ही तड़प उठते हैं और रूप का समग्र पान करने की कौन कहे, केवल उसकी अतृप्ति चाहना में ही आत्मनिःशेष हो जाते हैं। पार्थिव रूप के उन्माद में भरपूर डूबकर भी उससे भी बड़े आनन्द के लिए सन्नद्ध चैतन्य ही खजुराहो के कलाकार का चैतन्य है, यह बिसरा देना उसके साथ महान् अन्याय

चतुर्भुज मन्दिर में विष्णु-प्रतिमा

करना है। मेरे बहुत-से मित्रों ने मुझे कोसा है कि तुम आर्य संस्कृति में पले होकर भी ऐसे कुत्सित और अश्लील अंकनों को भी न्याय्य ठहराते हो? क्या कला-कसौटी जन साधारण की पहचान नहीं है? मैं उन्हें कैसे समझाऊँ कि युग बदलता है तो युग के मान भी बदलते हैं। कालिदास के युग की उच्च स्तर की कलाप्रियता तथा आमोदप्रियता आज नहीं है और इसलिए हम नीवीबन्ध के उच्छ्वास या विवृतजघना नदी के अंग-विभ्रम का वर्णन पढ़ते ही कुण्ठित हो जाते हैं। दूर की तुलना क्यों की जाय? हमारी जो नयी पीढ़ी है, वही हमारी पिछली पीढ़ी तक के लोगों की घूँघट के प्रति जो एक नैतिक आस्था है, उसे अत्यन्त उपहासास्पद मानने लगी है। यौवन के स्वस्थ उपभोग के बिना मनुष्य की जीवन-साधना अधूरी है, इसे कालिदास जानते थे और कालिदास जीवित हैं और न केवल जीवित हैं, अब भी शिव के भक्तों के लिए कालिदास आराध्य हैं, क्योंकि कालिदास का यौवन शिव-भक्ति में चूक नहीं बर्दाश्त कर सकता। उसका यक्ष शिव की आराधना में प्रमाद करने से अलका से निर्वासित हो जाता है। आज हमारी कुण्ठा इसलिए है कि उस शिव-साधना की दृढ़ आधारशिला हमारे पास नहीं है। रूप की बिछली में रपटते हुए हमें टिकने के लिए कहीं ठौर नहीं है। रूप की उद्भ्रान्ति से बचने के लिए हमारी आँखों में कोई अंजन नहीं है। यह अविश्वास या अनस्तित्व ही हमें वह संकीर्ण दृष्टि देता है, जिसके कारण हम स्वयं गहरी अनैतिकता में निमग्न होते हुए भी नैतिक-अनैतिक की मीमांसा करने बैठ जाते हैं। नैतिकता का उत्कर्ष वहाँ है, जहाँ से नैतिक-अनैतिक की सन्धि-रेखा आँखों से ओझल हो जाती है। श्रीमद्भागवत के गायक परमहंस शुकदेव के समक्ष यदि जल-विहार करनेवाली अप्सराओं को कोई लज्जा नहीं सता सकी, तो यह शुकदेव की उत्कृष्ट नैतिकता थी। कला भी नैतिकता की इस उत्कर्ष भूमि पर अवस्थित रहती है, यह स्मरण करते हुए ही उसकी आशंसा या आलोचना करनी चाहिए।

खजुराहो के ऊपर बहुत कम लिखा गया है और जो लिखा गया है, वह भी एक प्रकार से न लिखा जाता तो उसके साथ अधिक न्याय होता; क्योंकि असमग्र सत्य बराबर असत्य के समान होता है। एक प्रकार वह असत्य से भी अधिक अहितकर और भ्रामक होता है, क्योंकि उसमें सत्य के आभास की गन्ध रहती है। पर्यटक आते हैं और आते रहेंगे, पर जब तक कला की पारखी आँखें यहाँ के कलाकार की आँखों से नहीं मिलतीं तब तक उसकी आत्मा आनन्द में लीन होते हुए भी अपने स्वरूप के प्रत्यभिज्ञान के लिए बेचैन रहेगी। मैं स्वयं कला का मर्मज्ञ नहीं हूँ, कलाकार नहीं हूँ, पर वहाँ जितनी बार गया हूँ उतनी बार अपनी इस विवशता पर मुझे ग्लानि अवश्य हुई है कि कहीं मेरे पास परख होती जो शब्दों में अपने को बिखेर पाती तो मैं जो अपने अन्तर्मन से अत्यन्त निश्चलतापूर्वक उस कलाकार की साधना की उज्ज्वलता देख सका हूँ, उसको दूसरों तक पहुँचा सकता। स्टीला क्रेमरिश ने केवल कुछ न्याय किया है।

मैं भाई (अज्ञेय) को भी इसी निमित्त खींच लाया कि वे ही मेरी साध पूरी करें। पर अभी वह पूरी नहीं हुई और यह व्यथा बनी हुई है। अपने बहुधन्धी जीवन में मुझे भी बहुत कम अवसर मिलता है जब खजुराहो की कला के उलझे हुए सूत्रों की गुत्थी शैव तन्त्रागम में या तन्त्रागम के शक्तिपात में या त्रिपुरसुन्दरी की ध्यान-मुद्राओं में या शैवागम की प्रत्यभिज्ञा में या भरत के नाट्यशास्त्र में या अभिनवगुप्त के लोचन में संकेत ढूँढ़ूँ। बहुत कम क्षण मिलते हैं और उन क्षणों में ही जो कभी-कभी सुलझाव का एक इशारा झलक आता है, उसको भी अंकित करने का अवसर नहीं मिलता, इसका बराबर अनुताप रहा है और मैं खजुराहो की स्मृतियों को जब आज गूँथने बैठा हूँ तो अपने पुण्यों के उदय को कारण मानता हूँ जिनसे मुझे खजुराहो को अवकाशपूर्वक देखने का अवसर मिला है और साथ ही उन जले पापों को शाप भी देता हूँ जो अभी इस अवसर को सफल नहीं होने दे रहे हैं। इतना जानता हूँ कि खजुराहो स्वयं में एक विश्व है और उस विश्व में जाने के पहले अन्य विश्वों की स्मृति विसर्जित करके जाना ठीक होता है।

बेतवा के तीर पर

साहित्य के विकास की धारा वेत्रवती के कुञ्जों में चिरकाल से उलझी रही है। इसकी और इसकी सहायक नदियों के ही किनारे उज्जयिनी, धारा, विदिशा जैसी प्राचीन साहित्य की राजधानियाँ बसीं और इसी के किनारे कालान्तर में लगभग तीन सौ वर्षों तक हिन्दी साहित्य की राजधानी फूलती-फलती रही। चतुर्भुज मन्दिर की छत पर खड़े होकर जब मैंने व्यासपुरा के खँडहरों को देखा और मुझे बताया गया कि मित्र, केशव, हरीराम व्यास, प्रवीणराय आदि कलाकारों की हवेलियाँ अमुक-अमुक हैं, तो मुझे लगा कि ओरछा, तेरा कैसा सौभाग्य है कि हिन्दी के इतने प्रसिद्ध कवियों के सही जन्मस्थान कौन कहे, घर-द्वार की भी तुमने रक्षा की है, जब कि अधिकांशतः महाकवियों की जन्मभूमि के प्रश्न को लेकर जाने कितने सन्देह और वाद-विवाद बढ़ते चले जा रहे हैं। दूसरे ही क्षण मैंने यह सोचा कि हिन्दी का दुर्भाग्य भी कैसा प्रचण्ड है कि अपनी जानी निधियों की भी स्मृति वह उचित रूप से रक्षित नहीं कर पाती है। आज जब हिन्दी का समस्त भारत में सम्मान मिलने का शुभ अवसर प्राप्त हुआ, तो उसकी विपद्कालीन आश्रयभूमि उपेक्षित पड़ी रहे, यह दुर्भाग्य नहीं, तो क्या है?

प्रति रामनवमी के दिन झाँसी से महाकवि केशव के वंशज आकर उनके घर की दालान में बुहारू लगा देते हैं। इसी में केशव की आत्मा का पूरा तर्पण हो जाता है। कभी यहाँ हिन्दी का संग्रहालय हो, सांस्कृतिक केन्द्र हो या कुछ और साहित्यिक आयोजन का केन्द्र हो, इसे सोचने का भार मानो हिन्दी बोलनेवालों और पढ़नेवालों पर है ही नहीं।

सबसे मार्मिक स्थल वहाँ का फूल बाग है, बेला की क्यारियों के बीच एक छोटा-सा मण्डप है। उस मण्डप की छत एकदम जीर्ण-शीर्ण हो गयी है, जैसे-जैसे ईंटों के खम्भों पर थमी हुई है और असंख्य लाल भुनगों से आक्रान्त वीर हरदौल की समाधि है, जिस हरदौल की आहुति के गीत बुन्देलखण्ड में गाँव-गाँव, घर-घर गाये जाते हैं और बिना उनके गीत के कोई भी काम पूरा नहीं उतरता, ऐसी प्रबल मान्यता लोक-विश्वास में बस गयी है। पर हाय रे लोक-श्रद्धा का अपार्थिव रूप कि चार-पाँच सौ रुपये से कम

में भी सुधरनेवाली इस प्रेम-समाधि का पुनर्निर्माण नहीं हो पा रहा है। फूल बाग भी उजड़-सा रहा है। इस फूल बाग में घूमते-घूमते मुझे हरदौल की कथा याद आयी और बुन्देलखण्ड के कोकिल भैयालाल व्यास की 'हरदौल जू का विषपान' शीर्षक कविता भी स्मरण हो आयी, जिसमें ईर्ष्या, कर्त्तव्य, प्रेम और बलिदान की अनूठी योजना गुम्फित कर दी गयी है। ओथेलो और डेसडेमोना की करुण कहानी तो तीव्र होते हुए भी इस आहुति के आगे ओछी पड़ती है।

कथा यों है कि महाराज जुझार सिंह और हरदेव सिंह (हरदौल) सगे भाई थे और दोनों के बीच में प्रगाढ़ प्रेम-सम्बन्ध था; पर अनदेखना चुगलखोरों से यह बात सही नहीं गयी और उन्होंने जुझार सिंह के पास जो कि प्रायः दिल्ली रहा करते थे, एक गुप्त सन्देश भेजा कि आपकी रानी का हरदौल से अनुचित सम्बन्ध है। जुझार सिंह के मन में ईर्ष्या की आग दहक उठी। वे तुरन्त ओरछा के लिए प्रस्थित हुए। ओरछा आते ही उन्होंने अपनी रानी से कहा कि यदि तुम्हारा सतीत्व अखण्ड और विशुद्ध है तो उसकी परीक्षा यही है कि तुम अपने हाथ से हरदौल को विष दे दो। दुरन्त और दुस्सह अन्तर्द्वन्द्व के अनन्तर रानी ने अन्त में पूरी गाथा अपने दुलारे देवर को सुना दी और हर जैसे निर्विकार वीर हरदौल ने हँसते-हँसते विष ले लिया तथा विन्ध्य-भूमि और विन्ध्य-भूमि की रानी की जय बोलते हुए प्राण विसर्जित कर दिये। इतने ही में जुझार सिंह को भूल मालूम हुई, पर पंछी उड़ चुका था। उस करुण बलिदान में दम्पति का हृदय एकाकार हो गया और न केवल ओरछे में हरदौल की समाधि बनी, बल्कि गाँव-गाँव हरदौल का चबूतरा बना और कोई भी मांगलिक कृत्य हो, हरदौल का गीत उसका एक अनिवार्य अंग बन गया।

उसी प्रेम-समाधि के किनारे खड़ा-खड़ा सोचने लगा कि जन-रागिनी और उसकी अन्तःश्रद्धा जाने कितनी घटनाओं को अपनी गहराई के जादू से दैवी रूप प्रदान कर देती है, इतिहास विफल रहता है, कला समय का आघात बर्दाश्त नहीं कर पाती और साहित्य कभी-कभी पन्नों में सोया रह जाता है, किन्तु लोक-रागिनी का स्वर आँधी-पानी के बीच, समय की उद्दाम-धारा के बहाव के बीच, विस्मृति के कितने अभिचारों के बीच भी उसका स्वर शाश्वत बना रहता है और यद्यपि यह नहीं पता चलता कि किस युग से, किस घटना से और किस देश से उसका सम्बन्ध है और यह भी नहीं पता चलता कि उसके कितने संस्मरण अपने-आप अनजाने कण्ठों द्वारा हो गये हैं, पर उसमें जो सत्य सत्त बनकर खिंच आता है, उसे कोई भी हवा उड़ा नहीं पाती, क्योंकि वह सत्य बहुत भारी होता है।

इसके बाद हम लोग सिद्ध खंगार की गुफा देखने गये। पता चला कि चतुर्भुज मन्दिर के स्वर्णकलश को चुराने का विफल प्रयत्न करनेवाले एक चोर की वह साधना-भूमि है और पूछने-जाँचने पर पता चला कि दो व्यक्तियों ने स्वर्णकलश चुराने की

योजना बनायी। उनमें एक था खंगार, जो कि कलश लेने ऊपर चढ़ा और दूसरा नीचे पहरा देता रहा। कलश लेकर खंगार विकट रास्तों से उतरते-उतरते एकदम स्तम्भित हो गया। उसने देखा कि महाराज मधुकरशाह भोर में घूमने निकले हैं और पहरेदार साथी जान छोड़कर भाग गया है। उसे और भी अधिक आश्चर्य हुआ, जब महाराज मधुकरशाह ने उसे बहुत प्रेम से बुलाया और कहा कि ‘‘भाई, मैं तुम्हारे दुस्साहस की सीमा पर प्रसन्न हूँ। तुम्हारा अपराध तो पहले ही क्षमा कर दिया। अब जो चाहो, वह माँग लो।’’ अप्रत्याशित क्षमा से उस पेशेवर चोर की मनोवृत्ति एकदम पिघल गयी और उसने केवल यही माँगा कि जहाँ किसी से मेरी भेंट न हो, जहाँ कोई भी मुझसे मिलने न जाय, ऐसे स्थान में रहकर एकान्त साधना करने की व्यवस्था यदि आप करा सकें, तो इसी को सबसे बड़ा उपकार मानूँगा। महाराज ने उसे और कुछ देना चाहा, पर अपने असामाजिक अपराधों का प्रायश्चित्त करने की ग्लानि उसके मन में इतनी अधिक थी कि उसको समाज में मुँह दिखाना भी मृत्यु-यन्त्रणा लगने लगा। उसी की यह गुफा थी, जो न केवल पाप की प्रतिवेदना की साकार मूर्ति थी, बल्कि मध्ययुगीन न्याय की एक जीवन्त प्रमाण भी, वह न्याय जो कि मनुष्य की दुर्बलताओं से ऊपर उठने का अभिमान न करता हो।

इतने में धूप प्रखर हो चुकी थी और मैं नया-नया ज्वर से उठा था, इसलिए बड़ी दारुण प्यास लग रही थी, केवल महाकवि केशव के वंशजों का उत्साह मुझे खींच ले जा रहा था। केशव के घर के खँडहर तक पहुँचते-पहुँचते उनकी दालान में किसी कदर निढाल हो करके मैं भहरा पड़ा। मुझे ऐसा लगा कि केशव के मर्मान्तक दुःख की हेतु—जरा जर्जरता मेरे अंग-अंग में छा गयी हो, वहाँ के स्थानीय कार्यकर्त्ता सुन्नूलाल जी ने दया की और मुझे सितामय प्रसाद की डली के साथ जल से कण्ठ सींचने को मिला। तब जाकर केशव की सुधि आयी और साथ में भेजे गये कानूनगो साहब की सहायता से भवन के नक्शे की नाप-जोख और मरम्मत का तखमीना लगाने बैठा। मेरे मित्र गौरीशंकर द्विवेदी जी का उत्साह इस दिशा में प्रशंसनीय है। विन्ध्यप्रदेश की राज्य सरकार ने उन्हीं के आवेदन पर इस केशव-स्मारक भवन का सुधार-कार्य अपने हाथ में ले लिया है।

केशव के घर में केवल एक दालान और वह भी छत नदारद, बाहरी बरामदे की दीवालें, घर के दरवाजे कुछ-कुछ साबूत बने हुए हैं। इस मकान से थोड़ी ही दूर पर प्रवीणराय वेश्या का भवन है। यह स्मरण आया कि केशव ने इसी दालान में बैठकर ‘कविप्रिया’, ‘रसिकप्रिया’, ‘रामचन्द्रिका’, ‘जहाँगीर जसचन्द्रिका’, ‘विज्ञानगीता’, ‘वीरसिंहदेव-चरित’ आदि ग्रन्थों पर अपनी लेखनी चलायी होगी। लगा भी यह कि कौन जाने जीवन के अन्तिम भाग में घर-गृहस्थी की झंझटों से मुक्त होकर, अपने आश्रयदाता के व्यवहार से उदासीन होकर एकान्त रूप से यहाँ साधना करने बैठे होंगे और इस दालान में जाने कितनी सन्ध्याएँ उनकी काव्य-चर्चा और मर्मज्ञ प्रवीणराय की

मर्मस्पर्शिनी समालोचना से मुखरित रही होगी; क्योंकि केशव के जीवन का अन्तिम भाग काफी दग्धता और विरक्ति से भरा हुआ है। पर इतना स्पष्ट है कि प्रवीणराय के साथ उनकी साहित्यिक मैत्री एक क्षण भी शिथिल नहीं हुई। वैसे यहाँ पर प्रवीणराय के दो-दो मकान हैं, पर प्रवीणराय के एकान्त निवासवाला भवन महाकवि के घर की सन्निधि में ही है। जिन लोगों के मन में केशव के काव्य के बारे में रूखेपन और पाण्डित्य का भ्रम है, उन्हें कदाचित् यह पता नहीं है कि केशव हिन्दी के उस मध्ययुग के कवियों में सबसे अधिक व्यवहारविद्, लोककुशल और मनुष्य के स्वभाव के मर्मज्ञ कवि हैं। भाषा में परम्परा के विशिष्ट अध्ययन का प्रभाव जरूर है, पर तत्कालीन परिस्थितियों को देखते हुए क्लिष्टार्थता नहीं है। जीवन में राजनीति और कविता दोनों को एक साथ निबाहने में यदि कोई सफल हो सका है तो वह केवल केशव और राजनीति में भी आदर्श और यथार्थ, सिद्धान्त और व्यवहार तथा देश और व्यक्ति इन सभी के बीच में सामंजस्य स्थापित करना केशव का लक्ष्य था। इन दृष्टियों से केशव का अध्ययन विशद रूप से होना अत्यन्त आवश्यक है, क्योंकि उसके बिना सही-सही मूल्यांकन उनका हिन्दी साहित्य के इतिहास में हो नहीं सकता।

विन्ध्य-प्रदेश सरकार इस केशव-भवन के पुनरुद्धार तथा सिंगार के लिए प्रयत्नशील है। साथ ही केशव-परिषद् भी इसके लिए सन्नद्ध है, पर ओरछा तो हिन्दी कविता की राजधानी रही है। हरीराम व्यास की जन्मभूमि होने का भी इसे सौभाग्य प्राप्त है और अभी तक व्यास जी का भवन भी मौजूद है। व्यास जी का महत्त्व भक्त-कवियों में अब तक बहुत ही उपेक्षित-सा था और उनके बारे में सही-सही जानकारी निर्विवाद रूप से उपलब्ध नहीं थी। पर हाल ही में उन्हीं के वंशज और मेरे मित्र श्री बासुदेव गोस्वामी ने एक विवेचनात्मक ग्रन्थ, जिसमें उनकी वाणी भी संगृहीत है, हिन्दी को भेंट किया है। प्रसंगवश यहाँ इतना ही उल्लेख करना पर्याप्त होगा कि यह ग्रन्थ गोस्वामी जी की निजी दायित्व की ही पूर्ति नहीं करता, बल्कि समस्त हिन्दीवालों के पुण्य कर्त्तव्य की भी। ओरछा में आश्रय पानेवाले और भी कवियों की, कलाकारों की स्मृति आज के खँडहरों में पड़ी हुई है। पुराने कागजों के अम्बार में कितनी विरल और अप्रकाशित रचनाएँ दुबकी पड़ी हैं, नहीं बता सकता। बताने से लाभ भी क्या, जब कि परख रखनेवालों में प्रकाशन का विशेष उत्साह न हो? आज जो जीवित साहित्यकार को उसकी प्रतिभा का प्रतिकर देने की आवाज कितने कोनों से उठायी जाती है, इसका आकलन करते समय मुझे यह लगता है कि सरकार का या इस दिशा में कार्य करनेवाली किसी प्रतिष्ठित संस्था का पहला कर्त्तव्य, जो जीवित नहीं हैं, उन साहित्यकारों की कृतियों का प्रकाशन होना चाहिए, क्योंकि साहित्य का कोई भी कृतिकार अपने लिए नहीं लिखता। वह केवल अपना दाय छोड़ जाता है। यह सही है कि प्राचीन युग की बहुत-सी रचनाएँ ऐसी भी होंगी, जो अपने लिये लिखी गयी होंगी अर्थात् उसके

लिखने से अपनी पूजा हुई होगी, आगे आनेवाली पीढ़ी के लिए निजी भोग से कुछ बचा न रहा होगा, पर इसका अर्थ यह नहीं है कि उस युग की समस्त देन को बुहारू लगाकर बेतवा की धार में विसर्जित कर दिया जाय, क्योंकि उस युग की नाड़ी की धड़कन यवि कहीं मिल सकती है, तो इन्हीं रद्दी की टोकरियों में। मनुष्य का कोई भी इतिहास मलिन नहीं होता, उसका कोई भी दान, यदि वह सचमुच दान है, तो छोटा नहीं होता। दान को दान की मात्रा से नहीं, देनेवाले की शक्ति से मानना चाहिए।

ओरछा का राजकीय वैभव जहाँगीर महल में स्मृति-शेष रूप में मौजूद होते हुए भी उतना विशेष महत्त्व नहीं रखता, क्योंकि वैभव की देवी चंचल होती है। जिसे शाश्वतता कहते हैं, वह उसका प्राप्य नहीं है और कोई भी राज्य या उसका प्रतिनिधि यदि समय की कूँची से नाम-शेष रहता है, तो केवल अपनी उस काया से, जिनके कारण सरस्वती के वाहन को नये पंख मिलते हैं।

स्थापत्य-कला की दृष्टि से चतुर्भुज मन्दिर का एक विशिष्ट महत्त्व है, वह यह कि बुन्देला स्थापत्य-कला का वह एकमात्र सजीव उदाहरण है। इस बुन्देला स्थापत्य-कला में वातायन और गुम्बद नागर शैली में नयी कड़ी का योग है। राममन्दिर महाराज भारतीचन्द द्वारा निर्मित महल है, जो बाद में महाराज मधुकरशाह की महारानी गणेश कुँवरि का निवास-भवन हो गया था। महारानी ने यहाँ अयोध्या से लाकर राम की मूर्ति स्थापित की थी।

रामनवमी के दिन यहाँ बहुत बड़ा मेला लगता है और उसी समय महाकवि केशव की जन्म-तिथि भी मनायी जाती है। दूसरा प्रसिद्ध मन्दिर पश्चिम-उत्तर कोने में अवस्थित लक्ष्मी जी का है, जिसके अन्दर अठारहवीं और उन्नीसवीं शताब्दी के सुन्दर भित्तिचित्र अंकित हैं। दुःख इतना ही है कि बुन्देला कलम की इस अनुपम देन की बीच में कुछ ऐसी दुर्दशा कुछ हृदयहीन लोगों ने की है कि कोई भी चित्र खरौंच लगाये बिना क्या, दर्शक के बाबा-दादों की सुकीर्त्ति-गाथा से अरूप हुए बिना बचा नहीं है। मुझे तो ऐसा लगा कि जिन-जिन लोगों ने अपने बाप-दादों के समेत अपने पते वहाँ उत्कीर्ण किये हैं, उनका सबका एक रजिस्टर बनवाकर एक बड़ी संगमरमर की शिला पर निहायत काले अक्षरों में सम्बद्ध रूप से उनके नाम अंकित करा दिये जायँ और प्रत्येक ऐसे सज्जन को कम-से-कम बीस बेंत की सजाएँ देने के लिए कोई भी विशेष कानून बनाकर उसी शिलालेख के समक्ष सजा दी जाय। तब कहीं जाकर उन कलाकारों की प्रताड़ित आत्मा जुड़ा सकेगी।

घूमते-घामते काफी देर हो गयी थी और दतिया का आमन्त्रण जोर मारने लगा था। अपने मित्र गौरीशंकर जी द्विवेदी के साथ झाँसी लौटते समय मोटर में बार-बार सोचता रहा कि जहाँ वीरसिंहदेव, मधुकरशाह, हरदौल और अभी हाल के अमर शहीद चन्द्रशेखर आजाद ने देश की आन पर अपनी आहुति दी हो और उनकी आहुति की वेदी पर भारती

ने अपने विविध शृंगार छीटे हों, वहाँ क्या आज एक सांस्कृतिक तीर्थ स्थापित नहीं किया जा सकता। कितना स्थान यहाँ पर अपनी रिक्तता में विलख रहा है, कितनी स्मृतियों के तार यहाँ पड़े-पड़े जंग खा रहे हैं, कितनी कल्पनाएँ यहाँ अदृश्य छाया-सी पंख फड़फड़ा रही हैं। क्या उनका आमन्त्रण कभी हमारे बहरे कानों तक पहुँचेगा, जो अपने-अपने हिन्दी-प्रेम, संस्कृति-प्रेम के नारों से संसार भर को बहरा बनाये हुए हैं? चलते-चलते मैंने ओरछा की स्मृतियों से द्रवित बेतवा की रसधार को प्रणाम किया, वह रसधार जिसने जाने कितनी संस्कृतियों का मिलन-विछोह, विकास-ह्रास देखा है और जाने कितनी अमर संजीवनी मूर्च्छनाओं की प्रतिध्वनि अपनी लहरियों के गान में भरी हैं, कितनी आहुतियों की दीपमालाएँ अपने वक्षःस्थल पर उसने ज्योतित की हैं, जाने कितने देश के दुःख-दर्द से आकुल और सन्तप्त कवियों के मेघदूतों ने उसमें प्यास बुझायी है और अपने गन्तव्य स्थान की यात्रा के लिए पानी भरा है। मालवों, भारशिवों, वाकाटकों, परमारों, चन्देलों और बुन्देलों की कीर्त्ति-कौमुदी से कितना अमृत उसे प्राप्त हुआ है, इन सबको आँकने के लिए भी आज हमें अवकाश नहीं है। हम नये इतिहास का निर्माण करने चले हैं, पर हमें उसके आधार का पता नहीं है, मानो हमारी इस नादानी पर उसकी लहरें खिलखिला रही हों। मैंने इस हास्य को प्रणाम किया।

•

विन्ध्य की धरती का वरदान

कई बार सोचने की कोशिश की है कि आखिर भारत के सांस्कृतिक सामंजस्य में किस अंश तक विन्ध्य का योग है, तो लगा है कि इस अनन्त संस्कृति-महासागर में मिलने के लिए नर्मदा और शोण की ही नहीं, बल्कि विनय और गहरी आस्था की धाराएँ भी इसी प्रदेश से निःसृत हुई हैं। जिन चार संस्कृतियों का योग इस देश में हुआ है, उनमें एक है कोल-संस्कृति। उसी को निषाद-संस्कृति भी कह सकते हैं। इस कोल संस्कृति से ही हिमालय के शिखरों-जैसे गर्वीले आर्यों को विनय और एकान्त साधना की शिक्षा मिली और उनके अभ्युत्थान में यह सबसे पहले सहायक बनी। कोलों या निषादों के प्रतिमान के रूप में निषादराज गुह का चरित रामायण में मिलता है। विनय, सहज प्रेम और एकनिष्ठा जिसमें उत्साह और आत्मविश्वास और अनुरोध का अपार बल हो, ऐसी एक प्रतिमा है निषादराज गुह की और वह प्रतिमा विन्ध्य प्रदेश की साकार शक्ति की प्रतिमा है। वैसे कुछ लोग अरण्य को पलायन के लिए शरण या निलय मानते हैं, पर असल में अरण्य का जीवन मनुष्य का अपने स्वरूप में समाधान प्राप्त करने का जीवन है और अरण्यवासियों को प्राणिपूजक कहनेवाली दम्भी सभ्यता यह भूल जाती है कि उनका पूजन निष्प्राण का नहीं, सप्राण का है और वह पूजन भी निष्प्राण नहीं सप्राण है। पूजा का यह जीवित रूप ही मनुष्य को अपने आराध्य के प्रति सुन्दरतम रूप प्रस्तुत करने की प्रेरणा भर सका है और इसी का परिणाम है नृत्य, संगीत, शिल्प। यह स्मरण करने की बात है कि यहाँ की कला-परम्परा में गति को प्रत्येक क्षेत्र में जो उत्कर्ष प्राप्त है, वह उस मूल प्राणवान् पूजन-भावना का विकसित रूप है।

मैं जब आरम्भ में यहाँ आया, तो मुझे दैनिक व्यवहार में जो एक अप्रत्याशित मृदुलता देखने में आयी, तो मैंने उसे सामन्तवाद का अवशेष माना; पर बहुत दिनों रह जाने पर यह समझ में आया कि यह किसी वाद का प्रभाव नहीं, यहाँ की धरती का प्रभाव है और शायद हिन्दी में विनय के सम्बोधन या विनयवाचक क्रियापद कोल भाषाओं के प्रभाव के कारण प्रभावित हैं; क्योंकि सबसे अधिक घनिष्ठ सम्पर्क इस देश

सीधी की वन-मेखला

का केन्द्रीय भाषा से रहा है और प्रत्येक युग में साहित्य को मार्गनिर्देश देने में यहाँ की संस्कृति अपना नेपथ्य कार्य करती आयी है। विन्ध्य के टेकड़ियों पर विश्राम लेते हुए मेघदूत का सन्देशवाहन मानो युगों-युगों तक भारती के विरह के आतप में विन्ध्य की ओर से दिये गये स्निग्ध आश्वासन की घनी छाँह है, जहाँ न केवल पृथ्वी की ज्येष्ठतम सन्तान की पुरातनतम स्मृतियों की शिलाओं को फोड़कर निकलती हुई रसवन्ती धाराओं की परितृप्ति है, रात-रात त्वरित गति से थिरकती-थिरकती विजड़ित श्यामल पिण्डलियों के हीरकमय स्वेद-कणों की निश्चल झलक है, रूपगर्विताओं की अंग-भंगिमा से पागल मुकुरों से होड़ लेनेवाली सरसी में निशाकर का मदिर विलास है और राम और सीता-जैसे आदर्श दम्पति के स्नेह से पुलकित मही के उर की एक मीठी-सी सिहरन है और वनदेवियों के द्वारा क्षण-क्षण प्रक्षालित क्षितिज-रेखाओं के बीच सधे हुए निर्मल चटकीले आकाश की अपूर्व नीलिमा का शारदीय प्रसाद है, जिसे पाकर तमसा के तीर पर भी शारदा कूकने के लिए विवश हो जाती है, स्फटिकशिला पर तुलसी की कल्पना ठगी-सी रह जाती है, पवन-गति से चलनेवाले सन्देशवाहक मेघदूत के भी नयन उलझ-से जाते हैं, शिव और शक्ति की कन्दर्प लीला अपने-आप विहसित हो जाती है, इतनी अधिक कि एक सहस्र रजनी-चरित कौन कहे, असंख्य रजनी-चरित या यों कहें कि केवल अखण्ड रजनी-चरित की अद्‌भुत सृष्टि करानेवाली वृहत्कथा का सूत्रपात करने लगती है, वह वृहत्कथा भी ऐसे रसीले ढंग से एक-दूसरे से गुम्फित कि किसको परिवेष्टित करके वह कथा चल रही है, यह याद करने की जरूरत नहीं रह जाती, कथा में ही मन भूल जाता है।

यह तो एक पक्ष हुआ; पर यहाँ नल-दमयन्ती उपाख्यान भी है, दमयन्ती को तीन डगर बताकर नल का छल भी है, उदयन का वीणा-वादन है, तो वासवदत्ता का हरण भी है। यक्ष-यक्षियों के उल्लसित जीवन के यदि चित्र हैं, तो विद्याधरों के शाप की अकह कहानी भी है। सौन्दर्य का अथकित नर्तन है, तो शौर्य का उद्‌दाम आवर्तन भी है, नहीं तो एक ओर पाण्डवों को शरण दें, दूसरी ओर कृष्ण के मुकुट-चिह्न को चरणांकित बनायें, यह प्रबल अभिमान भी है। निषादराज गुह का प्रणिपात है, तो भारशिवों और वाकाटकों का अप्रतिहत पराक्रम भी है, जिसने एक सत्ता को एकदम आत्मसात् कर लिया। इरावती और सागरिका के विह्वल प्रणय की स्मृति दिलानेवाली नृत्य-मुद्राएँ हैं, तो छप्पन-छप्पन युद्धों में जयमाल पहननेवाली छत्रसाल की शौर्य-लक्ष्मी का गर्व भी है, मुट्‌ठी-भर अनुचरों के बल पर दसगुनी अरि-संख्या को परास्त करनेवाली कुन्दन कुँवरि की तेज आग भी है। जहाँ एक ओर जीवन का बहुरंगा उल्लास है, वहाँ दूसरी ओर आन पर मरने का मान भी है। आकाशचुम्बी सरई के वृक्ष का अविरल फैलाव है, तो कड़ी चट्‌टानों के रन्ध्रों में हरियाली उमगानेवाली सदाजीवन्ती ओषधियों का विनम्र विस्तार

भी है। जहाँ कुरंगियों के भयभीत लोचनों से वामलोचनाओं के नयनों की नाप-जोख के सहज प्रयत्न हैं, वहाँ बादल का हृदय दहलानेवाला सिंहों का अमन्द गर्जन भी है।

विन्ध्य के इतिहास पर एक विहंगम दृष्टि डालते समय स्पष्ट हो जाता है कि जिन-जिन लोगों की प्रभुता यहाँ कुछ सृष्टि करके गयी है, वे स्वयं आरम्भ में प्रभुताहीन थे और उनको प्रभुता भी इसी धरती से मिली थी। राम को लीजिये, अगस्त्य को लीजिये, रेवा के जल को हिण्डोलनेवाले सहस्रबाहु को लीजिये, वीरों की महासभा में भीष्म को चुनौती देने का अरमान रखनेवाले शिशुपाल को लीजिये; मगध, कोशल और अवन्ती का स्नेह, नीति, कला और शौर्य से मानमर्दन करनेवाले वत्सराज उदयन को लीजिये, विदिशा के द्वारा अन्धकार युग में दिशा देनेवाले दुर्दान्त भारशिवों को लीजिये, गुप्तों की कन्या लेकर देश की एकता के लिए सन्धि करनेवाले विन्ध्य-शक्ति प्रवरसेन और रुद्रसेन-जैसे वाकाटकों को लीजिये, शशांक के मित्र और हर्ष के प्रतिद्वन्द्वी देवगुप्त को लीजिये, काशी से आकर कर्णवती के तट पर गहरवारों की कीर्त्ति-कौमुदी बिखरानेवाले चन्देलों को लीजिये, कार्तवीर्यों के पराक्रम का पुनरुज्जीवन करानेवाले कलचुरियों को लीजिये या बिन्दु-बिन्दु शोणित से दुर्ग बसानेवाले बुन्देलों को लीजिये या दूर अन्हलवाड़ा से आकर अविशृंखल शक्तियों को पराभूत करनेवाले साहित्य और कला-प्रेमी बावेलों को लीजिये, सर्वत्र यह देखने को मिलेगा कि बाहर से त्रस्त शक्तियाँ आयीं और उन्हें यहाँ जीवन मिल गया। इसी से शक्ति का अवतार इसके शिखर पर माना गया और आज भी विन्ध्यवासिनी इसके प्रतीक के रूप में अवस्थित हैं।

शौर्य और सौन्दर्य की सम्मिलित रागिनी के अनुगुंजन में हम अलग-अलग दो धाराएँ देख सकते हैं कर्म के सतत जागरूक उत्साह की और भावमय चिन्तन की गहन गम्भीरता की। वह चिन्तन भी शक्ति में शिव को अधिष्ठित करने के लिए प्रेरित हुआ है, जब कि शौर्य उस शक्ति को प्रस्फुटित करने के लिए नियोजित हुआ है। तुलसी की अपार विनय और अगाध शील जिन उपादानों से रचे गये हैं, वे उपादान यहाँ की रज-रज में, तृण-तृण में और रोम-रोम में अभिव्याप्त हैं। इसी प्रकार जगनिक की वीरगाथा जिसको पाकर फड़क उठी है, वह मन्त्र भी यहीं के अवधूत वीरों ने जगाया है। नचना कुठारा में चतुर्मुखी शिव के चार धीर, सुन्दर, सौम्य और अन्तर्लीन रूप यहाँ की समन्वय शक्ति और अन्तर्मुखीनता का परिचय देते हैं। इसी प्रकार गुर्गी के हर-गौरी तथा खजुराहो के विष्णु जो कला छिटकाते हैं, वह इस धरती के पाषाण पर सूक्ष्म-से-सूक्ष्म भाव के लिए कोमल अन्तस्तल से ही उसने साकार रूप पाया है। वह अन्तस्तल जो विरह तृषित कलस्विनियों के अश्रुजलों से सिक्त है, जो केहरियों के नख में लगे हुए रक्त में अंकित है, जो पृथ्वी के गौरव हिमालय की शिशुता की किलकारियों की स्मृति से प्रमुदित है और जो अपने ही समान जूझनेवाली अपनी पड़ोसी प्रकृति और प्रकृति से वर-प्राप्त वन-जातियों की विश्रान्ति से एकदम निस्पन्दित है।

वह दूसरी बात है कि आज दिन धरती के उस वरदान की सुधि खो गयी हो और गर्दनतोड़ घुड़दौड़ में शान्ति की उस प्रेरणा के लिए कभी मन में अवकाश न मिलता हो, पर सन्तप्त स्थिति में, जिस मानसिक ज्वर की स्थिति में और जिस अकुलाहट में देश अन्धाधुन्ध आगे बढ़ने की कोशिश कर रहा है, उसमें उस वरदान की, संयम की, शील की तथा ओट की आवश्यकता है, जिसकी ओर महान् विजेता महाराज छत्रसाल ने अपने इस छन्द में संकेत किया है—

सुजसु सों न भूषन विचार सों न मन्त्री त्यों
साहस सों सूर कहूँ ज्योतिषी न पौन सों।
संयम सों औषध न विद्या सों अटूट धन,
नेह सों न बन्धु और, दया सों पुन्य कौन सों।
कहैं छत्रसाल कहूँ सील सों न जीतवान,
आलस सों बैरी नाहिं मीठो कहूँ नौन सों।
सोक कैसी चोट है न भक्ति कैसी ओट कहूँ,
राम सों न जाप और तप है न मौन सों।

खण्ड 2

चिन्तन

भारतेन्दु-युग का आभार

आज भारतेन्दु-युग के उदय हुए 103 वर्ष हो रहे हैं और प्रत्यवलोकन करने से ऐसा लगता है कि हिन्द और हिन्दी दोनों के इतिहास में ये सौ वर्ष पिछली सहस्राब्दी भर में अधिक महत्त्व के रहे हैं। इनका महत्त्व केवल राजनैतिक नवजागरण के चरम विकास की दृष्टि से नहीं है, प्रत्युत हिन्दी साहित्य की नवचेतना के विकास की दृष्टि से भी है। यह कहना शायद दूसरी भाषाओं के लिए हेठी न हो कि हिन्दी के माध्यम से इन सौ वर्षों की प्रगति और रागिनी की अभिव्यक्ति अधिक व्यापक रूप से और अधिक सफलता के साथ हुई है। यदि उन्नीसवीं सदी के उत्तरार्द्ध तक आते-आते भाषा विद्यापति के 'बालचन्द्र' से क्रमशः विकसित होते-होते शारदी के पूर्णेन्दु की कला को प्राप्त कर सकी, तो यह भी कहना अतिशय न होगा कि हिन्दी साहित्य के बहुमुखीन विकास की द्वितीया की कला भी बहुत कुछ केवल सौ वर्ष में ही अपने बिम्ब की पूर्णता को प्राप्त कर सकी है। भारतेन्दु इस विगत शती के नवोदय के सचमुच प्रतीक हैं और नये विषयों एवं नये क्षेत्रों में उनके बिखराये बीजों को आज पुष्पित और फलित होते देख, हमें कृतज्ञता से उनका पुण्यस्मरण हो आता है। हिन्दी के बहुमुखीन साहित्य की प्रगति के प्रसार द्वारा भारतीय साहित्य को प्राणान्वित करने की जो हमारी कल्पना है, वह भारतेन्दु के स्वप्नों की ही परिणति है। इन सौ वर्षों में हमने अपना प्रतिबिम्ब निहारा, अपनी व्यथा गायी, अपनी क्षुधा मिटायी, पर अब हम आज इस योग्य हैं कि हम दूसरों को भी ज्योति दे सकें, दूसरों की भी व्यथा ले सकें। यह नया दायित्व है और समवेत प्रयत्न से ही इसका निर्वाह भी सम्भव है। अभाव प्रतिभा का नहीं, संकल्प और दायित्व-ज्ञान का है। भारतेन्दु ने अपने युग के लेखकों में तत्कालीन दायित्व की प्रेरणा भरी और आज उनकी जयन्ती आज के लेखक में इस नये दायित्व की प्रेरणा भर सके, यह लेख इसी कामना से दी गयी पुष्पाञ्जलि है।

भारतेन्दु-युग को श्रद्धाञ्जलि अर्पित करते समय, सबसे पहले उसकी व्यक्तियों की ओर हमारी दृष्टि जाती है। व्यक्ति-समीक्षा दो दृष्टियों से की जाती है, एक तो युग के नैतिक मापदण्डों को लेकर और दूसरे कृति के साथ उनके अन्तःसम्बन्ध के

सामञ्जस्य को लेकर। पहली दृष्टि से देखते समय यह स्पष्ट है कि उन्नीसवीं शती के उत्तरार्द्ध के समाज में नैतिक आग्रह बड़ा प्रबल था और लेखक को अपने व्यक्ति को विशृंखल करते समय कुछ-न-कुछ सफाई जरूर देनी पड़ती थी इसका सूक्ष्म प्रभाव पिछले खेवा के कुछ लेखकों और उपन्यासकारों तक बना रहा है, किन्तु आज यह आग्रह अत्यन्त क्षीण और नगण्य है। भारतेन्दु और उनके साथी सुधारक बने बिना रह न सके, तथापि वे सुधारक बने आडम्बर के और उन सबों में निर्व्याज सरलता और खरी सहृदयता का छिटकाव मिलता है। जीवन के नये मूल्यों को अपनाते समय उन्होंने साहस यदि दिखलाया है, तो साथ ही इस साहस की निरभिमान और अलमस्त आत्म-उपेक्षा भी। अपने देश और अपनी जाति का जितना ध्यान और गुमान उन्हें था, उतना आज भी है; किन्तु इस गुमान के साथ जितना बलिदान का उछाह उनमें था, उतना आज नहीं है। उस समय के लेखक के ऊपर बहुमुखीन उत्तरदायित्व था, वह कोने का शृंगार न होकर युग का उन्नायक था, उस समय की राजनैतिक चेतना का वही कण्ठ भी था, वही बाहु भी था; समाज और राजनीति से निरपेक्ष नहीं था और साथ ही निरपेक्ष न होते हुए भी उसका नाम केवल डौंड़ी पीटने तक सीमित न रहा, बल्कि कहना तो यह चाहिए कि डौंड़ी उसने पीटी ही नहीं, उसने तो वज्र-निर्घोष किया। समाज और देश के विषय में उसकी कल्पना मूर्त थी, अमूर्त नहीं। परम्पराओं के साथ भी वह समरस था, इसलिए उसे अपनी मान्यताओं के लिए अलग आधार ढूँढ़ने की आवश्यकता नहीं पड़ती थी, जैसी की आज के प्रगतिवाद को तो बहुधा पड़ती ही है, प्रगतिवाद के दायरे के बाहर रहनेवाले लेखकों को भी ढूँढ़ने की आवश्यकता पड़ती रहती है। इस विषय में हमारे भारतेन्दु-युग के लेखक कहीं अधिक भाग्यवान् थे, यही मानना पड़ता है। शायद इसका दूसरा कारण यह भी हो कि उन्हें जीवन का जितना जीता-जागता अनुभव प्राप्त था, उतना हमें नहीं और हम पराभव, विलगाव और अहं से अधिक अभिभूत हैं।

यह तो एक दृष्टि हुई। अब दूसरी दृष्टि से उनकी व्यक्ति की परख करते समय हमें यह भी भासित हो जाता है कि उनकी कृतियाँ उनसे दब गयी हैं। तुलसी का उन्नयन उनमें नहीं मिलता, मिलने की आशा भी क्यों की जायँ, यदि उनके संघर्षों का पर्यालोचन करें।

भारतेन्दु में स्वयं भक्ति की विगलित करनेवाली मधुधारा थी, पर वह श्याम-घन से अमृत-वर्षा की अपेक्षा, सूखती खेती के लिए जलवर्षा की याचना करने में अधिक नियोजित हुई। इस प्रकार उनकी भक्ति स्वयं साधन बनी है, एक दूसरे साध्य की। वह साध्य है, देश, जाति और भाषा के लिए निःस्वार्थ और प्रगाढ़ प्रेम। इस प्रेम की आराधना में उनके अन्य राग-द्वेष डूब-से गये हैं, पर इससे इन व्यक्तिगत राग-द्वेषों का महत्त्व तिरोहित नहीं होता। साहित्यकार की व्यक्ति अन्ध-पूजा के लिए नहीं,

स्नेह-तादात्म्य के लिए विषय बनती है और उसके राग-द्वेष भी उस स्नेह-तादात्म्य के साधक बनते हैं, बाधक नहीं। व्यक्ति के अध्ययन का दृष्टिकोण भी साहित्य-समीक्षा में मानवीय होता है, वह संवेदना से प्रेरित होता है, अर्चना से कम तथा विस्मिति से और भी कम। व्यक्ति-विवेचन करते समय हमारी दृष्टि आत्मीयता अधिक जोहती है, विलक्षणता कम। साहित्यकार की दुर्बलता यदि कोई हो भी, उसकी कृति के सौन्दर्य का शृंगार बन जाती है। इसलिए उसकी दुर्बलता के ऊपर आवरण डालना पुण्य न होकर पाप समझा जाना चाहिए। आवरण शुद्ध समीक्षा के मापांकन में बाधक होता है। भारतेन्दु दानी थे, तन-मन-धन से। उनकी उदारता आत्म-निषेध की सीमा छूनेवाली थी; परन्तु उनका व्यवहार-कौशल इससे प्रतिहत न था। उनकी उदारता दूरदर्शिता का परिणाम थी "दोनों जहाँ के ऐश को खाक में मिलाया हमने" यह उन्होंने जान-बूझकर 'तकसीर' कमाने के लिए किया। वह इतना न देते, इतना खुले हाथ न लुटाते, तो अपने उद्देश्य की सिद्धि में सफल न होते। उनकी निकाली हुई पत्र-पत्रिकाएँ एक जगह घेरकर छापने के लिए नहीं, बल्कि जगह-जगह बीज बिखराने के लिए थीं। हानि-लाभ का लेखा-जोखा यदि वह लेने बैठते, तो शायद वह धँस जाते; पर मरते-मरते पाई-पाई ऋण चुकाकर गये और देश को न जाने कितनी पीढ़ियों के ऋण के भार से दबाकर गये। आज उस ऋण की भावना भी हमें उदारता की प्रेरणा देती है। भारतेन्दु की उदारता इनके युग में ही संक्रामक सिद्ध हुई। अपना सर्वस्व लगाकर हिन्दी की सेवा करनेवाले कितने घर-फूँक अलमस्त लोग निकले और अपनी शक्ति से बाहर लुटाकर चले गये, आत्मविज्ञापन और आत्म-लाभ के लिए नहीं, परनिर्वृत्ति और परहित के लिए, यद्यपि उनके बलिदान में, उनकी आत्माहुति में कटुता का लेशमात्र भी नहीं है, प्रत्युत सरस विनोदशीलता का उच्छल प्रवाह सर्वत्र एक-सा मिलता है। सभी चुटीले व्यंग्य की क्षमता रखते हुए शुद्ध-हास्य के स्रष्टा थे, सभी मिथ्या आडम्बर के सुधारक बनने की भावना रखते हुए भी निरभिमानी सहृदय थे, वह उनकी बहुत बड़ी सिद्धि है। हमें उन्हें मापते समय गहराई के मापदण्डों से काम न लेकर फैलाव के मापदण्डों से काम लेना चाहिए, क्योंकि वे सभी सर्वस्पर्शी थे, तलस्पर्शी बनने का अवकाश उनके पास शायद था ही नहीं। यदि तलस्पर्श का अवकाश मिलता, तो भी यह निश्चित है कि उनमें से कई एक अपनी सम्भावना का वहाँ भी परिचय देनेवाले मिलते। जो काम उनके सिर पर था, वह आग सुलगाने का था, दहकाने का नहीं। अपना काम उन्होंने सफलतापूर्वक सम्पन्न किया, अब दहकाने और दहकाये रखने का भार हमारे ऊपर है।

यह तो व्यक्ति समीक्षा हुई। अब तनिक साहित्य का संक्षिप्त विवेचन करें। भारतेन्दु-युग साहित्य-प्रवृत्ति के नये-नये माध्यम ढूँढ़ने में लगा रहा। उस युग का साहित्यकार कवि, निबन्धकार, पत्रकार, विचारक और नाटककार सब एक साथ था, कवि होते समय भी वह लावनी, होली, कजली और आल्हा की रचना उतना ही

आवश्यक समझता था, जितना सवैया, छप्पय और नये छन्दों का प्रयोग। वह साहित्य को विभागशः न देखकर अखण्ड देखता था, इस कारण उसे साहित्य में न तो सूर-तुलसी की गहराई या तल्लीनता है और न आज की कल्पना की ऊँची उड़ान। वह डूबकर न तो मोती निकाल सका है और न वह गरुड़ की उड़ान ही भर सका है। उसने सामाजिक और राजनैतिक चेतना भर जगायी है और जगायी है पूरी प्राणशक्ति के साथ। वह अतीत की आसक्ति से दूर नहीं जाना चाहता था, पर साथ ही नयी आकांक्षाओं की सिहरन भी वह अनुभव कर चुका था। उसका प्रकाश सन्धिकालीन प्रकाश है और उन्नयन की एकान्त क्षमता न होते हुए भी उसमें अपना अलग सौन्दर्य है, इसे नकारा नहीं जा सकता। शाश्वत साहित्य की पृष्ठभूमि तैयार करना भी कम गौरव की बात नहीं होती और इतना कहना अनुचित न होगा कि उस पृष्ठभूमि पर हमारा निर्माण तो तदनुरूप नहीं हुआ। उनके देशी वाद्य-यन्त्रों से निकले हुए पृष्ठसंगीत का अनुहारी अभिनय-सौन्दर्य हम नहीं दे सके हैं। उनमें शायद कुछ लोगों को नवोन्मेष की कौंध न मिले पर 'सद्यः सीरोत्कषणसुरभि' जो उसमें है, वह आज नवरोपित सनोवर में फूलों के नहीं आ पायी है। कारण स्पष्ट है। हिन्दी साहित्य के उत्तरकालीन विकास में घात-प्रतिघात की शक्ति ही से प्रेरणा मिली है, सन्तुलित प्रयत्न का अभाव-सा रहा है। प्रखर प्रतिभाओं को अनुच्छायित भी हो जाना पड़ा है और सामान्य प्रतिभाओं को अधिक प्रोत्साहन मिलता गया है, प्रचार की उपयोगिता इतनी अधिक बढ़ी है कि प्रचार-विरत साहित्य की अभिवृद्धि और अभिव्यक्ति के ऊपर बहुत बड़ा अवरोध लग गया है। आज हम भारतेन्दुयुगीन साहित्य से इतनी प्रेरणा तो लें ही कि साहित्य केवल वाद-विवाद-प्रतियोगिता नहीं, संस्कृति की अभिव्यञ्जना की स्थिर ढलाई है, इसमें उपादानों का उपयोग सँभलकर करना पड़ता है, सौन्दर्य की माप उसके परिसर से करनी पड़ती है और छिन्नी की चोट बहुत सोच-समझकर करनी पड़ती है।

भारतेन्दु-युग पुनरुज्जीवन का अग्रदूत है, यह विचारते समय यह भी स्मरण हो आता है कि साहित्यिक पुनरुज्जीवन और नाटक में कुछ समवाय-सम्बन्ध है। विश्व-साहित्य के इतिहास में पुनरुज्जीवन के युगनाटक के नवावेश से अनुगत होते रहे हैं, चाहे वह पेरिक्लीज का यवन स्वर्णयुग हो, चाहे एलिजाबेथ का आँग्लयुग हो, कालिदास का युग हो या हर्ष का, सर्वत्र साहित्य में नवजागरण के साथ नाटक में नवोत्साह का प्रवेश और प्रसार हुआ है। इसका कारण सम्भवतः यह भी हो सकता है कि नाटक में साहित्य सामाजिक चेतना की सर्वाधिक सन्निधि प्राप्त करता है, इसीलिए साहित्य के अँगड़ाई लेते ही नाटक थिरकने लगता है। भारतेन्दु-युग तो एक प्रकार से नाटक का सूत्रपात है। भारतेन्दु-युग के पूर्व हिन्दी को लोक में स्नेह मिला था, पर मान्यता अत्यन्त सहज और अनिवार्य रूप से हिन्दी को मिली है भारतेन्दु-युग में ही। अतः इस युग में नाटकों का प्रादुर्भाव स्वाभाविक ही था। इस युग के नाटकों में अनुवाद

अधिक हुए हैं और सम्भवतः आज उनमें से जो मौलिक भी हैं, उनका अभिनय सफलतापूर्वक न किया जा सके, उनके दृश्यगुण आज तिरोहित हो गये हों। पर नाटक है ही दृश्यकाव्य और नाटक का मूल्यांकन उसके दर्शक समाज और उनके अभिनेता को दृष्टि में रखकर ही करना चाहिए। भारतेन्दु-युग के समाज और अभिनेता की सीमाओं को देखते हुए, उस युग के नाटक सफल ही प्रमाणित होंगे। समाज की अनुभूतियों की सच्ची प्रतिच्छवि और मनोरंजन एवं शिक्षा की सिद्धि उनमें मिलेगी।

भारतेन्दु ने अपने को संकेत से हिन्दी का जनक कहा, उसका अभिप्राय केवल इतना था कि उन्हें हिन्दी को पालने-पोसने का दायित्व सदा आकुल किये रहता था और इसीलिए हिन्दी को शासन की भाषा बनाने तथा शिष्टजनों की भाषा बनाने के लिए उन्होंने अनेक साधनों के द्वारा अथक परिश्रम किया। गोष्ठियों, सभाओं, वाद-विवाद-प्रतियोगिताओं, नाटकों और भाषणमालाओं का सूत्रपात केवल इसी उद्देश्य से उन्होंने किया। जिस प्रतिकूल परिस्थिति में उन्होंने खड़ीबोली को भारत के रंगमंच पर लाकर खड़ा किया, वह आज दूर हो गयी है। परन्तु यह हमारे लिये लज्जा की बात है कि हम हिन्दी के स्थापित महत्त्व को आगे बढ़ाने का साहस और उद्यम नहीं कर रहे हैं। आज भारतेन्दु का स्मरण करते समय हम अपनी जिम्मेदारी को समझ सकें, तो यह निश्चय है कि केवल अपने संकल्प को गुँजाने भर की आवश्यकता है, हिन्दी को उसका प्राप्य पद प्राप्त हो जायगा। तो क्या हम संकल्प भी नहीं कर सकते?

कला में नैतिक आग्रह

कला में नैतिक आग्रह की बात जब हम कहते हैं तब हमारे सामने यह जिज्ञासा रहती है कि क्या कला के लिए कोई नैतिक मानदण्ड होना चाहिए या नहीं। क्या कला में नैतिकता के लिए सीमा स्पष्ट होनी चाहिए या केवल लक्ष्य या व्यंग्य होना चाहिए या कला का उद्‌देश्य ही नैतिकता का समर्थन या प्रवर्तन या प्रचार हो, यही तीन जिज्ञासाएँ मन में उठती हैं और जब हम इतिहास को देखते हैं, तब यह लगता है कि बराबर इस सम्बन्ध में मत बदले हैं और उनमें समाज के तात्कालिक प्रभाव के कारण परिवर्तन हुए हैं। कला का वास्तविक प्रयोजन जो अपनी साहित्यिक परम्परा में मान्य रहा है, वह है शिवेतर की क्षति, अकल्याण की निवृत्ति तथा सद्यः सब दुःखों से मुक्ति और इन सबके अनन्तर परम आनन्द, इसमें नैतिकता से कहीं ऊपर उठकर बात पहुँचायी गयी है। एक तरह से नैतिकता कला की इस साध्यभूमि से कहीं नीचे है, इस सिद्धान्त के अनुसार और इसलिए केवल नीतिपरक आवश्यक नीति या उपदेश के लिए कहे गये वचन काव्य नहीं माने जाते, उनको इतिहास कहा जा सकता है; लेकिन वह काव्य नहीं कहा जा सकता है। काव्यप्रकाशकार ने तीन परिभाषाएँ ऐसे वचनों की बतलायी हैं, एक प्रभुसम्मित वचन, जिसमें एक शब्द भी परिवर्तित नहीं किया जा सकता, दूसरा मित्रसम्मित वचन, जिसमें शब्दों का परिवर्तन तो हो सकता है, लेकिन जिसमें अर्थ में परिवर्तन नहीं किया जा सकता, वह है इतिहास और तीसरा कान्तासम्मित वचन, जिसमें उपदेश यदि रहता भी है तो अत्यन्त व्यंग्य रूप में रहता है, वह सतह पर कहीं भी प्रकट नहीं रहता। इस दृष्टि से यह बिलकुल स्पष्ट हो जाता है कि हमारे यहाँ परम्परा से नैतिकता को काव्य की निचली तलभूमि माना गया है। आधुनिक युग में इस विषय पर काफी विवाद हुआ है और आज दो प्रकार की धाराएँ सामने हैं। एक तो यह कि कला निरनैतिक होनी चाहिए अर्थात् जिसमें नीति के उठने की आवश्यकता न रहे, नीति हो या न हो कला का इसमें प्रयोजन न रहे। दूसरा पक्ष यह कि नहीं, यह अत्यन्त विशृंखलता उचित नहीं है, कहीं-न-कहीं अवश्य समाज को एक निश्चित उत्कर्ष देने के लिए उसमें उन गुणों के प्रति आदर-भावना नियत होनी चाहिए। तो दो पक्ष हैं और दोनों में काफी रस्साकशी तथा खींचातानी हुई है। अब यह विचार करना

है कि आज वास्तव में क्या दृष्टिकोण कला को लेना चाहिए। वैसे तो कोई भी मान्यता किसी कलाकार पर आरोपित नहीं की जा सकती है, पर प्रस्तुत मान्यता के आधार पर एक नयी विवेचना की जाती है। अन्दर जितनी विशृंखलताएँ साहित्य में आती-जाती हैं, उनको आलोचना समरस रास्ता देती है और भी विषमताएँ या असंगतताएँ आती हैं उनको सुलझाने की कोशिश करती है। आलोचना का यही सबसे बड़ा काम होता है। आज इस क्षेत्र में विशृंखलताएँ हैं, हिन्दी में भी हैं। कुछ लोग यह समझते हैं कि आज बिलकुल ही नैतिक आदर्श शिथिल हो गया है और इसलिए कला को भी उसी रूप में ढालना चाहिए और शृंखलाबद्ध रचना की निन्दा करनी चाहिए, उससे विद्रोह करना चाहिए और यह तत्त्व निरनैतिक साहित्यकारों में काफी मात्रा में उभरा है। दूसरे पक्षवाले इसी प्रकार अतिशय में जाकर कहते हैं कि नहीं, शुद्ध, विशुद्ध, ऐसा छाना हुआ तत्त्व समाज को देना चाहिए, जिसमें कहीं भी अश्लीलता, कहीं भी विकार, वे तो इतनी दूर तक चले जाते हैं कि कहीं प्रेम भी साहित्य में न आने पाये। ये दोनों छोर हैं, कहीं बीच में रास्ता है और शायद वही अपनाने लायक रास्ता हो। एक तो इस दृष्टि से विचार करना है।

दूसरी दृष्टि यह कि क्या कला की भी अपनी कोई नैतिकता होती है या होनी चाहिए। कलाकार का भी समाज के प्रति कर्त्तव्य है और उस कर्त्तव्य-पालन करने में जो चूक होती है, उसके दायित्व में जो शिथिलता आती है, वह अनैतिकता है कि नहीं या कलाकार जब रचना करने बैठता है, कोई सृष्टि करने बैठता है, तब यह सोचकर कि केवल उसे नैतिक प्रतिमानों की पूजा करनी है।

उनके सुधारने के लिए समाज के मन में सहानुभूति उत्पन्न करने का अर्थ क्या अनैतिक है? उदाहरण के लिए शरत्-साहित्य को ले लीजिये, जिसकी आलोचना और प्रत्यालोचना काफी हुई है। यद्यपि सबने शरत् की बौद्धिक शक्ति को स्वीकार किया है, फिर भी अनेक माननीय आलोचकों ने बहुत ही युक्तियुक्त ढंग से यह भी कहा है कि शरत् ने समाज को बहुत ही विकृत प्रेरणा दी है, जो समाज के लिए अनुकरणीय नहीं है, उनको बहुतों ने द्वितीय श्रेणी का साहित्यकार ठहराया है। इसे शरत् की परम्परा कही जाय या कुछ हद तक इसे भी अनैतिक प्रतिमान के लिए सहानुभूति जगाने की बात कही जाय, अब अज्ञेय-साहित्य में भी कुछ ऐसी बात मिली है और उसकी भी भाषा-शक्ति और सहानुभूति-शक्ति को स्वीकार करते हुए आलोचकों ने उसकी कुछ कड़ी आलोचना की है। दूसरी ओर प्रेमचन्द जी का साहित्य है जिसमें प्रयत्न करके भी नैतिकता के लिए आग्रह दब नहीं पाया है। प्रत्येक उपन्यास में, एक-दो को छोड़कर यह भावना बहुत सजग होकर सामने आयी है कि समाज-रचना ऐसी होनी चाहिए, विवाह में यह सुधार होना चाहिए, उसमें यह विकृति आ गयी है, इन सभी चीजों के लिए स्पष्ट रूप से निदर्शन प्रेमचन्द जी के साहित्य में मिलता है। जिन लोगों ने

प्रेमचन्द जी की शक्ति के प्रति कुछ अपनी कड़ी आलोचना दी है, उनकी मुख्य एक माँग यह है कि प्रेमचन्द जी का नैतिक तत्त्व अधिक उभरा हुआ है। आज जो परिस्थिति साहित्य के सामने है, उसमें स्पष्ट बात यह है कि पाश्चात्य साहित्य या संस्कृति का प्रभाव है। उससे एक देन मिली है कि हम कला के प्रति कोई-न-कोई दृष्टि रखने लगे हैं, विलास या फैशन की वस्तु न मानकर कला को अध्ययन की वस्तु लोगों ने समझना शुरू किया है, यह पश्चिमी प्रभाव का कुछ अच्छा रूप है। यद्यपि अभी अधिकांशतः वर्ग ऐसा है, जो उस कला के कर्त्तव्य देखकर सहज उसमें एक विवेचनात्मक प्रयोजन देख लेता है, लेकिन यह सन्तोष की बात है कि काफी लोग उसकी गहराइयों में जाने के लिए उत्सुक दीख पड़े हैं, इसलिए इस विषय का महत्त्व भी है। वैसे तो उस विषय के सुधारने का सामान्य जीवन में महत्त्व नहीं है। लेकिन जो कलाकार के गम्भीर प्रभाव को समझते हैं, वे निश्चित रूप से स्वीकार करते हैं कि जब तक कला अपने प्रयोजन में सफल नहीं होती, तब तक वह समाज के ऊपर अभीष्ट प्रभाव डालने में समर्थ नहीं हो पाती और कोई भी दोष रह जाता है तो समाज अनुप्राणित नहीं हो पाता। आज का साहित्य समाज को इतना अनुप्राण नहीं देता है, उसका क्या कारण है, उसी के पीछे हमेशा यही जिज्ञासा है कि जब तक एक विद्रोह के लिए हिन्दी साहित्य की रचना होती रही या जब तक कोई नयी शक्ति की पूर्ति करने के लिए रचना होती रही, तब तक उसमें सफलता मिलती रही। लेकिन उसके बाद खासकर युद्धोत्तर साहित्य शिथिला रहा है; क्योंकि इधर हमारा कोई स्पष्ट एक दृष्टिकोण नहीं रहा है। हम पथभ्रान्त हैं। हमारा पथ दूसरी जगह है, लेकिन बतलानेवाला कोई नहीं मिलता। हमें अपने में ही पथप्रदर्शक ढूँढ़ना होगा और अपना अन्तर-आलोकन ही हमें पथ देगा।

साहित्य और इतिहास

वैसे तो ज्ञान अखण्ड होता है, चेतना अखण्ड होती है पर उसके विभिन्न पहलू होते हैं इतिहास, दर्शन और साहित्य, ज्ञान एक है, उसी को प्राप्त करने के विभिन्न साधन हैं। तथापि इन साधनों में अन्तर है और उस अन्तर की ओर ध्यान खिंचते समय लगता है कि प्रभाव के कारण कुछ अन्तर हो सकता है, आधेय सबका एक है। मुझे केवल एक बात इस सम्बन्ध में सूझती है कि साहित्य देश और काल की सीमाओं के बीच में बँधा हुआ है, और मुक्त भी है, जिस तरह से कि नदी अपने किनारों से बँधी हुई भी है और उस किनारे से मुक्त भी है। नदी की धारा में कभी-कभी पेड़, पत्तियाँ, फूल और कभी-कभी मुर्दे भी बहते हैं; लेकिन उनसे नदी न बोझिल होती है, न कलुषित होती है। सबको ढोती है, सबको किसी किनारे लगाती है; लेकिन उस किनारे से अलग होकर उसका ध्येय हमेशा कोई अनन्त महासागर होता है। कभी-कभी उस नदी के किनारे संगमरमर के घाट मिलते हैं और उन घाटों पर जैसे नदी टिक-सी जाती है। साहित्य उस क्षण में युगद्रष्टा बनकर आता है, लेकिन कभी-कभी नदी न जाने कितने मोड़, न जाने कितने कगारे काट डालती है, उस समय साहित्य इतिहास का निर्माता बन जाता है, लेकिन इस तरह न साहित्य इतिहास से अलग सिद्ध होता है और न तो उससे अभिन्न ही, दोनों दृष्टियाँ हो सकती हैं। सब साहित्यकार बनने के लिए नहीं जन्मते। सब तैरना नहीं जानते, सब खेना नहीं जानते, सब नदी की धारा में पड़ना नहीं चाहते, लेकिन किनारे पर रहने की जरूरत, आने की विवशता सबको रहती है। इसलिए इतिहास को पढ़ने की आवश्यकता सबको होती है, साहित्य में सबकी गति नहीं होती। साहित्य के लिए इतिहास बन्धन है, यह सत्य है। कभी-कभी साहित्य इस बन्धन से छटपटाता है, इस बन्धन को तोड़कर आगे बढ़ना चाहता है, लेकिन जब वही साहित्य बन्धन को तोड़कर विनाश की लाली फैलाने लगता है, तब सबकी इच्छा होती है कि नदी की बाढ़ उतर जाय। कई बार हमारे इतिहास में ऐसी घटनाएँ घटी हैं जब कि साहित्य कूलनाशिनी सरिता बन गया है। मैं नहीं कहता कि आज वैसी चेष्टाएँ नहीं हैं, हैं, आज भी हैं, लेकिन जो सागर नदी का ध्येय हो, उसकी मर्यादा एक उसकी

वेला होती है, उस वेला के बाहर नहीं उफनता। जिसमें साहित्य को मिलना है, जिसमें साहित्य को लीन होना है, वह सागर स्वयं मर्यादित है और इसलिए साहित्य भी जब परम्परा को तोड़ता है, तब फिर उस अद्वैत परम्परा से अविलग एक नयी धारा, एक नया किनारा स्वीकार करता है। यह सही है कि कूल एक स्थितिशील पदार्थ है। नदी की धारा गतिशील है लेकिन दोनों में किसका मूल्य अधिक है, यह बताना मेरे लिये बहुत ही कठिन है। कुछ लोग यह सोचते हैं कि इतिहास वस्तुगत होता है, दर्शन आत्मगत और साहित्य आत्मगत और वस्तुगत दोनों होता है। मैं कहता हूँ कि वह दोनों नहीं होता। वस्तु और आत्मा इन दोनों से ऊपर उठ करके, इन दोनों का परस्पर का भेद विगलित करके उठ जानेवाला पदार्थ साहित्य होता है। साहित्य में यह आभास बिलकुल नहीं पड़ता कि कौन देनेवाला है और कौन पानेवाला है। जिसमें उसमें डूबने की क्षमता होगी, वही उसमें उत्तीर्ण हो जायगा, उतरा जायगा। दर्शन की बात अलग है। दर्शन आत्मगत है। यह प्रत्येक चीज के मर्म, प्रत्येक चीज के भीतरी रहस्य, भीतरी कारणों की मीमांसा में विकल रहता है और इसी प्रकार तथ्य के बाहरी कारणों की मीमांसा में इतिहास विकल रहता है, लेकिन इन सबकी मीमांसा से परे, मीमांसा के चक्कर में न पड़ करके एक ऐसी दृष्टि देना, ऐसी शक्ति आगे बढ़ाना, जो इन सभी चीजों को अलग करके भी और इससे विलग रह करके दूसरी जगह पहुँचा देना साहित्य की कार्य-भूमि है। यह कहना कि काशी के विश्वनाथ हरिद्वार के शिव से बड़े हैं या छोटे हैं, इतिहास या मानवता के विकास के साथ अन्याय करना होगा। कोई भी इतिहास छोटा या बड़ा नहीं होता, एक लहर दूसरी लहर से छोटी या बड़ी नहीं होती और इसीलिए साहित्य के अध्ययन में केवल इतनी चीज देखी जाती है कि किसने कितनी सेवा की है, कितनों की रक्षा की है, कितनों को जीवन दान दिया है और कितना विनाश किया है। जिसने विनाश कराया है, जिसने खून किया है, जो इसलिए उपयोजित हुआ है कि युद्ध हो, एक मानव दूसरे मानव से, एक जाति दूसरी जाति से लड़े, वह साहित्य शिव नहीं था, वह गलत धार थी, नदी का गलत मोड़ था, वह काली भँवर थी, जिसमें अनेकों डूब गये, जिसमें न जाने कितने ऊँचे कगार कटकर गिर गये, न जाने कितनी लहलहायी खेती बरबाद हो गयी। यह देखने की चीज है कि किस किनारे तरुणियों ने नृत्य किये हैं, किस किनारे शिल्पियों ने शिल्प गढ़े हैं, किस किनारे मृत्तिका साननेवाले को मिट्टी में डालने के लिए जल मिला है, साहित्य ने जहाँ ऐसा किया है, वहीं उसके प्रति कृतज्ञता है, जहाँ नहीं किया है, वहाँ एक शोक है, एक दुःख है।

रह गयी बात इतिहास की और साहित्य में उसके लिए प्राप्य सामग्री की। सो दूसरे देशों की बात नहीं जानता, लेकिन अपने देश की बात जानता हूँ। जो कुछ भी भारतीय इतिहास का निर्माण हुआ है, वह छिटपुट, इधर-उधर बिखरे साहित्य के कुछ श्लोकों,

कुछ वर्णनों, कुछ प्रसंगों के बल पर हुआ है। तिथियाँ निश्चित करने के लिए ताम्रपत्र, लेख या शिलालेख प्रमाण माने गये हैं, किन्तु सामाजिक स्थिति कैसी थी यह विवरण साहित्य ही में प्राप्त है और तिथियों का विवरण इतिहास नहीं है, जातियों की प्रवृत्तियों का विवरण इतिहास है। इतिहास की यह भोंड़ी व्याख्या होगी यदि कहा जाय कि वह सन् संवत् की तालिका है, बिलकुल ठीक-ठीक इसके विपरीत सन् संवत् तो उसके खेमें हैं; मील के पत्थर हैं, लेकिन इतिहास उससे बहुत लम्बी डगर है और वह सबका परिमापन है, कितने पेड़ हैं, कितने फूल हैं, कितने काँटे हैं, काँटों ने कितने फूलों को बरबाद किया है और कितने फूल उनमें खिले हैं, इन सबका लेखा-जोखा इतिहास है, वह नहीं के बराबर रहा है, इसका कारण यह है कि हमारा दृष्टिकोण ऐतिहासिक नहीं था, दृष्टिकोण वस्तुगत नहीं था, हमारा दृष्टिकोण किनारे तक सीमित नहीं था। इसलिए किसी भी कृती ने सही-सही अंकों का अंकन करने का प्रयत्न नहीं किया, बहुत कम ने किया है। संस्कृत में केवल राजतरंगिणी है और वैसे साहित्य के पक्षधर इतिहास को कच्ची फाँसी लगा दें तो इतिहास कुछ बोलेगा नहीं। लेकिन यह भी सोचना चाहिए कि इतिहास के पक्षधर क्या कहते हैं, तो वे यही कहते हैं और वे यही गाली देते भी हैं कि कालिदास ने कोई अभिलेख अपना नहीं छोड़ा। वाण ने यह नहीं लिखा कि हर्ष की दुर्बलताएँ क्या थीं, कितने राजदूत आये, उसने कितनी कैबिनेट मीटिंग कीं। हमारे पुरखों की सबसे बड़ी कमजोरी थी कि वे इतिहास नहीं जानते थे। हरिषेण या वत्सभट्ट ने प्रशस्ति लिखी, उन्हें इतिहास नहीं लिखना आता था, ऐसा वे कहते हैं। और उनका कहना नावाजिब नहीं है। उनके समक्ष यदि कारण उपस्थित कर दिया जाय कि इतिहास न लिखना उनकी भूल नहीं थी, उनका स्वभाव था और वह युगों से बना था तो वे समझ जायेंगे। जाने कितनी विद्या के बाद वह स्वभाव बना था, जाने कितने मन्थन के अनन्तर वह स्वभाव बना था। यहाँ का लोकमानस नदी से बना है और नदी का मोह वह नहीं छोड़ सकता, इसीलिए साहित्य के प्रति विशेष आसक्ति यहाँ के लोकमानस की विशेषता रही। यूरोप के लिए तो ग्रीक भाषा के वाक्य 'बुद्धि ही सब-कुछ हैं' में स्थापना है, लेकिन भारत के लिए सच्चिदानन्द यह परम कल्पना है। जब तक तीनों न मिलें, तब तक पूर्णता नहीं है और यह दृष्टिकोण में अन्तर ला देता है। इतिहास नाम देता है, साहित्य उसमें रूप भरता है। एक जगह पर आता है कि शक्ति के पाँच रूप होते हैं—अस्ति, भाति, प्रिय, नाम और रूप। लगता है, प्रतीत होता है, भान होता है, प्रिय लगता है, ये तीन जो हैं, यही हैं शक्ति के स्वरूप, नाम और रूप शिव हैं, सत्ता, ज्ञान और उनका प्रिय भान होना यह शक्ति का होता है, लेकिन नाम और रूप शिव का है।

पश्चिम में जहाँ तक मैं सोच सकता हूँ नाम-रूप की सही पहचान नहीं हुई है। शक्ति है और उनमें और शायद हमसे अधिक शक्ति है, लेकिन शिव अगर हमसे

अधिक होता तो रवीन्द्रनाथ के लिए वे तरसते नहीं। शक्ति उनमें इतनी अधिक है कि हम शायद भाँप नहीं सकते। शेक्सपियर की पर्यवेक्षण शक्ति, दास्तवस्की की यथार्थ शक्ति या टॉल्सटाय की सूक्ष्मग्रन्थन शक्ति पूर्व से कहीं अधिक है, लेकिन उसमें जिस तत्त्व की प्रतिस्थापना होनी चाहिए, वह तत्त्व इससे न्यून है। और वह एक बड़ा मौलिक अन्तर है।

जब हम परस्पर साहित्य और इतिहास के सम्बन्ध को देखते हैं और जोड़ने की कोशिश करते हैं तो बराबर यह सोचते हैं कि देश, काल से विलग रह करके साहित्य चले, ठीक नहीं है, बँध जाय—और भी ठीक नहीं है। उसके अध्ययन के लिए उसके किनारों का अध्ययन आवश्यक है और किनारों में भी उनको जिन्हें हम भूल चुके हैं, जहाँ जंगल उग आये हैं—अगर हम समझना चाहते हैं तो साहित्य में उनके अवशेष कहाँ हैं, हमें वह पाने की कोशिश करनी चाहिए और तभी साहित्य और इतिहास के समन्वय की दृष्टि हम पा सकेंगे।

●

दिग्भ्रम क्यों ?

यह सही है कि हिन्दी के नये दायित्व को वहन करने की उतावली में जाने कितनी संस्थाएँ खड़ी हो रही हैं, कितनी पुरानी संस्थाएँ नयी कार्य-सीमाएँ बनाती जा रही हैं और कितने साहित्यसाधक स्वयं संस्था बनते जा रहे हैं, परन्तु यह भी निर्विवाद है कि इतने विभिन्न समायोजनों के बावजूद भी कोई अभाव या कोई रिक्तता या कोई बेचैनी ऐसी है, जो चाहे युग की हो, चाहे हिन्दी के कर्णधारों की निजी हो, पर वह है, और इसीलिए जो साहित्य के स्वाभाविक विकास की अपेक्षित गति को रूँधे हुए है। यह बात नहीं है कि जो विविध दिशाओं में इनके जोर-शोर से प्रयत्न हो रहे हैं, उनका महत्त्व नहीं है, महत्त्व है। और उसका मूल्यांकन इतिहास करेगा, पर जब हम प्रत्यवलोकन करने बैठते हैं तो अपनी सिद्धि से अधिक साध्य को हमें अधिक देखना पड़ता है। यदि साध्य दूर है तो सिद्धि की कोई भी मात्रा उस दूरी को घटा नहीं सकती। यह केवल इतना इंगित करती है कि हमारी साहित्यिक चेतना और आगे बढ़ने का दुर्निवार संकल्प जागरूक है, निस्पन्द नहीं और हम यदि शान्त-चित्त से एकनिष्ठा के साथ ध्येय-चिन्ता और ध्येय-साधन करके बैठें तो हम उसको प्राप्त करने में सक्षम हैं। इस क्षमता का प्रत्यभिज्ञान ही हमें यह कहने का बल देता है कि हम इस तथ्य को स्वीकार करें कि हम पथभ्रान्त हैं कभी-कभी भाषा को सुसंगठित करने के प्रयत्न में हम उसे दुरूह बना देते हैं, कभी-कभी उसे प्रवाहपूर्ण बनाने की चिन्ता में निर्जीव बना देते हैं। कभी नये प्रतीकों को गढ़ते-गढ़ते तमाशा खड़ा कर देते हैं और कभी सादगी के मोह में कृत्रिमता ला लेते हैं। इसी प्रकार विचार के क्षेत्र में भी हम कभी-कभी उभराव देने के पीछे मताग्रह की छाप छोड़ने लगते हैं तो कभी-कभी संकेत और व्यंग्य की बारीकी में विचारशून्यता का भान देने लगते हैं। इसी प्रकार बौद्धिकता का नशा छाता है तो भावना तिरस्कृत हो जाती है, तो भावुकता के अतिरेक में कभी बुद्धि की असंगति आ जाती है। इन सबके मूल में सन्तुलन, संयम और सम्यक् दृष्टि का अभाव ही कारण लक्षित होता है। साहित्य का पथ प्रेम-गली से भी अधिक सँकरा है, जिसमें म 'द्वे न समाहि' का तो प्रश्न ही नहीं, स्वयं साहित्यकार का व्यक्ति भी समाना चाहे तो पथ उसकी अनुमति नहीं देता। आज व्यक्ति और उसके राग-द्वेष का प्रतिक्षेप (प्रोजेक्शन) साहित्य में इतना

संलक्ष्य है कि साहित्य का ध्येय धूमिल पड़ गया है। व्यक्तित्व के लिए यह आवश्यकता से अधिक मोह केवल उन लोगों तक सीमित हो, जो अपने अस्तित्व के विलीन हो जाने के भय से अभिभूत होने के कारण अपने व्यक्तित्व के भरपूर अभिनिवेश से साहित्य को सन्त्रस्त कर देते हैं, सो बात नहीं। यह मोह तथाकथित समष्टिवादियों या ठीक उन्हीं की शब्दावली का प्रयोग किया जाय तो जनवादियों को भी है, जो प्रतिक्रिया से बचने की सँभाल में जन को तो भूल जाते हैं, पर अपनी मान्यता, अपने राग-द्वेष और अपने अध्ययन का भार साधनहीन पाठक पर लादे बिना उनसे रहा नहीं जाता। यह मोह पश्चिम से आया है, अन्यथा अपने यहाँ साहित्य की परिभाषा ही आत्मदान है। हाँ स्मरण रहे, आत्म-विस्मृति नहीं, क्योंकि दान में स्वत्व का उत्सर्ग और परत्व के लिए अर्पण, ये दो व्यापार बुद्धिपूर्वक ही होते हैं और विस्मृति बुद्धि की सुषुति-अवस्था की द्योतक है। आज आत्मविस्मृति तो है, आत्मदान नहीं। अपने को निश्शेष भाव से जो समर्पण कर देता है, उसके लिए पथ स्वयं गन्तव्य बन जाता है, भटकने की उसे जरूरत नहीं रह जाती। भटकता तो वह है, जो अपने को देना नहीं जानता, इसलिए कि उसे अपनेपन का सही बोध नहीं है। यह अपनापन किन-किन चीजों को अभिव्याप्त करता हुआ एक विराट् रूप ग्रहण कर सकता है, इसकी सही जानकारी ही साहित्यसाधना का प्रथम सोपान है और इसके बिना गन्तव्य दिशा की पहचान एक लम्बा प्रश्नवाचक चिह्नमात्र है।

तो सौ बातों में एक बात यह कि हमारी साहित्यिक संस्थाएँ आज दिग्भ्रान्त हैं, चाहे जिन किन्हीं भी कारणों से, पर विविध दिशाओं में जा-जाकर हमारी प्राप्य की तलाश ही इसका स्वयंसिद्ध प्रमाण है कि हम कस्तूरी-मृग जैसे अपनी ही गन्ध के पीछे पागल हो रहे हैं। कहानी, कविता, नाटक, रिपोर्ताज, स्केच, पत्र, डायरी, निबन्ध और रेखाचित्र आदि-आदि अनेकों माध्यमों के द्वारा जिसकी अभिव्यक्ति हम जोहते हैं या जिसकी अवतारणा करना चाहते हैं, वह हमसे अविलग है, यह 'तत्त्वमसि' का परमज्ञान हमें नहीं है, इसलिए 'पन्थ रहने दो अपरिचित, प्राण रहने दो अकेला' का हताशाभरा अवसाद हमें घेरे है, अन्यथा 'एकं सद् विप्रा बहुधा वदन्ति' या 'ऋषिभिर्बहुधागीतं छन्दोभिर्विधैः पृथक्' के अनुसार न तो पन्थ ही अनजाना और अटपटा है, और न प्राण ही अकेले हैं। पन्थ न मिलने की बेकली बड़ी आसानी से दूर हो जाय, यदि हम पन्थगण एक-दूसरे की बात किसी एक पनघट पर सहज ढंग से बिना किसी दुराव के दो घड़ी कर लें। सहज ढंग से हमारा अभिप्राय गम्भीरविद्वत्ता के ऊँचे स्तर से कुछ नीचे उतरकर अपनी सीमाओं, कठिनाइयों और नादानियों के भीतर रहते हुए मानवीय दृष्टिकोण अपनाने से है। ढोरों की-सी यूथचारिता या गैंडों-जैसी एकचारिता, ये दोनों भाव जितना अधिक बराये जा सकें, उतना अधिक परस्पर सौमनस्य बढ़ेगा और समदेत प्रयत्न से गन्तव्य भी उज्ज्वलतर आलोक में आ सकेगा। विभिन्न शास्त्रीय विवादों और राजनैतिक

संघर्षों से जीवन को गतिशीलता तो अवश्य मिली है, पर साधारण जन को और साधारण जन को तृप्ति देनेवाले शाश्वत साहित्य को इनसे काफी अस्थिरता भी मिली है और इस अस्थिरता के कारण भी अत्यधिक विभ्रान्ति है। हम यहाँ किसी व्यक्ति-विशेष या संस्था पर आक्षेप किये बिना यह निवेदन करना चाहेंगे कि हम अन्ध-मतैक्य नहीं माँगते, हम तो केवल व्यर्थ की झायँ-झायँ और वैयक्तिक द्वेष से त्राण भर माँगते हैं। जिन्हें परमार्थ-भावना से प्रेरित होकर व्यक्तियों से भ्रष्टाचार और मिथ्याचार के विरुद्ध जिहाद बोलकर संस्थाओं को अखाड़ा बनाना अभीष्ट लगता हो, वे केवल इतना मन में सोच लें कि जिहाद और नारेबाजी इतने प्रबल न हो जायँ कि असली साहित्य की ही आवाज दब जाय। आज तुमुल कोलाहल से अकुलाकर साहित्य बिचारा कहीं दुबककर लुक गया है, नहीं तो इतनी प्रखर प्रतिभाओं, इतने स्वर्ण अवसरों और इतने साधनों के रहते हुए साहित्य में सर्वतः उन्नयन न आता, यह असम्भव था। प्रगतिशील लेखक संघ शान्ति के सवाल को अहमियत देता है तो दूसरा गिरोह व्यक्ति की स्वतन्त्रता की रक्षा को सबसे अधिक महत्त्व प्रदान करता है। हिन्दी साहित्य सम्मेलन में एक दल एकतन्त्रीय शासन चलाना चाहता है तो दूसरा दल प्रजातन्त्र का पूर्ण विकास देखना चाहता है। कोई जनसंस्कृति को शोषण की पृष्ठभूमि में ढालता है तो कोई सत्य का नग्न रूप ग्रहण करना चाहता है तो कोई आवरण से सत्य को पृथक् मानने को तैयार नहीं है। किसी को स्पेन और दक्षिणी अमरीका तक गये बिना प्रेरणा नहीं मिलती तो किसी को चीन गये बिना सुबह की लाली नहीं दिखायी पड़ती। कोई साहित्य की पानशाला में कोकोकोला की इजारादारी की माँग करता है तो कोई सेमोवार का एकाधिकार चाहता है। गरज यह है कि गौण लक्ष्यों के पीछे तू-तू, मैं-मैं में हम इतने खो गये हैं कि हमें और हमारी संस्थाओं को इतना भर मालूम रह गया है कि साहित्यसृजन करना चाहिए और जो सृजन करे उसे छपाना चाहिए, पर क्यों करना चाहिए, और किसके लिए करना चाहिए, वह हम एकदम भूल गये हैं।

अब प्रश्न यह है कि कर्त्तव्य की सही दिशा है क्या? सो विक्रमादित्य के न्याय-सिंहासन पर बैठकर हम कुछ यहाँ ऊँचा निर्णय नहीं सुनायेंगे, इसलिए कि हम अपने को अभियुक्त ही मानते हैं। न्यायकर्त्ता के रूप में नहीं, पर हम केवल कुछ ऐसे सुझाव रखेंगे, जो हमारी कोई निराली देन न होकर अनुभूत नुस्खों के रूप में सफलतापूर्वक व्यवहार में लाये जा चुके हैं, और शायद आज भी बहुत सुगमता से उनकी आजमाइश बिना किसी खतरे के हो सकती है। पहला तो यह कि जीवन की तमाम विषमताओं को यदि कहीं समान भूमि मिलती है, तो साहित्य में, और यदि यहाँ भी हम असंख्य धरातलों की सृष्टि करने में जगत् का मंगल मानें तो हम भटकते ही रह जायेंगे और एक जगह मिल न सकने की वजह से कभी एक-दूसरे के अनुभव से लाभ न उठा सकेंगे। इसलिए यह नितान्त आवश्यक है कि अपने तमाम अस्त्र-शस्त्र दूर फेंककर

एक शान्ति-शिविर में एकत्र हों, निरपेक्ष दृष्टि से विचार करें और अपने लक्ष्य के भी लक्ष्य पाठक की अपेक्षाओं का समाधान प्राप्त करें। दूसरा यह है कि पूर्वद्वेष एवं पूर्वराग दोनों से विमुक्त होकर अपनी परम्परा, अपने परिसर, अपने इतिहास और अपने सांस्कृतिक दाय का सूक्ष्म पर्यालोचन करें, इन चीजों को सतह पर न मापकर गहरे जाकर इनका वास्तविक मान निकालें, तब कहीं हम सोच सकते हैं कि हमारा अभाव कहाँ है और उसकी पूर्ति के लिए बाहर से कितनी मदद लेनी है। अपने घर की सम्पत्ति का लेखा-जोखा लिये बिना बाहर से मनमाने तौर पर उधार लेना अत्यन्त अविवेकपूर्ण कार्य है। बाहर के आयात पर मुखापेक्षी बन जाने से हम कितने दीन-हीन और क्षुद्र बन जाते हैं, यह हम अन्दाज नहीं लगा सकते। इस उपहासास्पद स्थिति का इलाज दूसरे शब्दों में है संस्कृत और संस्कृत से जुड़े हुए भारतीय साहित्य का गहरा अध्ययन स्वयं संस्कृत के माध्यम से। यहाँ यह विचारणीय और स्मरणीय है कि संस्कृत साहित्य की प्रेरणा की तुलना यूरोप के ग्रीक-लैटिन से नहीं दी जा सकती, क्योंकि यूरोप की ग्रीक, रोमन और मध्यकालीन ईसाई तथा उत्तरकालीन प्रबुद्ध सभ्यताओं के बीच दृष्टिभेद बहुत चौड़ा है और भारतवर्ष में संस्कृत की धारा एक और अविच्छिन्न है, उसकी एक स्थिति दूसरे से कुछ विभिन्न रहते हुए भी विरुद्ध या पृथक् नहीं है। भारत का धर्म भी विचार से अधिक आचरण में मूलबद्ध होने के कारण उसकी जनसंस्कृति का और उसके विराट् जनजीवन का अविभाज्य अंग है। ऐतिहासिक दृष्टि से दोनों स्थानों के बीच यह मौलिक अन्तर बहुत ही महत्त्वपूर्ण है और इसीलिए हमारा संस्कृत के अध्ययन के लिए इतना प्रबल आग्रह है कि साहित्य-सर्जन के लिए जिस समग्र और विशद दृष्टि की नितान्त आवश्यकता है, वह संस्कृत के अध्ययन के बिना किसी भी दशा में प्राप्त नहीं हो सकती। संस्कृत न केवल भारतीय वाणी का आदिस्रोत या उद्गममात्र है, प्रत्युत वह भारत के शिवतत्त्व की तरह ही 'रुचीनां वैचित्र्यादृजुकुटिलनाना-पथजुषांनृणामेको गत्यम्स्वमसि पयसामर्णव इव, जाने कितनी धाराओं, अन्तरधाराओं और स्रोतस्विनियों का सम्भार समेटनेवाला अनन्त महासागर भी है उसमें से एक साथ दो प्रेरणाएँ निकलती हैं, एक से अनेक होने की और अनेक दिशाओं में जाकर फिर एक बन जाने की। उसमें उषा के प्रत्यग्र अलक्तक की लाली है तो सन्ध्या के अचल सुहाग का सिन्दूर भी है। उसकी यह पूर्णता हिन्दी के साधक के लिए कितनी माननीय और ध्येय है, यह बात भी तभी हृदयगम्य की जा सकती है, जब उस भाषा का निधि का स्वयं पर्यालोचन कुछ दूर तक किया जाय। ऊपर हमें संस्कृत के साथ उससे जुड़े हुए भारतीय साहित्य को भी जोड़ा है, वह इसलिए कि संस्कृत की भावधारा का विकास विभिन्न भारतीय भाषाओं के साहित्यों में समानान्तर गति से हुआ है और यदि उनको साथ रखते हुए हिन्दी साहित्य का अध्ययन किया जाय तो आत्मदर्शन और स्पष्ट हो जायगा और हिन्दी को राष्ट्र की भारती बनाने का स्वप्न हमारा और साकार तथा परिपूर्ण

उतर सकेगा। हिन्दी को संस्कृत की उदारता, स्वस्थता, विशालता और उदात्तता की वरासत सँभालनी है। हिन्दी-सेवियों को भी इसलिए उस वरासत के लिए अपने में पात्रता लानी है। यह दायित्व हमारी अधकचरी भावुकता और बुद्धि-विलासिता के बूते पर नहीं वहन की जा सकती, इसके लिए धैर्य, तितिक्षा और तपस्या करनी ही पड़ेगी।

तीसरा सुझाव है हिन्दी पाठक की सही का पहचान। हिन्दी का पाठक आज बड़ी तेजी से फैल रहा है और धीरे-धीरे सिविल लाइन्स के बँगलों में भी बहूरानी और रानी बिटिया तक सीमित न रहकर ऊँचे साहबों तक, शहरी बाबुओं तक सीमित न रहकर ग्राम-पंचायत के पंचों तक और हिन्दीभाषियों तक सीमित न रहकर समस्त भारतवासियों तक, उसकी परिधि बढ़ती चली जा रही है और उसके लिए कोई चीज प्रस्तुत करते समय उसकी इस बढ़ती हुई परिधि को दृष्टि में रखना निहायत जरूरी है। पहले का आश्रयदाता लक्षदानीराजा आज असंख्य पाठक में विकीर्ण हो गया है और पहले का अधीत, निष्णात और परिष्कृत सहृदय भी अनधीत, अनिष्णात और गँवार जनसमूह में प्रसृत हो गया है। साहित्य के सामने इस प्रकार वैशिष्ट्य को सन्तुष्ट करना यह ध्येय अब न रहकर सामान्य रुचि को समान रूप से परितृप्त करने की समस्या आ खड़ी हुई है। इसके कारण कुछ सुविधा भी है, कुछ असुविधा भी। सुविधा यह कि साहित्यकार को अपना स्वर उतारने, चढ़ाने या बदलने की जरूरत नहीं रही। अलग-अलग रुचिवालों के लिए अलग-अलग फरमाइश के मुताबिक सामान तैयार करने की परेशानी भी न रही और असुविधा यह कि कुछ रीतिग्रन्थों का अध्ययनमात्र या व्यक्ति-विशेष की रुचि को परितृप्त करने मात्र से काम नहीं चलनेवाला है। अब बिना जनसामान्य की आकांक्षाओं के साथ गहरी सहानुभूति पाये और बिना तत्कालीन समाज के निविड़ संघर्ष से एकाकार हुए सफल साहित्य की रचना नहीं की जा सकती। वैसे प्राचीन काल में भी शाश्वत साहित्य के लिए ये बातें अपेक्षित थीं, पर आज तो सामान्य-से-सामान्य साहित्य भी जो अपनी पहुँच कुछ व्यापक बनाना चाहता है, बिना इनके सफल नहीं हो सकता और यही मौलिक प्रतिभा और नकली प्रतिभा की सही-सही पहचान हो जाती है। मौलिक प्रतिभा, नयी चमक और नयी अभिव्यंजना देने में नहीं सन्निहित है, बल्कि शाश्वत सत्य को लोकमानस में इस तरह बसा देने में है, मानो वह एकदम नया है। उपनिषद्, गीता, श्रीमद्भागवत और रामचरितमानस में कई सूक्तियाँ शब्द-अर्थ दोनों में लगभग एक ही प्रतीत होती हैं, पर उनसे प्रकाशमान् होनेवाला सत्य प्रत्येक में नया है। इसका मूल कारण यह है कि शब्दार्थ को बदलने की आवश्यकता साहित्यकार ने उतनी नहीं समझी, जितनी उस सत्य को आत्मीकृत करके पाठक को पूर्णतया समर्पित करने और उसमें अटूट विश्वास जगाने की साधना की। सो आज अध्ययन के साथ आवश्यकता है, जनमानस के एकाग्र ध्यान की। वह ध्यान जितना ही निर्विकल्पक होगा, उतना ही निर्मल रूप मन में अंकित होगा। उसके लिए पहले से स्थापना बनाने

की अपेक्षा यह अधिक आवश्यक होगा कि उस जीवन में अपने को एकदम डाल दे, जैसे पानी में नमक की डली छोड़ी जाती है, ठीक उसी प्रकार और तब उसका रस प्राप्त हो सकेगा।

दूसरे शब्दों में हमारे ये उपर्युक्त सुझाव गीता के इस श्लोक खण्ड में सूचित किये जा सकते हैं कि 'तद्विद्धि प्रणिपातेन परिप्रश्नेन सेवया' उस सत्य को प्रणिपात द्वारा, परिप्रश्न द्वारा और सेवा द्वारा प्राप्त करने की कोशिश करनी चाहिए। हमने परिप्रश्न पहले ले लिया है, इसलिए कि प्रणिपात को हम आज दासता मानते हैं, विनय को कायरता मानते हैं और दर्प को मानते हैं मनुष्य का गौरव। परिप्रश्न में जिज्ञासा की व्यापकता और गहराई अभिनिहित है, उसमें बच्चों का निरा कुतूहल नहीं है। जब यह परिप्रश्न कई मंचों को तोड़कर उठाया जाय, तभी इसकी व्यापकता समझ में आ सकती है और शान्त एवं निष्पक्ष विचार स्वयं प्रणिपात का पथ प्रशस्त कर देगा, वह स्वयं सिद्ध कर देगा जिस हद तक कोई मणिमाला हीरे की सुई से बेधी जा चुकी हो, उस हद तक सुई के साथ डोरे की भाँति निकल जाने में ही बुद्धिमानी है और उस हद तक पथ प्रशस्त करने में हीरे की सुई का आभार न मानना घनघोर मूढ़ाग्रह है। यह कृतज्ञता की भावना ही वाल्मीकि से कालिदास को, कालिदास से भवभूति को, भवभूति से राजशेखर को, राजशेखर से स्वयंभू को, स्वयंभू से तुलसी को और तुलसी से मैथिलीशरण को एक सूत्र में बाँधती है। यही प्रणिपात है। यह प्रणिपात साहित्यकार की कुल श्रद्धा का प्रतिमान है, जो वह देता है और श्रद्धा, जो वह पाता है। हिमालय में भारत की गरिमा की प्रथम अनुभूति कालिदास ने करायी है, इसके लिए हम यदि कालिदास के प्रति प्रणत हुए बिना अपने को हिमालय का प्रथम गायक घोषित करने की हेठी करें तो हमारा यह ओछापन होगा और हमारा साहित्य इस ओछेपन के कारण सेमल की रुई की भाँति जाने कहाँ बिला-तिला जायेगा। कालिदास, तुलसीदास और रवीन्द्रनाथ केवल इसीलिए नहीं बड़े हैं कि उन्होंने नयी चीज दी है, बल्कि इसीलिए भी कि नयी चीज देते समय भी उन्होंने उसे पूर्व कवियों की प्रसादी मानने की अपार विनयशीलता दिखलायी है। चिन्तन की प्रत्येक कड़ी अनादि और अनन्त होती है। कोई भी कड़ी अपने को आदि और अन्त कहने का दावा नहीं कर सकती और इसी से हम पिछली कड़ी के प्रति आभार-स्वीकार में ही अपनी दी हुई कड़ी के आगे विस्तार की सम्भावना सन्निहित मानते हैं।

अन्त में बात आती है सेवा की। परम्परा-स्वीकार इतिश्री नहीं है। निजी साधना, निजी अन्वेषण और निजी शोध के बिना जो चीज मिलती भी है, वह अपनी नहीं रह पाती। वह किसी भी क्षण दूसरे की हो सकती है। उसे अपनी बनाने के लिए जिस मुहर की जरूरत है, वह बिना जिन्दगी की आँच में तपे लग नहीं सकती। यह आँच ही कठिन सेवाधर्म है। साहित्यकार यदि साहित्य-सेवा के एवज में जीवन की सेवा से

छूट चाहता है, तो उसका साहित्य भाड़े का साहित्य मात्र बनकर रह जाता है, उसे शाश्वत पदवी नहीं मिल पाती। वस्तुतः मनुष्य के कर्त्तव्यों के प्रति साहित्यकार की दुहरी जिम्मेदारी है। एक तो सामान्य जन की हैसियत से दूसरे साहित्यकार की हैसियत से, जिससे जीवन का असली मान निकालने में कहीं उससे भूल न हो जाय, यह सावधानी सुनिश्चित रहे।

अब प्रश्न यह है कि इस सेवा-धर्म को अपनाया कैसे जाय? यहाँ हम सन्त कवियों का उज्ज्वल आदर्श न भी निर्दिष्ट करें तो भारतेन्दु-युग का आदर्श तो कम-से-कम सामने रखेंगे ही, जिसने यह पुकारकर कहा कि "दोनों जहाँ के ऐश को खाक में मिलाया हमने।" साहित्य-साधना में इहलोक और परलोक दोनों के सुखों को तिलाञ्जलि देनी पड़ती है। "अपने को खोकर ही यार को पाने की तगन्ना" की जा सकती है और अपने अशेष भौतिक दुःख में भी मस्ती जिसने नहीं पायी, वह मस्ती दे नहीं सकता और साहित्य आनन्द-दान के लिए है, दुःख की घनघटा लरजाने के लिए नहीं। शायद कोई इन पंक्तियों से यह सुभीते का अर्थ निकालना चाहे कि पाप-पुण्य और नीति-कुनीति से कोई मतलब या वास्तव न हो, साहित्यकार के लिए खूब मौज उड़ाना ही अभीष्ट है तो उसकी यह भयंकर भूल होगी, क्योंकि यहाँ पाप की छूट नहीं है, इसमें वर्जन है उस पुण्य की जो कुछ प्राप्त्याशा में किया जाता है, जनसामान्य के उस प्रलोभन से बचने की इसमें सलाह है, क्योंकि साहित्य की साधना ब्रह्मानन्द की साधना है, जो पाप-पुण्य के बन्धन तोड़कर अजर-अमर बनाने की क्षमता रखती है। यह कहना कि इस आदर्श के पालन में आज व्यावहारिक कठिनाइयाँ हैं और साहित्यकार की रोटी का सवाल हल हुए बिना इस आदर्श की चर्चा करना भी एक उपहसनीय बात है, साहित्य के महत्त्व को घटाना होगा। मनुष्य यदि अपने दुःख से बड़ा न हुआ तो मनुष्य नहीं है। साहित्य की तन्मयता स्वयं दुःख से परा निवृत्ति और मुक्ति है। उस मुक्ति की प्रतीक्षा में साहित्य की साधना को स्थगित रखना अमृत पीने के पहले अमर हो जाने की कामना रखे, वैसा ही अशक्य है। यह दिग्भ्रम अपने दिवास्वप्नों की धुन्ध की वजह से है, अन्यथा कर्म के उत्साह के प्रकाश में आप-से-आप यह दूर हो सकता है।

रस-सिद्धान्त और वेदान्त

यहाँ जिस रस-सिद्धान्त की चर्चा करनी है, वह भारतीय साहित्य-समीक्षा की परम्परा में सर्वाधिक समादृत और इसलिए लगभग सर्वमान्य उस रस-सिद्धान्त के बारे में जिसकी स्थापना अभिनवगुप्तपादाचार्य और मम्मट ने की है। रस-निष्पत्ति के सम्बन्ध में भट्ट लोल्लट, शंकुक और भट्टनायक आदि के मतों का आज एकमात्र उपयोग तुलनात्मक अध्ययन की दृष्टि रह गया है और दुर्भाग्यवश इनके मत आज केवल अनूदित रूप में हमें प्राप्त हैं। इनके मतों के सूक्ष्म पर्यालोकन से यह बात स्पष्ट हो जाती है कि जिस प्रकार भारत के दार्शनिक चिन्तन के विकास में न्यायवैशेषिक, सांख्य-योग और पूर्वमीमांसा वेदान्त के चरम उत्कर्ष तक पहुँचानेवाली सीढ़ियाँ हैं, ठीक उसी प्रकार भारतीय साहित्यशास्त्र के सबसे महत्त्वपूर्ण तत्त्व रस के स्वरूप-परिज्ञान तक पहुँचाने के लिए उपर्युक्त विचारकों के मत भी सौकर्य-सोपान हैं। दूसरे शब्दों में इन मतों को समझे बिना प्रतिपाद्य रस-सिद्धान्त को ग्रहण करना कठिन ही नहीं, अशक्य भी है। अतः अपने इस रस-सिद्धान्त के अन्तःसम्बन्ध की व्याख्या करने के पूर्व, संक्षेप में उपर्युक्त मतों के क्रमिक विकास का विश्लेषण करना असंगत न होगा।

भारतीय दर्शन के तात्त्विक रूप से चार पक्ष हैं, पूर्वमीमांसा का विशुद्ध वस्तुवादी पक्ष, न्यायवैशेषिक का आत्मविशिष्ट वस्तुवादी पक्ष, सांख्य-योग का वस्तुविशिष्ट आत्मवादी पक्ष और वेदान्त का विशुद्ध आत्मवादी पक्ष। रस-सिद्धान्त की चार प्रमुख विचारधाराओं के ऊपर क्रमशः इन्हीं चारों की छाप पड़ी है। जिस प्रकार मीमांसक के स्थूल प्रत्यक्ष के क्रमशः वेदान्त के आत्म-प्रत्यक्ष में परिणत होने पर सच्चिदानन्द उसमें बँध जाने को विवश हो जाता है, उसी प्रकार भट्ट लोल्लट का रस अनुकर्त्ता से क्रमशः संचरित होकर सामाजिक की अतीन्द्रिय स्वसंविदा में आकर बस जाने के लिए बाध्य हो जाता है।

अब क्रम से देखिये। भरत मुनि का सूत्र है "विभावानुभावव्यभिचारि संयोगाद्रसनिष्पत्तिः" अर्थात् विभाव, अनुभाव और व्यभिचारी भाव के संयोग से रस की निष्पत्ति होती है। कैसे और क्यों? इस प्रश्न का उत्तर देने के लिए मीमांसक भट्ट लोल्लट खड़े होते हैं—राम आदि का अनुकरण करनेवाले नट में वेशभूषा, वाचन और क्रिया के ठीक-ठीक

अनुकरण के द्वारा विभावादि के सम्मिलन से रामादि का सीतादि विषयक इत्यादि स्थायी भाव रस के रूप में जनित होता है, अर्थात् सामाजिक को राम-सीता के नाटक के देखने से उनके प्रेम का शृंगार रस के रूप में जो रसबोध होता है, वह अपने में नहीं बल्कि उस प्रेम का सफलतापूर्वक अभिनय करनेवाले नट में और नट में रस की इसकी इस प्रकार उत्पत्ति का ज्ञान ही सहृदय सामाजिक के आनन्दास्वाद का कारण जाता है। मीमांसक की दृष्टि में सारा जगत् कर्ममय है और इसीलिए उसकी दृष्टि कर्त्तृगत सुख-दुःख की ओर जाती ही नहीं।

मीमांसक के इसी छिद्र को लेकर नैयायिकों के प्रतिनिधि श्री शंकुक इस मत के निरसनपूर्व अपने मत की स्थापना करने के लिए खड़े होते हैं–

यदि सामाजिक में स्वयं रस नहीं उतरता और अनुकरण मात्र से नट में यदि रस उत्पन्न होने लगा, तब तो हम तो इस निष्प्रयोजन नाटक देखने से अलग हुए, भला कहीं नकली अभिनयमात्र से वास्तविक प्रेम आदि की उत्पत्ति कभी कल्पना की जा सकती है? तो वास्तविक स्थिति यह है कि राम आदि के अभिनय में वर्तमान नट में रामत्व की प्रतीति होती है, यह प्रतीति न तो सम्यक्प्रतीति कही जा सकती है क्योंकि सामाजिक को शुक्ति को देखकर जैसे रजत का भान होता है, वैसा भान तो नट को देखकर राम का होता नहीं, और न संशयप्रतीति कही जा सकती है क्योंकि यह राम है, या यह नट है, इस प्रकार के संशय का भी यहाँ अवकाश नहीं है। और अन्ततः न तो सादृश्य प्रतीति ही समझी जा सकती है, क्योंकि सादृश्य-ज्ञान में उपमान की स्मृति का उद्‌बोधन होता है, यहाँ राम उपमान का प्रत्यक्ष ही नहीं है। स्मृति की तो बात ही दूर रही। अब इस प्रकार इन सबसे विलक्षण चित्रगत रूप की प्रतीति के द्वारा राम के रूप में नट, सामाजिक के मानस-पटल पर गृहीत होता है और नट द्वारा अभिनयकौशलवश प्रकाशित रामादिगत विभाव, अनुभाव और सहचारी भाव सामाजिक के मन में मिथ्या होते हुए भी बिलकुल सत्य से स्फुटित होते हैं। अपनी सहृदयता और काव्य-शिक्षा के बल पर सामाजिक इन विभावादि से उससे अनुमित रस का अनुमान लगा लेते हैं और इस प्रकार की गयी रसानुमिति वस्तुसौन्दर्य के कारण सामाजिक के आनन्दास्वाद का कारण बन जाती है।

नैयायिकों की आँखों के ऊपर लिङ्गपरामर्शी अनुमान का मोटा चश्मा लगा रहता है। भला वे क्यों न सर्वाङ्ग और सर्वेन्द्रिय को प्रत्यक्षतः अभिव्याप्त करनेवाले रस को अपने धूमबहुल अनुमान का विषय बनायें। नैयायिक की दृष्टि केवल इतनी दूर तक पहुँची कि रस वस्तुगत नहीं अर्थात् रसबोध का अधिकरण नट नहीं प्रेक्षक स्वयं है, किन्तु वह रस की अतीन्द्रिय सत्ता का स्पर्श भी नहीं कर सकी।

इसी अभाव को देखकर प्रकृति-पुरुष विवेक के द्वारा ईश्वर-प्रणिधान करनेवाले सांख्ययोगवादी श्री भट्टनायक अपना भुक्तिपक्ष प्रतिपादन करने के लिए उठ खड़े होते

हैं—'रसो यदा परगततया प्रतीयते तर्हि ताटस्थ्यमेव स्यात्। न च स्वगतत्वेन रामादिचरितमयात्काव्यादसौ प्रतीयते स्वात्मगतत्वेन च प्रतीतौ स्वात्मनि रसस्योत्पत्तिरे वाभ्युपगता स्यात्। सा चायुक्ता सीतायाः। सामाजिकं प्रत्यविभावत्वात्। कवित्व साधारण वासना विकासहेतुविभावतायां प्रयोजनमिति चेत्—देवतावर्णनादौ तदपिकथम्। न च स्वकान्तास्मरणं मध्ये संवेद्यते। अलोकसामान्यानां च रामादीनां ये समुद्रसेतुबन्धादयो विभावास्ते कथं साधारण्यं भजेयुः? न चोत्साहादिमान् रामः स्मर्यते, अननुभूतत्वात्। शब्दादपि तत्प्रतिपत्तौ न रसोपूजनः। प्रत्यक्षादिव नायकमिथुनप्रतिपत्तौ। उत्पत्तिपक्षे य करुणस्योत्पादाद्दुःखितत्वे करुणप्रेक्षासु पुनरप्रवृत्तिः स्यात्।

अर्थात् रस यदि वस्तुगत के रूप में प्रतीत हो तो रसबोध में सर्वथा उदासीनता हो और यदि रस की प्रतीति आत्मगत हो तब तो सामाजिक के मन में जो रामादिगत सीतादिविषयक रति का शृंगाररस का बोध होता है, वह सर्वथा अनुचित प्रतीत होगा, क्योंकि सामाजिक की रति के आलम्बन के रूप में सीतादि की कल्पना भी नहीं की जा सकती। यदि इसका समाधान इस प्रकार आप करें कि कान्तासाधारण की रसप्रतीति-समानता सीतादि की विभावता को सामाजिक के साथ योजित करने में प्रेरक बन जाती है तो यह ठीक नहीं, क्योंकि कान्तासाधारण की यह रस-प्रतीति समानता केवल मनुष्यों तक ही सीमित हो सकती है और रस-प्रतीति तो देव तिर्यक् सभी योनियों को आश्रय बनाकर होती है। अब रस-प्रतीति स्मृति के रूप में हो, इसका तो प्रश्न ही नहीं उठता क्योंकि स्मृति के लिए पूर्व अनुभव अपरिहार्य है, और वह यहाँ सर्वथा सम्भाव्य नहीं हो सकता। जो लोग यह कहें कि जिस प्रकार अन्धकारस्थित घट को प्रदीप ज्ञापित कराता है, उसी प्रकार अन्तस्तल इत्यादि को विभावादि प्रत्यक्ष ज्ञापित करता है और यही ज्ञापन रस है, वे भूल जाते हैं कि राम-सीता की प्रेमी-प्रेमिका के रूप में प्रतीति एकदम प्रत्यक्ष रहती है, उसके अज्ञात या तिरोहित होने की कोई सम्भावना ही नहीं हो सकती। इस प्रकार अनुमान या स्मृति के रूप में रस की प्रतीति सर्वथा निरस्त हो गयी। उत्पत्ति-पक्ष तो और भी अधिक दुर्बल है। रस की उत्पत्ति मानने पर तो करुण रस से जो करुण का परिस्फुरण होता है, वह दुःखरूप हो जाय और लोग करुणान्त नाटक देखने कभी जायें ही न, क्योंकि अन्ततोगत्वा करुणगत शोक ही तो उत्पन्न कहा जायगा। अतः रस की प्रतीति को ठीक-ठीक समझने के लिए आवश्यक है कि हम तीन विभिन्न व्यापारों को समझें। शब्दगत अभिधा-व्यापार, रसादिगत भावकत्व-व्यापार और सहृदय सामाजिकगत भोग-व्यापार। जब अभिधा-व्यापार शब्दों के अर्थ का ठीक-ठीक बोध कराने में पर्यवसित हो जाता है, तब भावकत्व व्यापार द्वारा काव्यगत विभावादि का साधारणीकरण होता है और साधारणीकरण के अनन्तर रस सहृदय के भोग-व्यापार द्वारा ऐसे आस्वाद का विषय बन जाता है, जिसमें रजोगुण और तमोगुण से बिलकुल विशुद्ध होकर एकमात्र सत्त्व का उद्रेक हो जाता है।

संक्षेप में सांख्यपक्ष के अनुसार रस में स्वयं भोग-व्यापार नहीं होता है और उसकी स्थिति सत्त्वगुण के अव्यवहित प्रकाश से ऊपर नहीं जाती, या दूसरे शब्दों में रस ऐसी अलौकिकता की भूमि में पहुँच जाता है, जो लोकबुद्धिवाले सामान्य सहृदय जनों के लिए अगम्य है।

सांख्य दर्शन है भी ज्ञान और योग का दर्शन। वेदान्त सांख्य की समस्त सच्चिदात्मिका भूमिका को लेकर आनन्द का प्रतिष्ठापन करता है, वेदान्त का 'रसौ वै सः'; 'तदेजति तन्नैजाति' का समन्वय है, वह सांख्य की भाँति जड़ात्मा नहीं है। इसीलिए वेदान्त का परब्रह्म न तो शुष्क तर्कविवाद का विषय बनकर रह जाता है और न कर्म की स्थूलता का स्वरूप बनकर विधि-निषेध की जंजीरों में बन्दी ही बनकर अपने को समाप्त कर देता है, वह योगियों की गहरी समाधि की कन्दरा में छिपा भी नहीं रह सकता, प्रत्युत आचार्य शंकर के शब्दों में—

यद्यपि गगनं शून्य तथापि जलदामृतांशुरूपेण
चातकचकोरनाम्नोर्दृढ़भावात्पूरयत्याशाम्।
तद्वद्व्रजतां पुंसां दृङ् वाङ् मनसामगोचरोऽपि हरिः
कृपया फलत्यकस्मादनिन्दामृतवर्षेण?

यद्यपि गगन स्वयं शून्य है, तथापि जलद और सुधांशु के रूप में वह चातक और चकोर की दृढ़ भावना से आर्द्र होकर अमृत वर्षा भी करने ही लगता है। उसी प्रकार दृङ् वाङ् मनसामगोचर होने पर भी परब्रह्म कृपावश भक्तों को रूपमाधुरी की सुधा-वर्षा से तृप्त करते ही हैं और यहीं तक नहीं, वह तो दुलार से बावले आँगन की धूलि से धूसरित होने के लिए लोक-प्रांगण में नाचने के लिए भी उतर आते हैं। यही कारण है कि समस्त दर्शनों में सर्वाधिक लोक-भावना को मोह लेनेवाला दर्शन वेदान्त ही बन सका और समस्त भारत के उच्चतम साहित्य की मूल प्रेरणा के रूप में उसका एकच्छत्र राज्य अभी तक बना हुआ है।

वेदान्त के साथ एकस्वर होकर आचार्य अभिनवगुप्त ने इस प्रकार मतस्थापन किया है—विभावादि से जिस समय रस-प्रतीति होती है, उस समय विभावादि किसके हैं, इस ज्ञान का अवसर ही नहीं रह जाता और यद्यपि रसप्रतीति एक निश्चित ज्ञाता में होती है, तथापि अपनी सर्वाभिव्यापी प्रकृति के कारण व्यक्ति की सीमाओं को विगलित करती हुई और समस्त अन्य अनुभूतियों के सम्पर्क को छोड़कर परानन्द लोक में पहुँचाती हुई सकल सहृदयों को भी समान रूप से आप्यायित करने लगती है। रस की प्रतीति हृदय में अन्तर्हित रति इत्यादि स्थायी भाव की अभिव्यक्ति के रूप में होती है और रसप्रतीति में विभावादि का विश्लेषण भी ठीक उसी प्रकार नहीं किया जा सकता, जिस प्रकार इलायची, मिर्च, खाँड़, बादाम आदि भिन्न-भिन्न स्वादवाले पदार्थों के एकत्र मिलाने से जो स्वाद उत्पन्न होता है, वह इन सबके अलग-अलग स्वाद से विलक्षण होता है। वह

रस कार्यरूप तो है नहीं, क्योंकि विभावादि कारणों के नष्ट हो जाने पर भी उसकी उत्पत्ति हो सकती है और न वह रस घटप्रदीपन्याय के अनुसार ज्ञाप्य है, क्योंकि ज्ञाप्य पदार्थ तो सिद्ध होता है और यह रस तो सिद्ध नहीं, आस्वादनस्वरूप होने के कारण साध्य है। इस प्रकार यह रस सर्वथा अनिर्वचनीय है।

इस पक्ष में ध्यान देने योग्य बात यह है कि साधारणीकरण और आस्वादन दोनों व्यापार रसगत माने गये हैं, सांख्य की भाँति अलग-अलग रसगत और सहृदयगत नहीं। यहाँ रस सच्चिदानन्द से अभिन्न है। वह न तो केवल आत्मरूप है और न केवल वस्तुरूप ही।

इस प्रकार रस की अभिव्यक्ति का यह पक्ष परमानन्द की चरम कोटि तक एक ओर हमें ले तो जाता है, पर लोकपक्ष को छोड़कर नहीं। यही कारण है कि यह पक्ष साहित्य में सर्वाधिक मान्य बन गया है।

•

नये मापदण्ड की माँग

वस्तुतः साहित्य का एक शाश्वत आधार प्रत्येक युग और देश में एक ही है और प्रत्येक युग की प्रत्येक देश में एक विशिष्ट माँग होती है, जिसे साहित्य को पूरा करना ही होता है। साहित्य के उस शाश्वत तत्त्व को कोई रस कह ले, कोई अनुभव की आँच कह ले या जीवन का अन्तस्तत्त्व, पर साहित्य किसी भी दशा में उस मूल दायित्व को छोड़ नहीं सकता। फिर भी आधुनिक साहित्य के बहुत-से स्रष्टाओं की माँग है (इसीलिए कि वे आलोचक भी हैं) कि इसके सम्यक् आस्वादन के लिए नये मापदण्ड अपेक्षित हैं। इसी सम्बन्ध में हमें विचार करना है।

आधुनिक साहित्य की पुकार नये मापदण्ड के लिए क्यों है, इसकी मीमांसा करते समय स्पष्ट हो जायगा कि जिस निस्संकोच भाव से यथेष्ट मात्रा में आधुनिक साहित्य ने नयी विश्लिष्ट उत्प्रेक्षाएँ, नयी शब्दावली, नयी उक्तिभंगि और नये विषय ग्रहण किये हैं, उससे यह बड़ी तीव्र आशंका है कि कहीं पुराने सीधे-सादे मापदण्ड बहुत छोटे न पड़ गये हों या कहीं मापन के ढंग में ही परिवर्तन की आवश्यकता न आ गयी हो। वस्तुतः यह आशंका उत्पन्न होने का अवकाश नहीं था, यदि इन नये प्रयोगों के साथ जीवन के समग्र अनुभव के समन्वय पर अधिक बल दिया जाता। इस आधुनिक युग के एक अमर गायक रिल्के ने काव्य के उपादान पर अपने विचार व्यक्त करते हुए कहा है कि "निरी भावना काव्य को जन्म नहीं दे सकती, काव्य की सृष्टि गहरे अनुभव की अपेक्षा रखती है। एक काव्यपंक्ति के पीछे जब तक सैकड़ों नगरों-ग्रामों, सहस्रों नर-नारियों और चर-अचर जगत् की शत-सहस्र चेष्टाओं के प्रत्यक्ष दर्शन और आकलन न हों तो वह काव्यपंक्ति छूँछी रह जायगी। पर स्मृतियों की पुञ्जीभूत राशि भी व्यर्थ है, यदि उनको छाँटकर अलग करने का कौशल न हो और यदि उनको ठीक तरह से जोड़ने का धीरज न हो, जब तक ऐसी स्मृतियाँ इतनी सघन न हो उठें कि अन्तर की भूमि तक भीग जाय और उसमें पड़े हुए बीज अंकुरित हो जायँ, तब तक सरस काव्यपंक्ति कवि की वाणी पर उतर नहीं सकती।" आज स्थिति यह है कि केवल हिन्दी ही में नहीं, बल्कि प्रायः सभी जगह आधुनिकता के नाम पर असली-नकली

स्मृतियों की बेशुमार भीड़ तो जुटायी जा रही है, पर भीड़ चाहे रंगों की हो, श्रुतिमधुर ध्वनियों की हो या अपार्थिव आभासों के स्निग्धतम स्पर्शों की ही क्यों न हो, पर यदि उसमें कोई अनुशासन नहीं तो वह उत्तेजना या विक्षोभ चाहे पैदा कर दे, स्थायी आनन्द नहीं दे सकती।

आज का युग बहुत जटिल है और इसका अंकन भी अनिवार्यतः जटिल होगा, यह मानना काव्यशक्ति का महत्त्व कम करना है। नये युग के साथ और विशेषतः मनुष्य की ज्ञान भूमि के अप्रत्याशित प्रसार के साथ नये उपमानों और प्रतिमानों का आना स्वाभाविक और आवश्यक है, पर उनके कारण साहित्य का लक्ष्य बदल जाय, ऐसी कोई स्थिति नहीं है। और जब तक लक्ष्य उसका वही है, तब तक नये मानदण्ड की परिकल्पना उपयोगी नहीं है। साहित्य का सम्बन्ध मनुष्य की सहजात उदात्त भावनाओं से जितना गहरा है, उतना उसकी अर्जित पर मानसिक विषमताओं से नहीं है। विषमताएँ साहित्य में अंग बन सकती हैं, अंगी नहीं बन सकती। संक्षेप में साहित्य विषय चाहे बदला हो, विषय नहीं बदला है, यद्यपि उस विषयी के अस्तित्व के बिना ही साहित्य की साधना चलाने की उमंग लोगों में जरूर भर आयी है।

कुछ लोग कहते हैं कि आज के साहित्य में मानव के प्रति नयी आस्था है, नया स्वर है, जो ईश्वरवादी प्राचीन साहित्य के लिए अनचाही और अनहोनी बात है। पर क्या यह सत्य नहीं है कि प्राचीन साहित्य का भी मूल लक्ष्य मानव का उन्नयन ही है। कम-से-कम वाल्मीकि, व्यास, कालिदास और तुलसीदास की वाणी तो यही बराबर कहती है कि मनुष्य उठे और उठता रहे। आज का साहित्य भी मनुष्य के उर्ध्वगज्वाल की उपासना करता है। अन्तर इतना ही है कि उस ज्वाल को धधकानेवाली जिस प्रेरक महाशक्ति को प्राचीन साहित्य ने ईश्वर या देवता या अन्य किसी सदृश नाम से पुकारा, उसके लिए आज के साहित्य के पास कोई नाम नहीं है, क्योंकि उस महाशक्ति की साकार कल्पना के लिए उसके पास कोई रूप नहीं है। प्राचीन रूप का तिरस्कार वह जानता है, पर नये रूप की प्राण-प्रतिष्ठा के मन्त्र उसे नहीं मालूम, इसीलिए वह नये मानदण्ड की आवश्यकता पर बल देता है।

इस मीमांसा का यह अभिप्राय नहीं कि, सर्व नवमित्यवद्यम्। यह एक प्रवृत्ति का दिग्दर्शन है। नये साहित्य की सम्भावना का प्रत्याख्यान नहीं है, बल्कि उसकी अयथार्थ आशंकाओं का निरसन है।

आधुनिक साहित्य की समृद्धि अपार है पर बिखरी हुई है। संगुम्फन का एक धैर्य जैसे इस त्वरावादी युग में खो गया हो। जिस प्रकार कोई भी मोती माला में ठीक जगह विन्यस्त होने पर ही कमनीय लगता है, उसी प्रकार जब तक तुलसी के शब्दों में—

जौं बरसइ बर बारि बिचारू। होहिं कवित मुकुतामनि चारू।।

जुगुति बेधि पुनि पोहिअहिं रामचरित बर ताग।

पहिरहिं सज्जन बिमल उर सोभा अति अनुराग।।

मोती माला में पिरोयी नहीं जाती, तब तक उसका साहित्यिक आस्वादन ठीक तरह से नहीं किया जा सकता। हाँ, रामचरित का बरताग न भी सम्भव हो तो कोई दूसरा सूत्र पर उतना ही दृढ़ और उतना ही लम्बा पकड़ना होगा। वह सूत्र यदि रहे तो मोती परखने के लिए न चश्मे खोजने पड़ेंगे, न उसका पानी देखने के लिए नये पैमाने बनाने पड़ेंगे। वह आपसे-आप सापेक्ष्य-भाव से अलग-अलग मोतियों का सौन्दर्य गँवार-से-गँवार आँखों को स्पष्ट प्रतिभासित करा देगा।

यह सूत्र एक दिन में बटता नहीं और जो स्वयं सूत्र से विच्छिन्न हो नया सूत्र बुनने बैठता है, उसके अनाड़ीपन को क्या कहें और उसके अनाड़ीपन को तो और भी हम क्या कहें जो सूत तोड़ना जानता है, सूत जोड़ना नहीं जानता। कहाँ तो सन्त साहित्य का एक अनाम कवि बखना, ऐसी चुनौती की इतनी उमंग रखता है कि साईं तू तोड़ता है, मैं जोड़ता हूँ, देखना है, तू कितना तोड़ता है और मैं कितना जोड़ता हूँ, कहाँ एक के बाद दूसरा सूत तोड़कर नया पथ दिखलाने का उन्माद जो आज बहुतों को ग्रसे हुए है। दोनों में जो अन्तर है, वही प्राचीन और नवीन साहित्य की दृष्टि में अन्तर है। प्राचीन कवि 'कबित बिबेक एक नहिं मोरे' की शपथ खाता है और आधुनिक कवि अपने कवित्व के विशाल दायित्व के आगे संसार को नगण्य समझता है।

अभी हाल में इन आधुनिकों को कुछ भूल मालूम हुई है और लोक-साहित्य की ओर बड़े वेग से मुड़ाव इसी निमित्त हुआ भी है। पर यह मुड़ाव बहुत-कुछ अन्धता के साथ है, क्योंकि जो लोक-साहित्य कहा जाता है, वह भी प्रेरणादायक इसीलिए है कि वह अपनी साहित्यात्मकता का दावा नहीं करता, वह लोक-मंगल का दावा करता है, पर कलावादिता का नहीं। सयाने लोगों ने उसे भी अपनी कलावादिता से रँगने और सँवारने की कोशिश की है, लेकिन, 'सरसिजमनुबिद्धं शैवलेनापि रम्यं—इसका उन्हें ज्ञान नहीं है।

अन्त में केवल एक बात निवेदनीय है कि आधुनिक साहित्य में जो भयंकर गति से वादप्रधान आलोचना के आन्तरिक आलोड़न-विलोड़न का विक्षोभ बढ़ता जा रहा है, उसकी उपशान्ति और स्वस्थ भाव से आत्म-दर्शन अपेक्षित है। मानदण्ड अलग हो, न हो, इस चिन्ता को छोड़कर तथा साथ ही साहित्य लिखना है, इस गम्भीर दायित्व को भुलाकर, केवल इस भावना से कि अपने हृदय की गहराई को थहाकर अपना जो महर्घतम रत्न अपनी दृष्टि में हो, उसे न्योछावर करना है, साहित्य लिखा जाय तो

अधिक श्रेयस्कर होगा। साहित्य लिखा जाता है बाहर के लिए, पर उसके लिए शक्ति अन्दर से आती है, बाहर से केवल बहकाने और भरमानेवाला रंग आता है और साहित्य में बाहर की जो वस्तु आये, वह अन्दर की धौंकनी में तपकर आये, तभी पक्की होती है।

साहित्य आदर्श और यथार्थ का, साध्य और साधन का, सिद्धान्त और व्यवहार का समन्वय है, इसको कभी नहीं बिसराना है।

●

कृष्णकाव्य और भारतेन्दु

कृष्ण का चरित्र कवि और दार्शनिक के लिए समान रूप से आकर्षक और सम्मोहक रहा है, इसीलिए सम्भवतः न तो कवि और न दार्शनिक कृष्ण की समग्रता का साक्षात्कार कराने में समर्थ हो सके हैं। इस 'उज्ज्वल नीलमणि' के कुहकजाल में फँसने का भी विचित्र स्वाद लोगों को आता रहा है और जो जितना ही अधिक फँसा है, उतना ही अधिक सरस दान दे सका है। भारतीय कल्पना के इस आराध्य के प्रति इसीलिए कभी तृषा घटी नहीं है, यह तृषा तृप्ति के केवल नये-नये साधन ढूँढ़ती रही है। इसी से कृष्णकाव्य की एक विशिष्ट परम्परा बन गयी है, जिसके विकास का क्रम स्पष्टतया संलक्ष्य है। कृष्णकाव्य का जिन विभिन्न दृष्टिकोणों से चित्रांकन हुआ है, उनका विकास किसी निश्चित विचारधारा तथा किसी समकालीन युग-प्रभाव के आधार पर ही हुआ है। यहाँ अत्यन्त संक्षेप में कृष्णकाव्य के विकास की सीढ़ियों का पर्यवेक्षण किया जा रहा है।

यद्यपि कृष्ण का सुसमन्वित रूप सर्वप्रथम हमें 'श्रीमद्भागवत' में प्राप्त होता है, तथापि कृष्ण के इस संश्लिष्ट रूप को समझने के लिए हमें अपने प्राचीनतम साहित्य में बिखरे हुए उन बीजों को एक स्थान पर बटोरना होगा, जिनमें ब्रह्म के आनन्दपक्ष के लिए क्रमशः विस्मय, कुतूहल, जिज्ञासा, उत्कण्ठा और तीव्र राग के सन्देश मिलते हैं। ऋग्वेद का नासदीय सूक्त सदसत् के विप्रश्न की प्रथम काव्यमयी भूमिका है और सम्भवतः सृष्टि की लीलारूप में अभिव्यक्ति अत्यन्त सरस रूप में यहीं हुई भी है—

कामस्तदग्रे समवर्त्तताधि मनसो रेतः प्रथमं यदासीत्।
सतो बन्धुमसति निरविन्दन् हृदि प्रतीष्या कवयो मनीषा।।

सत् और असत् को बाँधनेवाले मनोभव-तत्त्व की प्रतिष्ठापना ही कृष्णकाव्य की दार्शनिक आधारशिला है। इसी का विकास आगे चलकर—

'द्वा सपर्णा सयुजा सखायौ'

के प्रतिभासित द्वैत में, या

'असद् वा इदमग्र आसीत्। ततो वै सदजायत तदात्मानं स्वयमकुरुत।

तस्मात्तत्सुकृतमुच्यत इति। यद्वैतत्सुकृतम्।''

(तैत्तिरीय उपनिषद् 2/7)

के तर्क-वितर्क में या

नायमात्मा प्रवचनेन लभ्यो न मेधया न बहुना श्रुतेन।
यमेवैष वृणुते तेन लभ्यस्तस्यैष आत्मा विवृणुते तनूं स्वाम्।।

(मुण्डक उपनिषद् 3/2/3)

की उपासना-साधना में, या

'रसो वै सः। रसँ्ह्येवायं लब्ध्वानन्दी भवति'

की आनन्द-सिद्धि में हुआ है। 'श्रीमद्भगवद्गीता' के बारहवें अध्याय में 'अनन्येनैव योगेन मां ध्यायन्त उपासते' का सर्वसुगम प्रशस्त पथ इन सबका समाहार करके ही बन सका है। 'मय्यावेशितचेतसाम्' की इस सिद्धान्त-विद्या का पूर्ण व्यावहारिक निदर्शन मिला है 'श्रीमद्भागवत' में; और 'श्रीमद्भागवत' ही कृष्णकाव्य का ऐसा महास्रोत बन गया है, जिसके आगे शाण्डिल्य के भक्ति-सूत्र, पांचरात्रों की विद्या, नारद का प्रेमदर्शन, विष्णु-पुराण और हरिवंश के लीलाविस्तार एवं लोकप्रिय जनगाथाओं के भाण्डार सभी छोटे पड़ गये हैं। इस 'श्रीमद्भागवत' के कृष्णकाव्य ने न केवल कवियों की कल्पना को सुखद नीड़ दिया, बल्कि साथ ही दार्शनिकों को, विशेषत; वेदान्तियों को, चिन्तन की प्रचुर विलास-सामग्री भी दी। सभी सम्प्रदायों ने नये-नये मतवाद की उद्भावना इसी 'श्रीमद्भागवत' में से की है, यद्यपि खींचातानी के लिए सभी ने वेदों की जड़ तक पहुँचने की कोशिश की है। अब देखना यह है कि 'श्रीमद्भागवत' की दार्शनिक पृष्ठभूमि को किसने किस रूप से ग्रहण किया है।

शंकर को पहले लीजिये। लोगों में शंकर के सम्बन्ध में बड़ी भ्रान्ति है और एक बार किसी विरोधी ने उन्हें 'प्रच्छन्न बौद्ध' की उपाधि दे दी कि लोगों ने मूढ़ग्राहितावश उसे ऐसा पकड़ लिया कि वे छोड़ने का नाम नहीं लेते। पर क्या सचमुच शंकराचार्य ब्रह्म की निरुपाधि पारमार्थिक सत्ता के ऐसे एकान्त भक्त हैं, क्या व्यवहार-पक्ष के प्रति उनकी कुछ प्रीति नहीं? ध्यान देने से यह पता चलेगा कि शंकराचार्य व्यावहारिक और प्रातिभासिक द्वैत के कुहक का सौन्दर्य भी भली-भाँति जानते हैं, वे 'श्रीमद्भागवत' के

(1) 'रूपे इमे सदसती तव वेदसृष्टे बीजाङ्कुराविव न चान्यदरूपकस्य।' (7/19/47)

(2) 'स्वसुखमुपगते क्वचिद्विहर्तुं प्रकृतिमुपेयुषि यद्भवप्रवाहः।' (1/9/32)

(3) 'प्रपञ्चं निष्प्रपञ्चोऽपि विडम्बयसि भूतले।' (10/14/37)

(4) 'रेमे रमेशो व्रजसुन्दरीभिर्यथार्भकः स्वप्रतिबिम्बविभ्रमः।' (10/33/17)

(5) 'सत इदमुत्थितं सदिति चेन्ननुतकहेतं व्यभिचरति क्व च मृषा न तथोभययुक्। व्यवहृतये विकल्प इषितोऽन्धपरम्परया भ्रमयति भारतीत उरुवृत्तिभिरुक्थजडान्।।'

(10/87/36)

इस अंशों में उपवर्णित माया की अनिर्वचनीयता से सम्मोहित थे और इसीलिए उन्होंने स्तोत्रों में सर्वत्र इस प्रातिभासिक सगुण रूप की सम्मोहकता की अभिव्यक्ति तल्लीनता के साथ की है—

(1) सत्यपि भेदापगगमे नाथ तवाहं न मामकोनस्त्वम्। सामुद्रो कि तरङ्गः क्वचन समुद्रो न तारङ्गः।

(2) मायाहस्तेऽर्पयित्वा भरणकृतिकृते मोहमूलोद्भवं मां, मातः कृष्णाभिधाने चिरसमयमुदासीनभावं गतासि। कारुण्यैकाधिवासे सकृदपि वदनं नेक्षसे त्वं मदीयं तत्सर्वज्ञे न कर्त्तुं प्रभवति भवती किन्नु मूलस्य शान्तिम्।।

(3) तद्वद्व्रजतां पुंसां दृग्वाङ् मनसामगोचरोऽपि हरिः। कृपया फ़लत्यकस्मादा-नन्दामृतवर्षेण।।

विष्णुस्वामी, रामानुज, निम्बार्क, माध्व एवं वल्लभ ने सच्चिदानन्द ब्रह्म का किसी-न-किसी प्रकार से विभाजन ही किया है। विष्णुस्वामी के शुद्धाद्वैत ने वात्सल्य-भाव की, रामानुज के (अंशांशिवाद) विशिष्टाद्वैत ने दास्य-भाव की, निम्बार्क के द्वैताद्वैत ने सख्य-भाव की तथा माध्य के द्वैत ने माधुर्य-भाव की पुष्टि की। वल्लभ का पुष्टिमार्ग यद्यपि सिद्धान्त में अपने को विष्णुस्वामी का अनुयायी मानता है पर उसमें कुछ-न-कुछ सबका सत्त्व खिंच आया है तथा विशेष रूप से माध्व ने और माध्वसम्प्रदाय के दूसरे संस्करण चैतन्य ने इस पुष्टिमार्ग को अधिक प्रभावित किया है, जिससे धीरे-धीरे शंकर का ठीक-ठीक विपर्यास सिद्धान्त और प्रयोग दोनों पक्षों में उन तक पहुँचते-पहुँचते हो जाता है। ब्रह्म का सोपाधिक रूप अर्थात् कृष्ण की गोलोकलीला पारमार्थिक एवं ब्रह्म का निरुपाधि पारमार्थिक रूप प्रातिभासिक बन गये हैं, साथ ही संन्यास या परमहंसवृत्ति की एकदम उपेक्षा करके 'गेहंजुषामपि मनस्युदियात्सदा नः' का एकमात्र पथ साधन के रूप में स्वीकृत हो गया है। इस गेहप्रेम के साथ परप्रेम को निबाहने की सुविधा ने सामान्य जनसमुदाय के सामने बहुत बड़ा प्रलोभन रख दिया, यही नहीं लोक-मर्यादा से भी ऊपर प्रेम-मर्यादा की जो स्थापना हुई और लोकमर्यादा से स्वर्गमात्र की जो प्राप्ति बतायी गयी, उसका भी बड़ा तीव्र प्रभाव पड़ा। 'श्रीमद्भागवत' के लोकोत्तर कृष्ण धीरे-धीरे परम लौकिक बन गये। इस परिवर्तन में वाममार्गी तन्त्रसाधना, सहजयान और सूफी मत ने भी कुछ योग दिया है और इसीलिए धीरे-धीरे कृष्ण का प्रियतम रूप ही प्रायः आराध्य विषय रह गया है, शेष रूप तिरोहित-से हो गये हैं। संक्षेप में कृष्णकाव्य-

परम्परा की यही दार्शनिक पृष्ठभूमि है, इसका बिम्बानुबिम्ब साहित्यिक विकास-परम्परा पर भी पड़ा है, यह हम दिखाने जा रहे हैं।

'श्रीमद्भागवत' में कृष्ण का एक समन्वित रूप है, जिसमें कृष्ण के जन्म से लेकर देहोत्सर्ग तक की पूरी कथावस्तु अपने विस्तार के साथ प्रतिचित्रित है। श्रीमद्भागवतकार ने कृष्ण-चरित के किसी भी अंश के प्रति उपेक्षा नहीं की है, उन्होंने सभी अंशों का सम्यक् निर्वाह किया है। कृष्ण-चरित के विरोधाभास को स्थान-स्थान पर अंकित करते समय तुलसी की तरह वे सर्वदा पाठक को इस प्रकार सचेत करते रहते हैं जैसे—

(1) तं मेनिरेऽबला मूढ़ाः स्त्रैणं चानुव्रतं रहः। अप्रमाणविदो भर्तुरीश्वरं मतयो यथा।।
(1/11/39)

(2) तस्मात्प्रियतमः स्वात्मासर्वेषामपिदेहिनाम्। तदर्थमेव सकल जगदेच्चराचरम्।।
(10/15/54)

और 'श्रीमद्भागवत' का प्रत्येक पात्र चाहे वह राग-बुद्धि से या द्वेष-बुद्धि से ही क्यों न कृष्ण का ध्यान करता हो, कृष्ण की अन्तरात्मता की चेतना से बराबर उद्बुद्ध रहता है। इसीलिए 'श्रीमद्भागवत' में लोक-मर्यादा की जहाँ अपेक्षा नहीं की गयी है, वहाँ पचीसों प्रकार से व्याख्या करने का प्रयत्न हुआ है कि गोपी-प्रेम नितरां रूपकात्मक है, प्राण और तनु का, पुरुष और शक्ति का, मनोरथान्त और श्रुति का एवं बालक और प्रतिबिम्ब का सादृश्य बार-बार दिया गया है, अन्ततोगत्वा इन गोपियों को विरह-साधना में इसलिए तपा कर कि,

यथा दूरचरे प्रेष्ठे मन आविश्य वर्तते। स्त्रीणां न तथा चेतः सन्निकृष्टेऽक्षिगोचरे।।
(10/47/35)

उन्हें परम मोक्ष दिलाते समय जीवकोश को ध्वस्त कर दिया गया है,

अध्यात्मशिक्षया गोप्य एवं कृष्णेन शिक्षिताः। तदनुस्मरणध्वस्तजीवकोशास्तम यगन्।
(10/82/40)

'श्रीमद्भागवत' में कृष्ण के प्रति आकर्षण बहुमुखी है और उनकी रति, उनके हास्य, उनके उत्साह, उनके क्रोध, उनके भय, उनके विस्मय और उनके निर्वेद, सभी का पूर्ण परिपाक हुआ है। कृष्ण के लोकरंजक, लोकरक्षक और लोकशिक्षक तीनों रूपों की अलग-अलग और एक साथ दोनों प्रकार पूर्ण अभिव्यक्ति 'श्रीमद्भागवत' में हुई है। कृष्ण के लोकरंजक रूप का भी केवल 'जारबुद्ध्यापि सङ्गताः' वाला रूप ही नहीं बार-बार पीटा गया है। कृष्ण के लोकरंजक रूप की तृषा में पशु-पक्षी, गिरि-नदी और वन-वनस्पति सभी विकल दिखाये गये हैं और कृष्ण की परमात्मता की अभिव्याप्ति को विश्व भर में रागात्मक प्रसार दिया गया है। 'श्रीमद्भागवत' का स्वकीया-प्रेम अपने परकीया-प्रेम से उन्नीस नहीं पड़ता। दशमस्कन्ध के नब्बेवें अध्याय में महिषियों के

विरह-रुद्रन को पढ़कर ऐसा लगता है कि कृष्ण-रूप की सम्मोहिनी से समस्त जगत् निस्पन्द पड़ गया है। 'श्रीमद्भागवत' की योजना भर प्रबन्ध-काव्य की नहीं है, क्योंकि उसमें पुराण की अन्य अपेक्षित सामग्री का भी समावेश है, पर समस्त ग्रन्थ की एकान्विति कृष्ण-चरित-दर्शन में ही है और कृष्ण के प्रति बहुमुखी आकर्षण की एकमात्र अन्तिम गति है, 'कर्मकषण' या मोक्ष, जिसके लिए मात्रा का क्रम नहीं बाँधा गया है, जैसा कि वल्लभाचार्य ने किया है।

अब प्रश्न यह है कि 'श्रीमद्भागवत' के कृष्ण-काव्य की समग्र प्रेरणा कवियों को क्यों नहीं मिल सकी? एक उत्तर तो यही हो सकता है कि 'श्रीमद्भागवत' है 'पारमहंस्यसंहिता' उसमें कृष्ण की वैराग्यपरकता ही मुख्य रूप से अभिप्रेत है।

'तस्येन्द्रियं विमथितुं कुहकैर्न शेकुः'

या

'किमजितोवति नोपसन्नान्'

या

'यद्बिभेति स्व्यम् भयम्'

या

'कामधियस्त्वयि रचिता न परम रोहन्ति यथा करम्भबीजानि।
ज्ञानात्मन्यगुणमये गुणगणतोऽस्य द्वन्द्वजालानि।। (6 । 16 । 39)

या

'न मयावेशितधियां कामः कामाय कल्पते।
भर्जिता क्वथिता धाना प्रायो बीजाय नेष्यते।।

इस प्रकार की उक्तियाँ इसकी उदाहरण हैं। वैराग्यपरक जीवन जिसमें नृलोक-विडम्बन की बार-बार याद दिलायी जाय, रागासक्त जनों की ग्रहण-शक्ति में आ नहीं सकता और विरक्त जन अनुरक्तों की तीव्रता नहीं पा सकते, इसीलिए कृष्णकाव्य को प्रबन्धरूप सफलतापूर्वक अभी तक दिया नहीं जा सका। उसके एकदेशीय पार्श्व-चित्रखण्डों को ही लेकर कवियों की कल्पना इन्द्रधनुष के जाल बुनती रही है। दूसरा कारण यह भी हो सकता है कि कृष्ण-चरित्र मुक्तक लोकगीतों और जनगाथाओं में इतने शीघ्र भिन गया और उसे इन जनकाव्यों में इतना अधिक रंग मिल गया कि परवर्ती कवि उस प्रभाव से अछूते न रह सके। यहाँ तक कि कृष्ण-चरित्र में राधा का पदार्पण सर्वप्रथम हाल की गाहासतसई में ही हुआ और इस राधा का ऐसा विकास हुआ कि कृष्ण धीरे-धीरे आराध्य से स्वयं आराधक बन गये। इस प्रकार कृष्ण-चरित्र के ऊपर पर्याप्त लौकिक रङ्ग चढ़ा और उनके बहुविध रूपों के स्थान पर केवल उनके सहजग्राह्य प्रेयान् रूप को ही काव्य में सर्वाधिक प्रश्रय मिला। कृष्ण की प्रेमलीला में धीरे-धीरे लौकिक प्रेम-लीला

के कामसूत्र में वर्णित क्रम का तथा आलंकारिक कवियों की विलासवर्णन-पद्धति का समावेश हुआ। 'श्रीमद्भागवत' में जहाँ गोपियाँ

'चरणपङ्कजं शन्तमं च ते रमण नः स्तनेस्वर्पयाधिहन्'

से सन्तुष्ट हो सकती थीं वहाँ 'गोपीपीनपयोधरमर्दनचञ्चलकरयुगशाली' की उद्दाम अतृप्तिमयी वासना आयी; 'श्रीमद्भागवत' में जहाँ प्रकृति कृष्ण-प्रेम में स्वयं आलम्बन दिखायी गयी, उसके स्थान पर 'निन्दति चन्दनमिन्दुकिरणमनुविन्दति खेदमवीरम्' में प्रकृति विरहोद्दीपक बन गयी; जहाँ कृष्ण 'श्रीमद्भागवत' में निर्विकार और तटस्थ दिखाये गये, वहाँ विद्यापति ने कृष्ण के 'अनुखन राधा राधा रटइत आधा आधा बानि' की उद्भावना की ओर 'दुहु दिसि' दारुदहन दगवाने' में अपनी कृतकृत्यता दिखलायी।

संक्षेप में कृष्णकाव्य को मुक्तक की धाराएँ मिलीं और कृष्ण के चरित्र को नयी-नयी रंगीनी। जयदेव ने 'सरसकेलिकलासु कुतूहलम्' की प्राप्ति को ही मुख्य लक्ष्य बनाया, विद्यापति ने 'जनम जनम हम रूप निहारेल नयन न तिरपित भेल' की अतृप्ति को ही चरम सिद्धि समझा। सूरदास 'खंजन नैन रस माते' की माधुरी में ही छके रहे और राजाओं के विलास के घनिष्ठ सम्पर्क में जाकर देव-बिहारी की खेवा के कवियों ने कन्हैया को छैला नायक का पर्याय ही बना डाला। पीछे रसखान, आलम और घनानन्द जैसे अन्तर्मुखी कवियों ने इस लोकोन्मुख प्रेम को अन्तर्मुखीन दिशा की ओर मोड़ा और कृष्णकाव्य को भाषा और भाव की अनूठी वक्रता भी दी। अब देखना है कि भारतेन्दु, जिनके जीवन का सर्वप्रिय दोहा है–

भरित नेह नवनीर अति बरसत सुरस अथोर।
जयति अपूरब घन कोऊ लखि नाचत मन मोर।।

कृष्णकाव्य की इस विकास-परम्परा के कितने आगे हैं।

जहाँ तक दार्शनिक विचारधारा का प्रश्न है, वहाँ तक तो कुलगत परम्परा के कारण भारतेन्दु पुष्टिमार्गी हैं, जैसा कि 'भक्तसर्वस्व' की इस उक्ति से–

"श्री वल्लभ कहौ छोड़ि उपाय अनेक।
जानि आपनो राखिहैं दीनबन्धु की टेक।।
मरौ ज्ञान वेदान्त को जरौ कर्म को जाल।
दया-दृष्टि हम पै करौ एक नन्द के लाल।।"

'उत्तरार्द्ध भक्तमाल' के विशद सम्प्रदाय-परम्परा-वर्णन से, तथा 'अपवर्गदाष्टक' की इस उक्ति से कि–

'तुम नाम पवर्गी पाइ प्रिय अपवर्गी गति देत किमि'

अति स्पष्ट है। किन्तु साथ ही भारतेन्दु की दार्शनिक आस्था कुलपरम्परा के निर्वाह के लिए है, उनका कोई मताग्रह नहीं है। वे विशुद्ध प्रेममार्गी पहले हैं, पुष्टिमार्गी बाद

में। इसीलिए सूरदास और नन्ददास की तरह उन्होंने उद्धव को तर्क से परास्त करने का कहीं बीड़ा नहीं उठाया है, कहीं-कहीं सरस ढंग से उपालम्भ के छींटे मात्र उन्होंने दिये हैं। हरिश्चन्द्र के लिए कृष्ण दार्शनिक सत्ता से अधिक जीवन के विश्राम हैं और स्फूर्ति की प्रेरणा। उनके लिए कृष्ण सत् चित् छोड़कर निरे आनन्द हैं, हरिश्चन्द्र को सत् और चित् की अपेक्षा ही नहीं। उन्हें केवल एक चिन्ता है, एक अभाव की वेदना है, एक भय है कि कहीं–

'बिनु प्रानप्यारे भये दरस तुम्हारे हाय,
मरेहू पै आँखें ये खुली ही रह जायेंगी।'

भारतेन्दु ने श्रीमद्भागवतकार से लेकर घनानन्द तक की कृष्ण-काव्य-परम्परा को भली-भाँति समझा है और उनके काव्य में ढूँढ़ने पर सभी शैलियों की, सभी दृष्टियों की और सभी भंगिमाओं की प्रतिच्छवि मिलेगी। 'श्रीमद्भागवत' की भीष्म-स्तुति (1/9) का अनुवाद 'भीष्मस्तवराज' के रूप में और 'श्रीमद्भागवत' के प्रसिद्ध वेणुगीत (10/21/7/20) का अनुवाद 'वेणुगीत' के रूप में जो उन्होंने प्रस्तुत किया है, वे अत्यन्त हृदयग्राही हैं। केवल एक दृष्टान्त देखिये–

गावश्चकृष्णमुखनिर्गतवेणुगीतपीयूषमुत्तभितकर्णपुटैः पिबन्त्यः।
शाबाः स्नुतस्तनपयः कवलाः स्म तस्थुर्गोविन्दमात्मनि दृशाश्रुकलाः स्पृशंत्यः।।

(श्रीमद्भागवत 10/21/13)

लखो सखि इन गौवन को हाल।
ऐसी दशा पसुन की है जहँ हमतो है ब्रजबाल।।
कृष्णचन्द्र के मुखसों निकसै जो बंसी की तान।।
तो अमृत को पान करहिं ये ऊँचे करि करि कान।
बछरा थन मुख लई रहे, नहिं पीवत नहिं तृन खात।।
थन तें पय की धार बहत है, नैनन तें जल जात।।
इकटक लखत गोविन्दचन्द कों पलक परत नहिं नैन।
'हरीचन्द' जहँ पसु की यह गति अबलन कों कित चैन।।

जयदेव के 'गीतगोविन्द' का भी 'गीतगोविन्दानन्द' के नाम से उन्होंने भावानुवाद प्रस्तुत किया है, जिसमें जयदेव की द्रुत संगीतात्मकता और सरस प्रवाहशीलता दोनों का भली-भाँति उन्होंने निर्वाह किया है। भारतेन्दु ने जहाँ विद्यापति की आनन्दकेलि का और घनानन्द की विरहपीर का समान रूप से आत्मग्रहण किया है–जहाँ वे ऐसे नशीले चित्र प्रस्तुत करते हुए तनिक भी नहीं सकुचे हैं–

नशीली आँखोंवाले सोये रहो अभी है बड़ी रात।
सगरी रैन मेरे सँग जागत रहे करत रँगीली बात।।

चिड़िया नहीं बोलीं, मेरी चूरी खनकन काहें अकुलात।
'हरीचन्द' मत उठो पियरवा गल लगि करौ रस-घात।।

तो वहीं दूसरी ओर उन्होंने घनानन्द के 'पतझारमय वसन्त' का भी दर्शन आँख खोलकर किया है—

पीरो तन पर्‌यो फूली सरसों सरस सोई,
मन मुरझानो पतझार मनौ लाई है।
सीरो स्वाँस त्रिबिध समीर की बहति सदा,
अँखियाँ बरसि मधु झरि-सी लगाई है।
'हरीचन्द' फूले मन मैन के मसूसन सों,
ताहीं सो रसाल बाल बदि कै बौराई है।
तेरे बिछुरे तें प्रान छत्र के हिमन्त अन्त,
तेरी प्रेमजोगिनी बसन्त बनि आई है।।

बिहारी की सतसई के उत्कृष्ट दोहों पर उन्होंने 'सतसई-शृंगार' लिखा है। इन सब परम्पराओं के निर्वाह में सरस समन्वय है। भारतेन्दु की अन्तःप्रकृति बड़ी मस्ती की थी और मस्ती भी यौवन तथा उसके उपभोग की। इस मस्ती के साथ जिनकी पटरी बैठ सकी है, वे ही परम्पराएँ उनके ऊपर छाप छोड़ सकी हैं। 'श्रीमद्‌भागवत' की सदसत्-चर्चा से उन्हें प्रयोजन नहीं, प्राकृत गाथाओं की ग्राम्य निर्व्याजता से वे अपरिचित, माघ के वन-विहार, ऋृतु-वर्णन और नायिकाभेद के विस्तार गिनाने की उन्हें चाह नहीं, जयदेव की आध्यात्मिकता का आवरण उन्हें अभीष्ट नहीं, बालकृष्ण का उनके घर में पदार्पण नहीं हुआ, सगुणनिर्गुण-विवाद की कटुता से वे कोसों दूर, राज-दरबारों की कृत्रिमता से उन्हें अरुचि और भावजटिलता उन्होंने सीखी नहीं, इसीलिए वे इस क्रमिक परम्परा का निर्वाह करते हुए भी इनसे अलग अस्तित्व रखते हैं। विद्यापति की रूप-लालसा, सूर की अनन्यता और निर्भीकता, देव की विषय-व्यंजना, बिहार का नागर वैदग्ध्य, ठाकुर की ठसक, रसखान की स्वच्छता और घनानन्द की अन्तर्लीनता उनमें निखरी है। वे अपनी मस्ती में जितने निराले हैं, उतने ही अपने दुःख की अनुभूति में भी। 'मो दुखिया के न पास रहो उड़िकै न लगै तुमहूँ को कहूँ दुःख' या 'मरेहू पै आँखें ये खुली ही रह जायेंगी' या 'नैन कुम्हिलान लागे बैनहुँ अथान लागे, आओ प्राननाथ अब प्रान लागे मुरझान' या 'नखरा राह-राह को नीको' जैसी इन मधुर सूक्तियों में उनका दुःख शत-शत कण्ठ से फूटकर मुखर हो उठा है। यदि भक्ति में हृदयपक्ष का कुछ महत्त्व होगा, तो भारतेन्दु का-सा सरल हृदय किसी कृष्णकाव्य के गायक को मिला नहीं। यह हृदय इतना सरल है कि इसकी समस्त दुर्बलता इसका

शृंगार बन गयी है। अपने 'प्रेमाश्रु-वर्षण' के समर्पण-लेख के अन्त में उन्होंने अपने 'अपूरब घन' से जो करुण याचना की है, वह उनके आत्म-रुदन का सच्चा प्रतिबिम्ब है–

बरसि नदी सर समुद, पूरे करुना-भौन।
हम चातक लघु चञ्चु-पुट, पूरन में श्रम कौन।।

भारतेन्दु ने अपने लिये ही लोकरंजक कृष्ण की थाती नहीं सँजोयी, जनमन के लिए भी उन्होंने कृष्ण का आवाहन किया! उनकी होली की उमंग यह भूल नहीं सकती थी कि भारत की एक दूसरी 'होरी' है, जिसकी वेदना चारों ओर अभिव्याप्त है–

भारत में मची है होरी।
इक ओर भाग अभाग एक दिसि होय रही झकझोरी।
अपनी-अपनी जय सब चाहत होड़ परी चहुँ ओरी।।
दुन्द-दुखि बहुत बढ़ो री।

धूर उड़त सोइ अबिर उड़ावत सबको नयन भरो री।
दीन दसा अँसुवन पिचकारिन सब खिलार भिंजयो री।।
भींजि रहे भूमि लटो री।

भइ पतझार तत्त्व कहुँ नाहीं सोइ बसन्त प्रगटो री।
पीरे मुख भई प्रजा दीन ह्वै सोइ फूली सरसों री।।
सिसिर को अन्त भयो री।

बौराने सब लोग न सूझत आम सोई बौर्यौ री।
कुहू कहत कोकिल ताहीं तें महा अँधार छयो री।।
रूप नहिं काहू लख्यो री।
. . . . . .
उठौ उठौ भैया क्यों हारौ अपुन रूप सुमिरो री।
राम युधिष्ठिर विक्रम की तुम झटपट सुरत करो री।।
दीनता दूर धरो री।

. . . . . .

भारतेन्दु ने भारत की इस होरी के बीच कृष्ण का आवाहन किया, जो साहित्य के लिए सर्वथा नूतन-उद्‌भावना थी। आचार्य रामचन्द्र शुक्ल का कथन

"भारतेन्दु जी ने हिन्दी-काव्य को केवल नये-नये विषयों की ओर ही उन्मुख किया, उसके भीतर किसी नवीन विधान या प्रणाली का सूत्रपात नहीं किया।" न्यायसंगत नहीं

जँचता और "उनकी कविताओं के विस्तृत संग्रह के भीतर" आधुनिकता चाहे कम ही मिले, पर मिलती है अत्यन्त परिष्कृत और सरस रूप में। वस्तुतः भारतेन्दु ने आधुनिक युग में सर्वप्रथम कृष्णचरित के लोकशिक्षक रूप का दर्शन किया, यह अवश्य है कि उनकी इस दृष्टि का सहज विस्तार सत्यनारायण कविरत्न के आगे न हो सका।

"कहाँ करुणानिधि केसव सोये?
जागत नाहिं अनेक जतन करि भारतवासी रोये।"

'नीलदेवी' की इस करुण पुकार की प्रतिध्वनि केवल सत्यनारायण के करुण पदों में मिलती है। 'प्रबोधिनी' का यह छप्पय इनकी केवल राष्ट्रीय कृष्ण-भक्ति का विशद निदर्शन है—

"डूबत भारत नाथ वेगि जागो अब जागो।
आलस-दव एहि दहन हेतु चहुँ दिसि सों लागो।।
महामूढ़ता वायु बढ़ावत तेहि अनुरागो।
कृपादृष्टि की वृष्टि बुझावहु आलस त्यागो।।
अपनो अपुनायो जानि कै करहु कृपा गिरिवरधरन।
जागो बलि बेगहि नाथ अब देहु दीन हिन्दुन सरन।।"

आगे के अन्य कवियों ने भी कृष्णकाव्य को राजनैतिक रंग प्रदान करने की कोशिश की है, पर वहाँ हृदय का छूँछापन है, घटाटोप है और है कोरी सुधारवादिता का सूखा नशा। उनके लिए कृष्ण अनुराग की इकाई न होकर, बुद्धि के पिण्डमात्र रह गये हैं। उनके काव्य में 'माँगौ तो गुपाल सों, न माँगौ तो गुपाल ही सों, रीझौं तो गुपाल पै और खीझौं तो गुपाल सों' की अनन्यता का नितान्त अभाव है। उनमें भारतेन्दु की वह सरल निर्भीकता भी नहीं कि वे यह डंके की चोट पर कह सकें—

'पूजिहौं देवी न देव कोऊ किन वेद पुरानहु ऊँचे पुकारौ।
काहू सों काम कछू नहिं मोहिं सबै अपनी-अपनी को सम्हारौ।।
हौं बनिहौं कै नसाइहौं यासौं यहै प्रन है 'हरिचन्द्र' हमारौ।
मानिहौं एक गुपालहि को नहि और के बाप को यामें इजारौ।।'

कृष्णकाव्य को भारतेन्दु की दूसरी देन है उसकी जन-मन में अवतारण, वह भी जनभाषा और जनगीति में। कजली, बारहमासा, ठुमरी, दादरा, डफ, होली, चैती, लावनी, गजल कोई भी लोकप्रिय शैली उनसे छूटी नहीं है, और इन सब को शिष्ट काव्य की प्रसादी देकर न केवल इन्हें पल्लवित किया है, बल्कि कृष्णकाव्य की गाथाकाल की लोकप्रियता को भी इनके द्वारा प्रसृत और पुनरुज्जीवित किया है। अपने जीवनकाल में ही इसीलिए इनकी ये गीतियाँ दूर-दूर तक के गायक-गायिकाओं की वाणी पर नाचने लगीं। बदरीनारायण चौधरी 'प्रेमघन', प्रतापनारायण मिश्र और बालमुकुन्द गुप्त ने इस स्वस्थ परम्परा को आगे बढ़ाया, परन्तु हिन्दी-काव्य में इतिवृत्तात्मकता और शिष्टता की

जो आँधी आयी, तो हिन्दी का कवि श्रीहर्ष और पोप का प्रपितामह बनने में गौरव समझने लगा, उसे अपने 'बगुल पंख' के आगे वनविहारिणी पिकी की श्यामल कान्ति तुच्छ लगने लगी। इसका परिणाम यह हुआ कि हिन्दी कविता के सौन्दर्य का मापदण्ड बनी उसकी दुर्बोधता और उसकी रुनझुन, अशिक्षित लोकरुचि को अपनी प्यास बुझाने के लिए दूसरी गन्दी नालियों का आसरा जोहना पड़ा; शिष्ट साहित्य की प्रतियोगिता में सिनेमा के अश्लील गाने आये, जिनसे प्यास बुझने के बजाय और अधिक बढ़ने लगी।

अन्ततः भारतेन्दु में कृष्णकाव्य की सुधा अपनी समस्त शीतलता के साथ उतरी है, और तपती हुई भूमि को इस 'इन्दु' से जिस अमृत-वर्षा की प्रेरणा मिली है, वह अन्यय अप्राप्य है। देखिये, उनके निवेदन-पंचक से कुछ पद—

'श्याम घन अब तौ जीवन देहु।
दुसह दुखद दावानल ग्रीषम सों बचाइ जग लेहु।।
तृनावर्त नित धूर उड़ावत बरसौ करुना मेहु।
'हरिचन्द' जिय तपन मिटाओ निज जन पैं करि नेहु।।'

'श्यामघन निज छवि देहु दिखाय।
नवल सरस तन साँवल चपल पीताम्बर चमकाय।।
मुक्तमाल बगजाल मनोहर दृगन देहु दरसाय।
श्रवन सुखद गरजनि बंसी-धुनि अब तौ देहु सुनाय।।
ताप पाय सब जग को नासौ नेह-मेह बरसाय।
'हरीचन्द' पिय द्रवहु दगा करि करुनानिधि ब्रजराय।।'

'कितै बरसाने-वारी राधा।
हरहु न जल बरसाइ जगत की पाप-तापमय बाधा।।
कठिन निदाघ लता बीरुध तृन पसु-पंछी तन दाधा।
चातक से सब नभ दिसि हेरत जीवन बरसन साधा।।
तुम करुनानिधि जन-हितकारिन-दया-समुद्र अगाधा।
'हरीचन्द' याही तें सब तजि तुव पद-पदुम अराधा।।''

इन तीन पदों में सम्भवतः पहली बार भारतीय कृष्ण की मूल कृषिमयी कल्पना का सामंजस्य प्रतिसंक्रमित हुआ है। भारतेन्दु ने पहली बार भारत, कृषि और कृष्ण की त्रिवेणी बहायी, यह उनकी बहुत बड़ी देन है; यह दूसरी बात है कि इस देन का समुचित मूल्यांकन अभी तक नहीं किया जा सका हो। भारतेन्दु की जयन्ती का यह पुण्य दिवस सम्भवतः इसके लिए प्रेरणा देगा।

मेघदूत का सन्देश

मेघदूत भारत का राष्ट्रीय काव्य है। सुनकर किसी को चौंकने की जरूरत नहीं। स्कॉटलैण्डवाले बर्न्स को अपना राष्ट्रीय कवि मानते हैं, इसलिए नहीं कि उसने स्कॉटलैण्ड की वीरता के गीत गाये हों या स्कॉटलैण्ड-निवासियों को किसी युद्ध के लिए प्रोत्साहित किया हो या स्कॉटलैण्टड के इतिहास की कोई गाथा गायी हो, बल्कि इसलिए कि वह स्काटों की प्रकृति और स्कॉटलैण्ड की धरती की प्रकृति का सामंजस्य स्थापित करने में सफल हुआ था, उसने दोनों की आत्मा पहचानी थी और उसकी प्रत्येक काव्यपंक्ति उस पहचान के संस्पर्श से पुलकित है। ठीक यही बात मेघदूत के बारे में कही जा सकती है। मेघदूत में किसी रघु या राम या अर्जुन की वीरगाथा नहीं है, किसी अश्वमेध-पराक्रमी की दिग्विजय का वर्णन नहीं है, यहाँ तक कि कोई भी ऐतिहासिक व्याख्यान नहीं हैं, फिर भी वह समूचे राष्ट्र की भौगोलिक और सांस्कृतिक चेतना की पुञ्जीभूत राशि है, जिसमें प्रत्येक युग में प्रत्येक भारतीय हृदय अपने स्निग्धतम क्षण का प्रतिबिम्ब पा सकता है, अपने जीवन की चरम मंगलमय उपलब्धि जोह सकता है और साहित्य का जो मूल लक्ष्य लोक-मंगल है, उसका अत्यन्त सहजबोध्य रूप अपने हृदय में बसा सकता है। मेघदूत का आशीर्वचन है कि—

"मा भूदेवं क्षणमपि च ते विद्युताविप्रयोगः"

अर्थात् क्षणमात्र के लिए भी जड़-चेतन किसी भी जगत् में दो संवादी तत्त्वों का विश्लेष न हो और इसीलिए हजारों कोस की दूरी लाँघती हुई भी मेघदूत की वह यात्रा न केवल विन्ध्य और हिमांचल के एकीकरण के लिए सरस प्रयत्न है, बल्कि ऐहिक प्रेम-साधना और पारमार्थिक भक्ति के बीच तादात्म्य-साधना की सिद्धि भी है, खेतिहर और वनवासी के उन्मुक्त उल्लास के साथ नागर परिष्कृत वक्रता का मधुर परिणय भी है।

मैंने मेघदूत की कहानी कई दृष्टियों से कई बार पढ़ी है। शुद्ध प्रेम-कहामी के रूप में मैंने इसका आस्वादन किया है, इसकी कलात्मक अभिव्यक्ति को परखा है। डॉ. वासुदेव शरण अग्रवाल के साथ इसकी पारमार्थिक शिव-साधना के प्रेम को भी

समझने की कोशिश की है। भारतीय जीवन के स्वस्थ दर्शन की प्रतिच्छाया पायी है और इतिहास की एक अत्यन्त मधुर अनुगूँज सुनी है और प्रत्येक बार मैं सम्मोहित हो गया हूँ। प्रत्येक बार मानो मेघदूत ने मनसातीत सत्य को उघारकर रख दिया है।

जो लोग कहते हैं कि यथार्थ और आदर्श के बीच समझौता नहीं हो सकता, कल्पना और यथातथ्य में कोई जोड़ नहीं बैठाया जा सकता या इतिहास और भूगोल के बीच कोई सामंजस्य नहीं हो सकता या नगरों के परिष्कृत जीवन के साथ गाँव के निर्व्याज जीवन के साथ गठबन्धन नहीं हो सकता या उद्दीपन और आलम्बन में कोई एक नहीं हो सकता, उनके लिए मेघदूत एक चुनौती है।

मेघदूत में केवल मेघ के मन्द गर्जन से मानसगामी राजहंसों की उत्कण्ठा जगाने की बात हो, सो नहीं है, उसकी मंगल वारियों से धरती के साफल्य और धरती की वाणी के साफल्य का भी उदय है और यह बात बहुत महत्त्व की है। विरह का काव्य होते हुए भी मंगल की सृष्टि ही मुख्य लक्ष्य है इस बात की ओर मेघदूत में स्थान-स्थान पर अत्यन्त मनोरम ढंग से संकेत कराया गया है। कहीं वक्र क्रीड़ा की स्मृति जगाकर, कहीं चातकों के मधुर निनाद को गुंजित करके, कहीं पथिक वनिताओं के मन में आश्वासन जगा करके, कहीं विष्णु के सौन्दर्य की समता प्राप्त कराकर, कहीं कृषिफल की कृतज्ञता में ग्रामबधू के लोचनों में प्रीति पिघला करके, कहीं पके आम की सफलता में धरती का मातृत्व सफल करके, कहीं अपनी मुरज ध्वनि से ताण्डवनृत्य की साध पूरी करके, कहीं अपनी मंगल-सृष्टि कदम्ब के फूल को सीमन्त में सजा करके और कहीं स्वयं विभिन्न आमोद-क्रीड़ाओं में उपहसनीय हो करके। वह मेघदूत उस व्यापक रूप से प्रवहमान् जनोल्लास की वर्षा करता है, जिसकी प्यास धरती को बराबर लगती रहती है और जिसकी किसी भी मात्रा से धरती कभी भी अघा नहीं सकती।

मेघदूत को समझने के लिए बड़े विशाल हृदय की जरूरत तो है ही, लेकिन उससे भी अधिक जरूरत है इस समझ की कि मेघदूत न केवल एक शाप प्रवासी यक्ष की विरह-कल्पना है, बल्कि वह भारत के आराध्य दैवत द्वारा प्रत्येक युग के आत्म-विश्लेष की वेला में भेजा गया, आश्वासनभरा, ममताभरा, मंगलभरा मधुर सन्देश है, जो उस विश्लेष को अपनी परिप्लुति में एकदम बोर देता है। जब तक यह चीज नहीं समझी जायगी, मेघदूत के चरितार्थ तक नहीं पहुँचा जा सकता। मेघदूत की समस्त काव्य-योजना राष्ट्रीयता की एक महान् परिभाषा के निर्माण में विनियोजित हुई है, जो इतिहास, संस्कृत, भूगोल, जनजीवन, विज्ञान और प्रकृति की सभी सीमाओं और क्षितिज-रेखाओं की सम्मिलन-भूमि का निर्माण करती हुई राष्ट्र के प्रत्येक अवयव और कण के साथ हृदय का साक्षात्कार करा देती है। वह केवल चार घड़ी के लिए उत्तेजना नहीं जगाती, नसों में गरम लहू नहीं उबालती, बल्कि राष्ट्र के जितने भी घटक हो सकते

हैं, उन सभी के साथ ऐसा गहरा अनुराग भर देती है कि राष्ट्र व्यक्ति के जीवन का अंश बन जाता है।

आज जब राष्ट्र के गौरव को पहचानने की मंगल वेला आयी है, तब उसके उपादानों का अध्ययन एक व्यापक दृष्टि से होना अत्यन्त आवश्यक है और इसलिए मेघदूत के विशद अध्ययन की आज सबसे अधिक आवश्यकता है, क्योंकि राष्ट्रीयता का समग्ररूप में दर्शन अकेले किसी ग्रन्थ में है, तो वह मेघदूत में है। कुछ लोग कह सकते हैं कि क्या उद्‌दाम विलास के वर्णन 'नीवी बन्धोच्छ्‌वास' प्रणयी के उत्संग में दुकूल के विस्रंसन, शृंगार सिद्ध करनेवाले कल्पवृक्ष के वितान या स्वप्न में या चित्त में सम्मिलन के प्रयत्न राष्ट्रीयता के लिए उपकार कर सकते हैं और क्या वह राष्ट्रीयता काम्य होगी, इसका उत्तर देना आज के बाह्य नैतिकवादी युग के मानों को देखते हुए बहुत कठिन है; पर इस देश की प्रकृति जिस स्वस्थ उपभोग के बिना। दूसरे शब्दों में जिस ऐषण के बिना, जिसका ऐश्वर्य बन्ध्य माना जाता रहा है और इसीलिए जिसका जीवन भी खण्डित माना जाता रहा है, उसमें यदि अकुण्ठित और अकृत्रिम निर्व्याज स्त्री-पुरुष-सम्बन्ध ा की स्थापना करायी जाती है, तो वह समूचे समाज के मंगल के लिए है, केवल व्यक्ति के क्षणिक सुख के लिए नहीं।

मेघदूत की कथा-योजना के पीछे मूलहेतु जो स्पष्ट रूप से यद्यपि नहीं कही गयी है, पर समूचे कथा-प्रवाह में जिसका संकेत सूक्ष्म रूप से कई स्थानों पर किया गया है, शिव की अर्चना में प्रमाद है और उस प्रमाद के अनुताप का ही एक परिशोध है मेघ द्वारा सन्देश-वहन। कहा जाता है कि यक्ष जब नये परिणय के रस-रंग में एकदम डूब गया, तब उसे अपने उस कर्त्तव्य के बारे में जागरूकता न रह गयी, जो उसे धनपति ने सौंपा था। अलकापुरी शिव की छत्रच्छाया में बसी हुई नगरी है और शिव की आराधना के विभिन्न कार्य विभिन्न व्यक्तियों के जिम्मे सौंपे रहते हैं। मेघदूत का नायक फूल चुनने के काम में नियुक्त था और शिव के मस्तक पर बासी फूल चढ़ाना मना है, यह जानते हुए भी यौवन के उन्माद में उसने नये फूल चुनने के परिश्रम से जी चुराकर कुछ दिनों तक लगातार बासी फूल दिये और यह प्रमाद उसके अभिशप्त प्रवास का कारण बना। इस प्रमाद का प्रायश्चित्त भली-भाँति वहीं हो सकता था, जहाँ यौवन और ऐश्वर्य की वे सुविधाएँ जिनमें मग्न रहने के कारण यह हुआ, छीन ली जायँ और इसलिए शिव के पुनः परितोष के लिए वह रामगिरि की छाया में बसेरा लेता है, क्योंकि शिव और राम परस्पर आराध्य-आराधक दोनों हैं। राम मानव की कल्याण-साधना के साथ केवल अपनी साधना के कारण साध्य से भी अधिक महनीयता के मूर्तिमान् आलम्बन हैं और यही कारण है कि देवताओं की भूल का उद्धार मानव शरीर से ही कराने की परम्परा बराबर साहित्य में रही है, लोक के परम मंगल के आराधक कालिदास ने भी उस परम्परा का अनुसरण किया है। कालिदास के शिव गतिशील मंगल के एक

जीवित पुंज हैं और उनकी प्राप्ति के लिए जिसे दूरगामी दृष्टि की आवश्यकता है, वह बिना नाना सरिताएँ और गिरि-कानन लाँघे आ नहीं सकतीं, बिना धरती के प्रत्येक अंचल से स्नेह पाये स्निग्ध नहीं हो सकतीं। इसलिए कालिदास ने जिस माध्यम का सहारा लिया है, उसमें व्यापकता, गतिशीलता, सघन सरसता और संयत द्रुतशीलता सभी एक साथ प्रकृति से वरदान के रूप में प्राप्त हैं। वह माध्यम शिव की उर्वर मूर्ति के सभी पदार्थों में ऐसा मिला हुआ है कि एक भी उससे अविलग रहकर निष्प्राण हो जाय—

"भूमिरापोनलो वायुः खं मनो बुद्धिरेव च।
अहंकार इतीय मे भिन्ना प्रकृतिरष्टधा।।"

और मीमांसा करने पर यह पता चलेगा कि मेघ में धरती की तृप्ति, जल का बीज, तेज की रेख, वायु की चेतना, आकाश का शब्द-ब्रह्म, मन की विश्वगोचरता, बुद्धि की ज्ञानदर्शिता और अहंकार की स्फीति सब एक अद्‌भुत संयोग के कारण एकत्र संचित हैं। वह पौरुष के अप्रतिहत रूप का प्रतीक है, जिसके लिए कोई अप्राप्य नहीं है, कोई असाध्य नहीं है और जो आठों प्रकृतियों को अपने में बाँधकर रख सकता है।

थोड़ी देर के लिए इतनी लम्बी-चौड़ी आध्यात्मिक व्याख्या यदि हम भूल भी जायँ तो कम-से-कम जो मेघ का स्थूल प्रभाव है, जिसके कारण वह खेतों में काम करनेवाले कृषकों और कृषक-बधुओं तथा महलों में फूलों की सेज बिछानेवाली रसिक जोड़ियों के लिए समान रूप से आश्वासन और पूर्णकामना का वाहक बनकर आता है, उसकी अमोघता तो सहज ही में समझी जा सकती है और इसी प्रकार शिव को भी उनके योगीश्वर के रूप में समझने में कुछ कठिनाई भी हो, तो कम-से-कम शिव का जो सार्वजनिक उत्सवों के साथ एकाकार रूप जन-मन में बसा हुआ है, उसकी प्रेरणा तो सहज बोध्य हो सकती है।

कालिदास का काव्य अत्यन्त असंलक्ष्य रूप से लौकिक और आध्यात्मिक दोनों भूमिकाओं को एक साथ लेकर चलता है, यद्यपि एक क्षण के लिए भी वह लोक को नहीं बिसारता, क्योंकि संस्कृत का समग्र साहित्य लोक का साहित्य है और लोक के परम पुरुषार्थ से अधिक प्राप्त कराने का वह कभी भी दावा नहीं करता। उसका प्रत्येक लौकिक आनन्द परमानन्द का प्रतिबिम्ब या आभासमात्र न रहकर स्वयं परमानन्द के उद्‌भासित क्षण के रूप में देखा जाता है। शायद इसीलिए उसके साहित्य के प्रतिनिधि गायक कालिदास ने अपने प्रत्येक ग्रन्थ में जो आरम्भ में वन्दना की है, वह प्रत्यक्ष या अप्रत्यक्ष रूप से इसी जगत् का सृष्टि के बीच केन्द्रित शक्तिस्रोत के रूप में शिवतत्त्व की प्रतिष्ठापना के लिए ही की है। अभिज्ञान शाकुन्तल में भारतवर्ष में प्रथम सिंह पराक्रमी चक्रवर्ती भरत की उद्‌भव-भूमि शकुन्तला की शक्ति का एक ओर परिचय दिया गया है, तो दूसरी ओर शिव की अष्टमूर्ति का ध्यान किया गया है। रघुवंश में एक ओर पार्वती और परमेश्वर की वन्दना की गयी है, तो दूसरी ओर मानवी गिरा और

उसके अर्थ की आराधना और साथ-ही-साथ जगत् को वात्सल्य से सिंचित करने के लिए एक माता-पिता भी ढूँढ़ा गया है। कुमारसम्भव में शिव की उर्वर कल्पना को स्फुरण देनेवाली धरती की सीमाओं को अपनी बाहुओं में घेरकर गौरव के अधिष्ठान देवत्व के परम निलय, मानव के उत्तरयान के साध्य हिमालय के अस्तित्व के साथ-साथ पृथ्वी के ऊर्ध्वगामी अभिमान की भी घोषणा की गयी है।

मेघदूत में कवि ने एक साथ यौवन के उन्माद से जनित प्रमाद के परिताप और उस परिताप के लिए धरती की सन्तान सीता के स्नान से पवित्रीकृत जल के स्पर्श तथा राम के वनवास की स्मृति से शीतल छाया में निवृत्ति जो आँकी है, वह केवल इसलिए कि मनुष्य की दुर्बलता या उससे उत्पन्न दुर्दिन भी मंगल कामना के लिए अन-उर्वर न समझा जाय और व्यक्ति का दुर्वह-से-दुर्वह और गहन-से-गहन दुःख का क्षण भी चराचर विश्व के मंगल और आनन्द की आराधना करने के लिए सक्षम हो सके, जिससे उसका दुःख भी विश्व के आनन्द की एक कड़ी बन जाय।

वस्तुतः कालिदास के एक शिवसेवक भक्त का विरह केवल शिव के चैतन्य के बहुमुखी प्रकार के परिदर्शन और उस परिदर्शन के द्वारा आत्म-निवृत्ति के लिए है। जो लोग रचनात्मक कार्यों और समाज-सुधार के दिखाऊ साधनों के ऊपर बहुत बल देते हैं और यही सोचकर अपनी विरहिणी राधा या गोपी से नर्स या मजदूर-नेत्री का काम कराये बिना जिन्हें सन्तोष नहीं होता, वे सचमुच समाज की मूल आनन्दवृत्ति के बारे में घोर अज्ञान रखते हैं। वस्तुतः वे आनन्द को भी एक अभाव के रूप में ही समझ पाते हैं और इसीलिए पीड़ा के साथ उनकी सहानुभूति गहरी होती है, पर पीड़ा का बोध ही न हो, ऐसा भी कोई साधन हो सकता है और उसकी भी साकार उपासना की जा सकती है, उसका उन्हें ज्ञान नहीं होता। क्योंकि वे अपने बोध के आगे नहीं देख सकते, विश्व के उत्सव में वे एकाकार नहीं हो सकते, दूसरों के उल्लास में उनका हृदय नहीं मिल सकता और अपनी रुचि के आगे दूसरों की रुचि में उन्हें परिष्कार नहीं दीख सकता और किसी भी सामूहिक गायन में वे अपना कण्ठ नहीं मिला सकते। जैसे विसंवादी स्वरवाले व्यक्तिवादियों का जब प्राधान्य हो या ऐसे समष्टिवादियों का बोलबाला हो, जो समष्टि में कभी चैतन्य-तत्त्व भरना ही नहीं चाहते, उसको जड़ बनाकर ही रखना चाहते हैं, जिससे उसकी जड़ता से मनमाना लाभ उठाया जा सके, उस समय इन सब वादों के दूर शुद्ध रूप से एक महान् कल्पना के द्वारा जन-जन के मंगल को रूप देनेवाले स्रष्टा की उपादान सामग्री के बारे में चर्चा करना बहुत आवश्यक है। आज के रीतेपन को उस गौरव की पूर्णता से ही भरा जा सकता है, जो कालिदास के काव्यों में से छलक रही है। आज की अनास्था को उस प्रत्यय का आश्वासन देना है जो कालिदास के वृक्ष, मेघ और पर्वत देते हैं। आज के क्षयकारी पियराये अवसाद पर उस हरियाली का रंग चढ़ाना है, जो सिद्धांगनाओं के कुतूहल की, जनपद-बधू के

सरल विस्फारित दृष्टि की, पौरांगनाओं के चंचल कटाक्षपात की, शिप्रा के पवन की मधुर चाटुकारी की, गम्भीरा के उन्मुक्त आनन्द की, गंगा के फेनिल मुक्तहास की, शिव के पुंजीभूत अट्टहास की, सुर-युवतियों के कंकण-बन्धन में मेघ के त्रास की अलका की नव वधू के प्रत्यंग में प्रत्येक ॠतु के शृंगार की यक्ष-कन्याओं के स्वर्ण-रज से मुष्टि-निक्षेप क्रीड़ा की, अलका के झरोखों में घुसकर जानेवाले मेघ की बिडम्बना की, विरह के विनोद की, प्रिय के कुशल समाचार में समागम सुख की प्राप्ति की तथा सन्देशवहन की प्रत्याशा में ही कृतज्ञता स्वीकार कें उपलक्ष्य में अखण्ड सम्मिलन की मंगल कामना की स्निग्ध श्यामलता के प्रसार में आदि से अन्त तक लहरा रही है। आज की प्रान्तीय सीमाओं के विनाशकारी मोह को वह विशद दृष्टि देती है जो रामगिरि की टेकड़ी पर बिलमे बादल को मालदेश से लेकर हिमालय तक संचरण कराने के लिए अपने अनुनय से विवश करती है। आज के पथ की खोज की लालसा को वह सीधा-सा चौरस रास्ता बतलाना है, जो मेघदूत ने पकड़ा है और जिस डगर में न कोई पलायन है, न कोई आत्म-संकोच है, न कोई चोर है, न कोई डाकू है। पथ में नदियाँ हैं, कूल हैं, वन हैं, वन की छाँह है, खेत हैं, खेत की गन्ध है, मन्दिर हैं, मन्दिरों में मंगल ध्वनि है, शैशव है, वात्सल्य उमगानेवाली अठखेलियाँ हैं, तरुणाई है, तरुणाई का विलास है, बुढ़ापा है, बुढ़ापे का कथारस है, सौन्दर्य है, सौन्दर्य का सुहाग है, कला है, कला में कलानिधि को दूने की उमंग के कारण अतुलित ज्वार है, भक्ति है, भक्ति में आत्मनिवेदन की पूर्णता है, स्थूल जगत् है, उसमें फूल-फल और पल्लव की समृद्धि है, अन्तर्जगत् है, उसमें चित्त की समस्त सम्भावना सात्त्विक चित्तवृत्तियाँ हैं, कुण्ठा, अतृप्ति अरुचि, विरक्ति, कुढ़न और जलन से एकदम अछूती। संक्षेप में न तो उस पथ में वह आशंका है, जो यह कहने को बाध्य करती है कि–

"न सहसा चोर कह उठे मन में प्रकृतवाद है स्खलन क्योंकि युग जनवादी है"

न वह छूँछा अभिमान है जो यह थोथी गर्जना करता है–

"आह मैं ऊँचा गगन औ नींव का पाताल आँसू की नदी में"

न उसमें फीरोजी होंठों पर इस जिन्दगी की बर्बादी है, न उसमें कुछ क्षणों की प्रेयसी के स्पर्श से गीत में अमरत्व प्रदान करने का असफल विश्वास ही है। न उसमें वाणी की दीनता है, न वाणी में सत्य और ईमानदारी के वहन का बहुत बड़ा दुर्वह दायित्व-ज्ञान ही। उसमें यदि कुछ है तो स्वस्थ जीवन की चेतना है, विरह की कृशता में सौभाग्य का दर्शन है और कभी भी रीति न होनेवाली चर-अचर विश्व को भर देनेवाली मंगल की पूर्णता है, परम्परा में गहरी आस्था है और इस आस्था में नव-जीवन भरने की अतुलित शक्ति है। ग्रन्थि, भय, वक्रता या जटिलता को छोड़ जो कुछ भी काम्य या मांगलिक हो सकता है, वह सब-कुछ है।

मेघदूत का सन्देश बहुत पुराना है, पर प्रत्येक युग में वह वैसा ही नया और वैसा ही स्फूर्तिदायक है। इसका कारण सन्देश देनेवाले की साधना है या उस युग के पूर्ण पुरुष विक्रम की परछाईं है, देश की प्रकृति के प्रत्येक अंग-प्रत्यंग के विभ्रम-विलास के साथ दृष्टि की तन्मयता है या अमृतघट के लिए जीवन के प्रेम-समुद्र का मन्थन है, पर उस सन्देश के लिए आज लोग अधिक उत्कर्ण हों; सन्देशवाहक के प्रति युगों-युगों की कृतज्ञता की स्मृति में अधिक उद्ग्रीव हों और जब देश की उसकी स्वतन्त्रता से विश्लेष की अवधि पूरी हो गयी हो, आनन्द-मिलन की वेला आयी हो, तो उस विरह के सम्बल मेघदूत के प्रति यक्ष की ओर से कहीं फिर उदासीनता न आ जाय, कहीं जन-शिव की आराधना में वह प्रमाद न हो, इसके लिए यह आवश्यक होगा कि मेघदूत का सन्देश बार-बार गहा जाय और अपनी समग्रता में गहा जाय, एक अंश में नहीं, तभी उसकी राष्ट्रीय जीवन में सार्थकता होगी।

लोक-साहित्य की भूमिका

इस बात को आज दुहराने की आवश्यकता नहीं रही कि लोक-साहित्य में मंगल का जैसा उदात्त स्वरूप अंकित है, वैसा स्वरूप ही जीवन में काम्य है और शिष्ट साहित्य के लिए वह स्वरूप स्पृहणीय है। हाँ, इस पर बल देने की आवश्यकता तो है कि लोक-साहित्य क्या है, इसे समझने की अपेक्षा, वह क्या नहीं है, इसे भली-भाँति समझा जाय। लोक-साहित्य या लोक-गीत या लोक-कला जैसे जितने भी अभिधान हैं, उनका प्रयोजन लोक में ही कर्तृत्व, कर्मत्व और करणत्व समर्पित करना है। दूसरे शब्दों में ऐसी चीजों की रचना जन-समूह के कण्ठ से होती है, उसका विषय भी जन-समूह और उसका मंगल होता है तथा जन-समूह की भाषा, गीति या अभिव्यक्ति ही उसका मुख्य कारण और साधन बनती है, जिन पर स्रष्टा, उपभोक्ता, या प्रयोक्ता होने का दावा कोई व्यक्ति कभी कर नहीं सकता। शुद्ध रूप से व्यक्ति के नाम का सर्वतोभावेन जहाँ विलय हो जाय, वही लोक-साहित्य है, वही लोक-कला है। इसी से यदि कोई कृती अपने नाम से किसी लोक-गीत को प्रचलित करना चाहेगा भी, तो उसको अपने पूर्वगृहीत रूप में पुनः प्रत्यावर्तित करके ही, और शायद इसी से लोक-कवि और लोक-काव्य दोनों में कोई सगवाय सम्बन्ध नहीं है, क्योंकि लोक के लिए लोक की भाषा या शैली में कविता करके कोई लोक-कवि तो हो सकता है, पर उसका काव्य लोक-काव्य तभी बन सकता है, जब वह अपने कवि को लोक की गंगा में बिलकुल घुला दे और लोक-कवि के रूप में अपनी सत्ता ही एकदम मिटा दे, तब उसके गीत के लोक-कण्ठों द्वारा संस्करण बनेंगे, बिगड़ेंगे, बनते-बिगड़ते लोकगीत की आख्या जब धारण करेंगे, तब तक लोक-कवि के व्यक्तित्व का पूर्ण विलयन हो चुका होगा।

इस बात को समझे बिना लोक-मंगल की आराधना का मर्म समझा नहीं जा सकेगा। विद्यापति, तुलसी, ईसुरी, हरिदास, बंशीधर, विश्राम, भिखारीदास और ऐसे ही अनेक कवि मिलेंगे, जिन्होंने लोक-भाषा में लोक-उत्सवों के लिए लोक-भावना को वाणी देने की कोशिश की है और सच्चे माने में लोक-कवि की गद्दी पर वे पधराये जा सकते हैं। पर उनके गीत लोक-गीत नहीं कहे जाने चाहिए, क्योंकि उनमें उनका व्यक्तित्व अभिनिविष्ट है। लोक-जीवन में उनका भी प्रभाव बहुत तीव्र है, शायद अन्य शिष्ट

साहित्य से कहीं अधिक; पर लोक-जीवन का पूर्णतः तादात्म्य जिस साहित्य से है, वह इनसे कुछ भिन्न है। लोक किसी व्यक्ति का सृष्टत्व तब तक नहीं छीनता, जब तक वह स्वयं सम्पूर्ण हृदय से उसका उत्सर्ग लोक को कर नहीं देता। इस शुद्ध रूप को ही घेरकर लोक-साहित्य की परिधि है। उस साहित्य में लोक-मानस में विकसित मंगल की उस रूप में पहचान करने की कोशिश करनी चाहिए, जिसमें व्यक्ति के हाथों की मेंहदी या उसकी आँखों का काजल एकदम धुल गया हो और उसमें लोक-दृष्टि का निखार आ गया हो।

इस सम्बन्ध में दूसरी बात जो महत्त्व की है, वह यह कि लोक-साहित्य जनपदीय बोलियों का बाना धारण करके भी जनपदीय न होकर सर्वदेशीय है और जो लोक-साहित्य के अध्ययन के नाम पर अलक्ष्य गति से जनपदीय संकीर्णताओं को जन्म दिया जा रहा है, वह सचमुच में लोक-साहित्य की मूल भावना के साथ अपघात है। लोक-साहित्य ऐसे हितैषियों से प्रसारित होने की अपेक्षा उपेक्षित रहने में ही शायद अपना अधिक कल्याण मानेगा। वस्तुतः इसी से मैथिली, भोजपुरी, मगही, अवधी, बुन्देली, बाघेली, व्रज, मालवी, कौरवी, राजस्थानी या लहँदा आदि विभिन्न भाषाओं के गीतों में जो एक ही प्रकार की विषय-योजना, प्रतीक-योजना, वाक्य-योजना और संगीत-योजना पायी जाती है, वह लोक-साहित्य की उस देश या काल को अभिव्याप्त करनेवाली मानवीय वृत्ति के कारण ही। बहुत ही सामान्य परिवर्तनों के साथ भाई-बहन, ननद-भौजाई, माँ-बेटी, सास-बहू, प्रोषित-प्रोषितपतिका और सखी-सखा के मानवीय सम्बन्धों को आधार बनाकर सरस भाव-योजना सर्वत्र की गयी है और सर्वत्र इस योजना को मंगल की सृष्टि के लिए उद्दिष्ट बनाया गया है। दुःख का निवेदन है, कलह का अंकन है, दैन्य का वर्णन है और ईर्ष्या का संकेत है, पर इन सबकी परिणति स्वाभाविक क्रम से लोक-मंगल में ही करायी गयी है। गहन-से-गहन पीड़ा का क्षण मंगल की कामना में आनन्दमय बन सकता है, यह यदि परखना हो तो लोक-साहित्य को सुनें और उसके उपयुक्त अवसर पर स्वाभाविक उल्लास की तल्लीनता में सुने। पढ़ने या रेडियो पर सुनने में उस सत्य का साक्षात्कार नहीं हो सकता। वह सत्य श्रुति का सत्य है, उसमें नवीनता से अधिक तन्मयता का बोध है। कला का चमत्कार उसकी भावधारा में विगलित हो जाता है और गायक तथा श्रोता दोनों उस सहज सत्य की उपलब्धि से एक हो जाते हैं। तन्मयता का यह बोध प्रादेशिकता क्या किसी भी सीमा को स्वीकार नहीं कर सकता। उपमान या विषय तथा आचार विधि के भेद-उपभेद कभी भी लोक-साहित्य के मूल उद्देश्य पर छा नहीं पाते, क्योंकि जिसे फार्म या बाह्य रूप कहा जाता है, उस पर आग्रह रखना लोक-मानस के लिए अकल्पनीय है। वैसे बाह्य रूप या शरीर का निर्व्याज सौन्दर्य 'सरसिजमनुविद्धं शैवलेनापि रम्यम्' की भाँति कला की पच्चीकारी से भी अपनी ताजगी के कारण अधिक मोहक लग सकता है और लगता भी है। 'दिनवा गिनत मोरी अँगुरी

खिअइलीं' (दिन गिनते-गिनते मेरी अँगुलियाँ घिस गयीं) या 'अमवा के नाई बाबू मउरें, महुअवा कँचलागै, पुरइन पात जस पसरैं, कँवल दल विहसैं' (आम की भाँति वह मंजरित हो, मधूक की तरह मधु-द्रवित हो, पुरइन की तरह प्रसूत हो और शतदल की तरह विहसित) या 'बँसवा की खुँटिया में दुइ रे करइली एक बँसुरिया एक बाँस' (बाँस की खूँटी में दो कर्ले फूटते हैं, एक बाँसुरी बन जाता है, दूसरा बाँस का डण्डा, उसी प्रकार एक ही माँ की कोख से कन्या और पुत्र दोनों जन्म लेते हैं) या 'भइया रे चिरइयै उड़ि गयी, बिरना रहि जइहैं निमिया अकेलि' (मैया चिड़ियाँ उड़ गयीं, नीम का पेड़ अकेला रह गया है, लड़कियाँ विदा हो गयी हैं, माँ अकेली रह गयी है) जैसी चुभती हुई उक्तियों में विदग्ध व्यंजना बीच-बीच में मोती की तरह पिरोयी हुई मिलती है, पर जिस तागे में ये मौक्तिक पिरोये रहते हैं, वह लोक-जीवन की कभी भी अन्त न होनेवाली मंगल यात्रा की अनन्त लम्बाई है। इसलिए लोक-साहित्य को बोलियों की भौगोलिक परिधि से घेरनेवालों का प्रयत्न उसके हित में कभी नहीं हो सकता, इससे उसकी गति अवरुद्ध होगी, उसका प्रवाह मन्द पड़ते-पड़ते एकदम रुक जायगा और उसकी भी दशा संग्रहालय में रखी हुई कला-वस्तुओं की-सी हो जायगी। आज यह आशंका कभी-कभी बहुत तीव्र लगने लगती है और उन नादान हितुओं की तत्परता से बड़ी घबराहट होने लगती है, जो वह बिलकुल ही भूल जाते हैं कि लोक-साहित्य लोक के लिए उद्दिष्ट है और लोक के द्वारा ही प्रणीत है। वह अवसर-विशेष का सहकारी होते हुए भी कालातीत है और देश-विशेष से सम्बन्धित होते हुए भी देशातीत है, क्योंकि उसका आधार मूल मानवीय वृत्तियाँ ही हैं, जिनके बहुमुखी उद्रेक को मंगलोन्मुख बनाने में उसका समस्त निर्माण विनियोजित है।

तीसरी विशेषता लोक-साहित्य की लोक-परम्परा से तादात्म्य है। उसमें नवोन्मेष पर न केवल बल नहीं दिया जाता बल्कि यथासम्भव तथाकथित नूतन उद्भावना का वहाँ तिरस्कार भी किया जाता है। उसमें पंक्ति-की-पंक्ति बार-बार दुहरायी जाती है। वाक्य-का-वाक्य पूरा-का-पूरा भिन्न-भिन्न सन्दर्भों में ज्यों-का-त्यों रखा जाता है। 'सोने के थारी', 'ऊँचे अटरिया', 'चनन के गछिया', 'मचिया बइठलि रानी' जैसे शब्द-समूह बार-बार उद्धृत किये जाते हैं, केवल इसलिए कि इनके साथ जिस अर्थ को पकड़ने या जिस प्रतीक को ग्रहण करने का अभ्यास पड़ा हुआ है, उसमें कोई नया व्याघात न हो और गीत के अभिप्राय के साक्षात्कार में सामान्य-से-सामान्य श्रोता को भी लेशमात्र असौकर्य न हो। काव्य में पुनरावृत्ति या अनवीकृतत्व दोष हो, पर लोक-साहित्य में वह गुण बन जाता है। यह गुण भी उसने लोक-परम्परा से ग्रहण किया है। उपनिषदों की उक्ति लीजिये, या नाराशंसी गाथा लीजिये, सर्वत्र सिद्ध उक्ति को ज्यों-का-त्यों दुहराने में ही उसकी अधिक सार्थकता मानी गयी है। शायद इसीलिए भारतीय साहित्य में सबसे अधिक लोक-दृष्टि रखनेवाले महाकवि तुलसीदास ने भी मौलिक प्रतिभा के चमत्कार

के पीछे अपने को अधिक न भटकाकर, गीता, भागवत या अन्य भक्ति-ग्रन्थों की सूक्तियों का ज्यों-का-त्यों प्रायः अनुवादमात्र कर दिया है। वे बजाय यह प्रभाव डालने के कि अपनी कोई मौलिक सूझ दे रहा हूँ, यह प्रभाव डालना लोक-मानस के लिए अधिक श्रेयस्कर समझते थे कि जो चीज मैं दे रहा हूँ, वह लोक-गृहीत है, लोक द्वारा बार-बार मथित है, इसलिए उसको नये सिरे से ग्रहण नहीं करना है, बल्कि उसके ऊपर से विस्मृति का पटल हटाना है। यही कारण है कि उनका काव्य सबसे अधिक लोकगृहीत हुआ है। लोक-साहित्य को कोई उपमान या प्रतीक या प्रश्नोत्तर-भंगि या शब्दचित्र घिसने या बासी होने का भय नहीं सताता और आश्चर्य की बात तो यह है कि अल्प ही अवधि में शिष्ट साहित्य के सैकड़ों प्रयोग पुराने पड़ जाने पर फेंक दिये जाते हैं, जब कि लोक-साहित्य में अनन्त काल तक पुराने प्रयोग अपनी ताजगी नहीं खोते। वन के फूल-फल झरकर भी जैसे नये वृक्ष में नयी शाखा में फिर उसी रूप में आ जाते हैं, उसी प्रकार लोक-साहित्य के प्रयोग भी नये कण्ठों में अपना नयापन पाते रहते हैं। शिष्ट साहित्य अधिकतर सेज का फूल होता है, वह क्षणमात्र सुरभि और शोभा देकर कुम्हला जाता है, वह एक के कर से दूसरे की वेणी में जाते-जाते म्लान हो जाता है। पर लोक-साहित्य वन का फूल है, उसका यही वैशिष्ट्य उसे सत्य के प्रकाशन में अधिक सक्षम बना देता है।

लोक-साहित्य की चौथी विशेषता उसकी सामाजिकता है। उसमें व्यक्तिगत सम्बन्ध गाये जाते हैं, पर व्यक्ति तब तक नहीं गाया जाता, जब तक कि वह लोक-मानस की किसी उदात्त कल्पना का मूर्ताधार न बन चुका हो। लोक-साहित्य में 'मैं' का स्वर बहुत क्षीण हो जाता है, 'खुदी' उसमें एकदम डूब जाती है, इसलिए विलक्षण अनुभूतियों का तमाशा देखने को वहाँ कभी भी नहीं मिलता। शिव, राम, कृष्ण, पार्वती, सीता, कौशल्या, यशोदा या देवकी जैसे चरित्र भी लोक-साहित्य के चौरस मैदान में उतरते ही अपनी गौरव-गरिमा भूल जाते हैं और लोक का बाना धारण करके लोक में ही मिल जाते हैं। यहाँ तक कि लोक का सुख-दुःख भी वे अपने ऊपर ओढ़ने लगते हैं। इसी से लोक-साहित्य की देव-सृष्टि भी अमानवीय और अपार्थिव नहीं लगती।

वस्तुतः व्यक्ति जब समाज से विश्लिष्ट होकर अपने ताने-बाने में उलझ जाता है, तभी उसके मन में भाव-ग्रन्थियाँ पड़ती हैं और उसकी मनोवृत्ति में एक दुर्बोध्य जटिलता आती है। लोक-साहित्य इन मनोग्रन्थियों की जटिलता से एकदम अछूता है। लोक-साहित्य की सामाजिक समस्वरता व्यक्ति की मनोविकृति के तार छूना नहीं चाहती है, प्रत्युत इस विश्वास में कि उसकी कल्पना का समाज व्यक्ति के सहज और निश्छल भाव से विकास की जीवित इकाई है, वह यन्त्रचालित पुंज नहीं है, वह एक भी बेसुरा राग या एक भी विकृति रखना नहीं चाहती। कभी-कभी इस सामाजिकता का गलत अर्थ भी लगाया जाता है और लोक-साहित्य को कभी-कभी ऐसे कुशल चितेरे

शोषण का चित्रपट बनाने लगते हैं। वस्तुतः लोक-साहित्य किसी भी वैसी सीमा के अन्दर अवरुद्ध नहीं होता, वह सर्वथा मतवाद निरपेक्ष्य होता है। लोक-मंगल को छोड़कर वह कोई मर्यादा नहीं मानता। उसमें दीनता का स्वाभाविक चित्र यथास्थान अवश्य मिलेगा, पर उसके साथ ही 'सोने की थाली में ही उसके जेवनार परसे जायँगे,' चनन की गछिया के तले, ही उसकी आमोद-क्रीड़ाएँ होंगी और मणियों से ही उसके आँगन का चौक पूरा जायगा, समस्त विश्व की ऋद्धि-सिद्धि उसके न्योछावर में लुटेंगी, क्योंकि उसे धरती के अचल सौभाग्य का अटूट धन प्राप्त है। इस तथ्य के आलोक में अंकित लोक-साहित्य में समाज-चित्रण को समझने की जरूरत है, अन्यथा उसका पारमार्थिक रूप तिरोहित ही रह जायगा।

लोक-साहित्य के सम्बन्ध में पाँचवीं महत्त्वपूर्ण बात यह है कि वह वाणी का प्रकृत रूप है, उसमें सँवार-शृंगार यदि है तो अपने-आप बिना किसी प्रयत्न के उसकी लय भी बहुत मुक्त है, उसकी अभिव्यक्ति बहुत सीधी और योजना बहुत सरल, पर इस प्रकृत रूप में एक अन्तःसौन्दर्य बराबर अभिव्यंजना के धरातल पर प्रवहमान् है, इस तथ्य को भी न भूलना चाहिए। प्रत्येक लोक-गीत या लोक-कथा में इस बात का ध्यान अवश्य रखा जाता है कि कौन-सा अंश परिहार्य है, जिसके बिना भी कल्पना के सहारे अर्थबोध में कोई कठिनाई नहीं होगी और कौन-सा अंश अपरिहार्य है, जिस पर बार-बार बल दिये बिना अभीष्ट अर्थबोध नहीं हो सकेगा। यही कारण है कि लोक-साहित्य का प्रभाव हृदय पर सीधे पड़ता है।

लोक-साहित्य की इन पाँच विशेषताओं के ऊपर मूर्द्धन्य होकर उसकी सबसे बड़ी विशेषता उसका मानव-जीवन की मंगल-साधना से तादात्म्य है, कहीं और कभी भी वह किसी के प्रति अमंगल की कामना नहीं करता। सतत गतिशील मंगल में उसका अजर-अमर विश्वास है। उसकी रागिनी प्रकृति और मानव जगत् की रागिनी है और उसमें उत्सव के सहज उल्लास का उमड़ाव है। दुःख की सच्ची अनुभूति उसकी मंगल कल्पना की आधारभूमि है, साध्यभूमि नहीं। साध्यभूमि उसकी लोक-मंगल की स्थापना ही है। इस एक तथ्य को भली-भाँति समझ लिया जाय तो लोक-साहित्य का विशद रूप भली-भाँति हृदयंगम किया जा सकता है और उससे नये साहित्यकार को एक नयी स्फूर्ति और प्रेरणा मिल सकती है।

खण्ड 3

स्वप्न

अनेन किम् नः छिन्नम्

कुछ लोग ऐसे होते हैं, जिनकी वन्दना इसलिए की जाती है कि उनकी वन्दना सभी करते हैं, कुछ लोग ऐसे होते हैं, जिनकी वन्दना इसलिए की जाती है कि उनकी वन्दना लोग करेंगे और कुछ लोगों की वन्दना इसलिए की जाती है कि उनकी वन्दना लोगों ने की है। पर दुनिया में कुछ ऐसे भी लोग होते हैं, जिनकी वन्दना चाहे किसी ने न तो की हो, न कर रहा हो और न भविष्य में करने की सम्भावना हो, पर जिनको वन्दनीय मानने में ही भले आदमी की कुशल रहती है। और ऐसे वन्दनीय जन पृथ्वी के किसी भी भूभाग में यदि न मिलें तो उस भूभाग का दुर्भाग्य समझना चाहिए। एक तरह से यह पृथ्वी जो टिकी हुई है, वह शेषनाग के दो सहस्र सिरों पर नहीं, बल्कि शेषनाग से भी द्विगुणित जिह्वाओंवाले इन वन्दनीय जनों के कन्धों पर ही टिकी हुई है। युगों-युगों से ये लोग अपने एक इशारे से कोटि-कोटि जनों की योजना को धराशायी करते आये हैं और अत्यन्त निरपेक्ष भाव से बिना किसी लाभ की कामना के केवल संसार के उपकार की चिन्ता में इन्हें कौन-कौन-से कष्ट नहीं झेलने पड़े हैं! रजक ये बने, जंगल में शेर को नरमांस का मजा चखाने के लिए बलिदान इन्होंने किया, दूसरे का सगुन बिगाड़ने के लिए नाक इन्होंने कटायी, दूसरे की खेती उजाड़ने के लिए 'पाला' ये बने, दूसरों के दूध में केवल मरने के लिए मक्खी ये बने, और कहाँ तक बयान किया जाय, इस संसार में जो अबाध गति से गौरी-गणेश की कृपा से स्नेह-बन्धनों की शृंखला बढ़ती रहती है, उनको समय-समय पर तोड़ने और उनकी गति पर नियन्त्रण करने का सुयश इन्हीं को प्राप्त है। जहाँ मलयसमीर चन्दन की सुरभि, चन्दन का परिमल उड़ाता चला जाता है, वहाँ ये भुजगों की श्वास बन जाते हैं, जहाँ कोयल की तान पर आम मंजरित हो जाता है, वहाँ ये वृश्चिक का दंश बन जाते हैं, जहाँ सौन्दर्य की वर्षा होती है, वहाँ ये गाज बन जाते हैं, जहाँ गुलाब बुलबुल को चूमने के लिए मचलता है, वहाँ ये उसकी नन्हीं छाती में चुभने के लिए शूल बन जाते हैं और जहाँ अमृत का मंगलघट चन्द्रमा पूर्ण होने को होता है, वहाँ ये राहु बन जाते हैं और अन्त में जहाँ हृदय में विश्वास जमने को होता है, वहाँ ये सन्देह की धीमी आँच बन जाते हैं।

इनकी साधना के आगे सबने सिर झुकाया है। ऐसी अहैतुकी प्रीति सचमुच स्पृहणीय होती है, क्योंकि ये किसके नन्दन-कानन में चिनगारी फेकते हैं, उससे कोई इनका मतलब नहीं। इनका मतलब केवल चिनगारी फेंकने से रहता है। चिनगारी फेंकना इनका धर्म है। घर हो, समाज हो, अपना ही पति हो, अपनी ही पत्नी हो, पिता हो, पुत्र हो, मित्र हो, बन्धु हो या अपना ही हितचिन्तक क्यों न हो, पर ये इतने निर्लिप्त भाव से चिनगारी फेंकने का काम करते हैं कि जब तक जगत् श्मशान नहीं बन जाता, तब तक इनकी चिनगारी, जो इनके हृदय की हो एक स्फुलिंग-कणिका होती है, बुझ नहीं पाती। इनकी छाती जुड़ा नहीं सकती, जब तक इनके आगे-पीछे, बायें-दायें, ऊपर-नीचे सब सूखकर धूसर नहीं हो जाता और वैशाख-जेठ की तपती दुपहरी में इन्हें जो आत्मतृप्ति मिलती है, वह झूठ-मूठ में वैशाखनन्दन कहे जानेवालों को क्या मिलती होगी? पर यह आत्मतृप्ति कितनी क्षणिक होती है कि जेठ उतरता नहीं कि इनकी आत्मा-सरीखे सूने आकाश में जाने कहाँ से मृगशावकों-से बादल जुट जाते हैं और इनके डँसने से मुरझायी धरती लहलहा उठती है, पर धैर्य भी इनका तो ऐसा है, जो धरती को मात दे। ये धरती छोड़ आकाश चले जाते हैं और वहाँ बादलों के अन्तःपुर में बैठकर उसकी गृहस्वामिनियों को अपने घर आने के लिए न्यौता दे आते हैं।

लोग समझते होंगे कि वन्दनीय जन संसार में दुर्लभ होंगे, पर सो बात नहीं है। आप इनका स्मरण कीजिये और ये आपको तत्काल वहीं साक्षात् सेवा में उपस्थित मिलेंगे। इनकी पहचान यदि आप करना चाहते हैं, तो थोड़े-से शब्दों में इनकी पहचान यह है कि जो उल्लू से भी अधिक बात-बात में दर्शनशास्त्र की शास्त्रीय व्यवस्था देने लगे, विनय और सेवा में जो धर्मराज युधिष्ठिर के पीछे-पीछे चलनेवाले कुत्ते को भी शिकस्त दे दे और बात-बात में सत्य और धर्म की दुहाई देने में जो बूढ़े जरद्गव को भी शिक्षा देने का दावा करने लगे। प्राणिजगत् के सबसे बड़े राजनीतिज्ञ श्रृगाल पण्डित आज भी इनसे पाठ लगवाने आते हैं और अर्थशास्त्र तो इनका मुख्य विषय है। इतिहासज्ञ लोगों से इनका रक्त-सम्बन्ध है, क्योंकि बात-बात में यह किसी का भी इतिहास उधेड़ सकते हैं और किसी का भी इतिहास मिटा सकते हैं। हाँ, इनसे यदि कोई पनाह माँगता है तो वह है बेचारा साहित्य और कालिदास, बाण, भवभूति, तुलसीदास, कोई भी न बचा, जिसने कोसों दूर से इनको साष्टांग दण्डवत् प्रणाम न किया हो। सभी साहित्यकार जानते हैं कि किसी की भी 'महिमामृगी' इनके वचन-वाणों से बची नहीं है। इसलिए सबसे पहले स्तुति इन्हीं की करनी चाहिए। एक प्रकार से साहित्य में यह परम्परा बन गयी है कि सबसे पहले वन्दना इन महापुरुषों की की जाय, जो गीता के कर्मयोग की शिक्षा को अमल में लाते हुए विशुद्ध निस्पृह भाव से दूसरों की हितहानि किया करते हैं। महाज्ञानी भर्तृहरि ने तो अन्त में हारकर इन्हें 'ते के न जानीमहे' यह कहकर इनकी महत्ता मुक्तकण्ठ से स्वीकार की है।

जाने तो यह आज भी नहीं जा सके हैं। हाँ, कुछ-कुछ पहचान, जैसा कि मैंने ऊपर लिखा है, किसी हद तक की जा सकती है। जब आप देखें कि मिलने के दूसरे क्षण में ही आप बात-की-बात में या तो इतने ऊँचे आसमान में उठा दिये जायँ या वादरायण सम्बन्धों के द्वारा भी ऐसे घनिष्ठ बना लिये जायँ कि इसकी आपको सौ जनम में आशा न रही हो, तो आप समझिये कि आपके सामने एक वन्दनीय जन उपस्थित हैं और इसके पहले कि आप घुलें-मिलें, मेरी सबसे पहली सलाह होगी कि आप हाथ जोड़कर इनकी वन्दना करें कि प्रभु तुमने बहुत नचाया और इस सृष्टि को बहुत भरमाया, अब आप यदि अपना भवजाल समेटें, तो बड़ी कृपा होगी। आपकी इस वन्दना के स्वर गूँजें, इसके पहले ही वन्दनीय जन का, 'अदर्शनं लोपः' हो जायगा।

जब आप देखें कि आवश्यकता से अधिक सत्यवादिता का परिचय दिया जा रहा है और दूसरे की निन्दा में खरी बातें कहने का उत्साह नीर-क्षीण-विवेक के स्तर से बहुत ऊपर उठ गया है तथा साथ ही बार-बार अपने को तटस्थ घोषित करने का प्रयत्न सांख्य की साधना को नगण्य कर चुका है, तो आप सँभल जाइये, आपके सामने खलयोग के योगेश्वर बैठे हुए हैं। इनका खलयोग ऐसा-वैसा खलयोग नहीं है। इनकी वाणी के खरल में काठ-से-काठ और पत्थर-से-पत्थर ओषधि हो, वह बुकनी हो जायगी। उसी खरल-योग की पिसाई को शुद्ध भाषा में खलयोग कहा जाता है।

इनकी विभूति कुछ ऐसी होती है कि उसके पुण्यप्रताप से बड़ा-से-बड़ा वरदान भी पलक भाँजते-भाँजते अभिशाप बन जाता है।

यदि कुछ और गहराई में उतरा जाय, तो इन वन्दनीय जनों की तीन श्रेणियाँ होती हैं। एक तो वे जो सबके शत्रु तो हो सकते हैं, पर मित्र किसी के नहीं। दूसरे वे, जिनकी शत्रुता और मित्रता बिलकुल उभरी हुई होती है और अन्त में तीसरे वे जिनके चेहरे से ऐसी अजातशत्रुता बरसती है कि सबके वे मित्र बन जाते हैं और यदि कभी वे किसी के साथ शत्रुता करते भी हैं, तो यह बतलाना कठिन हो जाता है कि वह शत्रुता इनकी शत्रुता है या मित्रता का ही दूसरा स्वरूप है। तीसरी कोटिवाले महापुरुष ही सबसे अधिक वन्दनीय हैं, क्योंकि पहली दो कोटियोंवालों का विष मन्त्र आदि से उतर भी जाता है, तो तीसरे के काटे की लहर नहीं आती है। पहली कोटिवाले महापुरुष एक प्रकार से सभ्यता और शिष्टता का नाजायज फायदा उठाते हुए लोक-हित के कितने स्वाँग भरते रहते हैं। कभी वे निष्पक्ष और निर्भीक पत्रकार बन जायँगे, तो कभी किसी राजनैतिक दल के चोटी के नेता बन जायँगे, तो वे एकदम परिष्कृत भूमि पर उतरकर शुद्ध रूप से गुण्डागिरी करने लगेंगे और ऐसे लोग बहुत जल्दी नामजद हो जाते हैं। कुछ लोग इनके लिए कुछ मासिक बन्धन लगा देते हैं और कुछ लोग अभ्यस्त हो जाने पर इन्हें अन्धे सियारों की श्रेणी में डाल देते हैं, जो हवा तेज चलने पर भी भूँक उठता है और कुछ लोग केवल मनुष्य की इस सज्जनजीवी वृत्ति की नीचता पर तरस खाते रहते हैं और सही बात यह है कि करुणा के ही ये पात्र हैं। यद्यपि अपने को ये संसार

की महाशक्ति मानते हैं और यह समझते हैं कि इनके विरोध के भय से ही संसार काँप रहा है और इनकी भौंह टेढ़ी होने पर कोई भी सिंहासन उलट सकता है, पर सही बात यह है कि मनुष्य की जिस अनैतिकता में ये सौदा करते रहते हैं, वह इनकी सतर्कता के कारण तो कम, पर शासन की ढिलाई के कारण अधिक कानूनी शिकंजे में चाहे न आये, यह दूसरी बात है, किन्तु जो ईश्वरीय न्याय है, उसके अन्तर्गत आये बिना नहीं रहता और बहुत अल्प काल में इस प्रकार के पेशेवर निन्दक सबकी नजरों में गिर जाते हैं, और उनकी निन्दा धीरे-धीरे लोग स्तुति के रूप में ग्रहण करने लगते हैं। उनकी निन्दा जो ओड़ जाय, उसको यह समझा जाता है कि वह उनके अनुचित तर्जन या धमकावे में आया नहीं और उसकी नैतिकता बहुत ऊँची है और जिसकी निन्दा ये न करें या करना छोड़ दें, उसको यह माना जाता है कि वे कहीं-न-कहीं उनसे झुक जरूर गये हैं। एक प्रकार से उन्हें निन्दाजीवी कहा जा सकता है और चूँकि बेचारों की रोटी इसी से चलती है, इसलिए इन्हें यदि वन्दनीय सूची से खारिज करने की भी सिफारिश की जाय, तो उसमें काफी बल होगा।

दूसरी श्रेणी के महापुरुषों में अधिकतर किसी विशेष जातिवाद के सूत्रधार या किसी विशेष हित के संरक्षक या किसी विशेष गिरोह के सरदार मिलेंगे, जो प्रत्येक ऐसे व्यक्ति को चाहे वह कितनी भी सद्‌भावना और ईमानदारी के साथ ही उनके वर्ग के हितों के सोलह आने अनुकूल नहीं जाता तो अपने समूचे वर्ग के साथ उसके पीछे हाथ धोकर पड़ जाते हैं और कोई भी उचित-अनुचित उपाय नहीं बचता, जिसको वे अमल में लाये बिना रह जायँ। वे अपनी साया में आने से इनकार करनेवाले व्यक्ति की पुरानी-से-पुरानी दुश्मनी का शोध कर डालते हैं और उसकी छोटी-से-छोटी कमजोरी को तिल का ताड़ बना डालते हैं और थोड़े ही समय में उसके चारों ओर ऐसा जाल बिछाते हैं, जिसमें वह यदि नहीं फँसता, तो यह उसके पूर्व जन्मों के पुण्य का प्रताप कहना चाहिए और यदि एक बार भी फँस जाता है तो जिस नृशंसता से उसकी यह बलि चढ़ा सकते हैं, उसका परिमापन करना मनुष्य की लेखनी के बूते के बाहर है। इस प्रकार इनका उपकार एक बहुत बड़े पैमाने पर होता है और ये उपकारों की वह शृंखला जोड़ते जाते हैं, जिसमें मानवता के प्राण छटपटाने से लगते हैं।

तीसरी श्रेणी के महापुरुषों का विरुद बड़ा लम्बा-चौड़ा है। ये सचमुच निस्वार्थ भाव से पर-निन्दा में रत रहते हैं और यदि एक दिन भी पर-निन्दा या ठीक-ठीक कहा जाय तो कर्णमैथुन ये न करें, तो न इनको अन्न हजम हो सकता है, न इनको नींद आ सकती है और कोई आवश्यक नहीं कि ये एक ही की निन्दा करें या जिसकी निन्दा करें, उससे इनकी या इनके मित्रों की कोई शत्रुता हो या उस निन्दा करने से इन्हें कुछ प्राप्ति हो, ये तो विशुद्ध भाव से केवल इसलिए कि निन्दा इनका धर्म है, निन्दा इनकी आत्मा है, निन्दा इनका प्राण है, ये दूसरों की निन्दा करते हैं। ऐसे लोगों की निन्दा का असर भी बहुत जबर्दस्त होता है। प्रायः लोग ऐसे निन्दकों की बात पर सहज ही विश्वास

कर लेते हैं; क्योंकि ये किसी के शत्रु जो नहीं होते हैं। बड़े कलात्मक ढंग से जब ये किसी की चर्चा चलायेंगे, तो पहले तो यह लगेगा कि ये उसका गुणगान करने जा रहे हैं, किन्तु थोड़ी ही देर में यह खुलने लगेगा कि आज उसको तर्पण देने के लिए आपने कुशजल लिया है और यदि कहीं वह तर्पणीय व्यक्ति इस बीच में दुर्भाग्यवश वहाँ निकल आया तो इतनी सादगी के साथ अपनी बात को उलटकर ये तुरन्त उसको सुधार लेते हैं कि इनके श्रोता भी विमुग्ध हो जाते हैं। घर-घर इनका अबाध प्रवेश है; क्योंकि ये जिसके घर पहुँचेंगे, उसकी तारीफ बाद में करेंगे, पहले उसकी गृहिणी की, उसके बच्चों की और उसके घर की तारीफ के पुल बाँध देंगे। इसका परिणाम यह होगा कि घनिष्ठ मित्रों को चाय-जलपान मिले या न मिले, इन्हें भोग सबसे पहले लगेगा। एक तरह से ये पूजा के गणेश हैं। सब लोग जानते हैं कि चाहे हम पूजा कितनी भी करें, किसी-न-किसी दिन हमारी भी चुगली कहीं-न-कहीं ये सज्जन किये बिना रहेंगे नहीं, तब भी इन विघ्नेश्वर जी की वन्दना सर्वत्र की जाती है और आचन्द्रदिवाकरौ पृथ्वी पर की जाती रहेगी, जब तक मनुष्य की वह दुर्बलता बनी हुई है, जो अपनी स्तुति से अधिक दूसरों की निन्दा में अधिक अनुराग रखती है। केवल उस दुर्बलता पर जीनेवाले इन वन्दनीय जनों का अस्तित्व कितना दृढ़ है, यह सहज ही में इस बात से अनुमान लगाया जा सकता है कि प्रेमगाथाओं के नायक 'हाल' को भी स्वीकार करना पड़ा है कि प्रेम यदि टूट सकता है तो पिशुन-जन के जल्पित से ही, नहीं तो राम-जैसे एकपत्नीव्रतधारी सीता का परित्याग क्यों करते! कुशल केवल इतनी ही है कि संसार में सौ में नब्बे आदमी पिशुन नहीं होते, केवल दस होते हैं और ये दस क्षीर-सागर में भी खटास डालने की एकान्त क्षमता रखते हैं। एक तरह से ये लोग मनुष्य के प्रेम और सौहार्द के सरप्लस को बैलेन्स करने के लिए सिंकिंग फण्ड हैं। दूसरे शब्दों में सिन्धुपात्र को भी रोखनेवाले ये सफेदपोश सोख्ते हैं। ये इतने चिकने घड़े हैं कि इन पर किसी के उपकार, स्नेह या उदारता किसी भी गुण की एक बूँद भी नहीं ठहर पाती। कैसा ही अद्वैत सम्बन्ध क्यों न हो, पर उसमें द्वैध भाव ला देना इनके बायें हाथ का खेल है और ये एक बार जिस स्नेह को पी लें वह फिर जी नहीं सकता। साहित्य ने तो इनसे परित्राण न पाकर अन्त में लोक त्याग का पथ अपनाया है और विशेष रूप से इसीलिए लोक-संग्रह या लोकाराधना को ध्येय न मानकर निरपेक्ष रूप से लोक-कल्याण-साधना ही साहित्य का ध्येय माना गया है। इसका कारण केवल यही है कि लोकाराधना करने में इनसे बचना बड़ा मुश्किल है। तुलसीदास-जैसे लोकसंग्रही के ऊपर ढेलेबाजी कराने से ये बाज नहीं आये और उन्हें खीझकर कहना पड़ा कि किसी ससुरे की बेटी से बेटा नहीं ब्याहना है—

धूत कहौ अवधूत कहौ रजपूत कहौ जुलहा कहौ कोऊ।
काहू की बेटी सो बेटा न ब्याहब काहू की जाति बिगारन सोऊ।

तुलसी सरनाम गुलाम है राम को जाको रुचै सो कहो सोउ सोऊ।
माँगि के खाबो मसीत कै सोइबो लेबे को एक न देबे को दोऊ।

शंकराचार्य-जैसे संन्यासी को भी कभी ऐसे ही लोगों की व्यर्थ की आलोचना के उत्तर में कुछ कड़ी बात कहनी पड़ी थी कि, 'अनेन कि नः छिन्नम्' अर्थात् इससे हमारा क्या उखड़ा? मानव-हृदय की निगूढ़तम पीड़ा के पारखी महाकवि भवभूति ने तो यहाँ तक लिख दिया कि जो लोग हमारी आज निन्दा कर रहे हैं, वे यह भली-भाँति जान लें कि उनके लिए हमारा यह साहित्य नहीं है। हमारे साहित्य की पहचान करनेवाला इस पृथ्वी के अनन्त छोर में और समय के अनन्त प्रवाह में कहीं-न-कहीं कभी-न-कभी कोई पैदा हुए बिना न रहेगा,

ये नाम केचिदिह नः प्रथयन्त्यवज्ञां
जानन्ति ते किमपि तान् प्रति नैष यत्नः।
उत्पत्स्यतेस्ति मम तु कोऽपि समानधर्माः
कालोह्ययं निरवधिर्विपुला च पृथ्वी।।

मुझे भी उक्त तीनों प्रकार के महापुरुष मिले हैं और अप्रत्याशित रूप से मिले हैं। साहित्य-चर्चा के बहाने रोज मेरे प्राण खाकर मेरी ही जड़ में माठा देते रहे हैं और मेरे प्राणों से भी अधिक महँगे प्राण शायद मेरी पत्नी के हैं, इसलिए अपने प्राणों की कीमत न भी आँकूँ तो जो चाय बनाने में और जलपान बनाने में उनके प्राण झँसते रहे हैं, वह इन महापुरुषों के नाम खाते चढ़ा हुआ है। पर संसार भर के प्राणों का नाम खाता जिसके बट्टे खाते में चढ़ा हुआ हो, उसके लिए एक-दो प्राणियों के प्राणों का क्या मूल्य। बहरहाल इन लोगों ने हमारे प्राण खाने तक ही अपने को सीमित रखा होता, तो भी कोई बात होती। इनमें से अधिकांश ने जो घनघोर कृतघ्नता का परिचय दिया है, उससे मेरा यहाँ का प्रवास अतिशय तिक्त हो गया है और यहाँ की धरती से तथा उसकी संस्कृति से गहरी अनुरक्ति होते हुए भी जो एक निरन्तर विरक्ति बढ़ती जा रही है, वह केवल इसलिए कि मन इस अनुताप में कि मैंने तो किसी का अहित नहीं किया, फिर इतने अहितचिन्तक यकायक कहाँ से जनम गये, किन-किन जनमों का लेखा-जोखा लेने में मेरी जीवन-यात्रा की इस घनी छाया में विषधर नाग बनकर आ गये, दिन-ब-दिन घुलता जा रहा है और भावना सुन्न पड़ती जा रही है। इस अवसाद से उबरने का एकमात्र उपाय या तो चुपचाप पलायन है, फिर शंकराचार्य या तुलसीदास की उपेक्षावृत्ति अपनाना है। उपेक्षावृत्ति अपनाने के लिए जो परिपक्व निठुरता अपेक्षित है, वह अभी नहीं है और साथ ही पलायन करने की कायरता कभी रही नहीं, इसलिए नये सिरे से सीखी जा सकती नहीं है, इसलिए अब भी नहीं है, इस द्विविधा में जब-जब मैं डूबने-उतराने लगता हूँ, तब-तब इन वन्दनीय जनों की स्मृति और भी शूल की तरह उभर जाती है और झख मारकर मुझे इनकी अपकार शक्ति को हाथ जोड़ने पड़ते हैं।

●

चिरइया एक बोलेले

भोजपुरी के एक मंगलगीत की पहली कड़ी है 'ए भोरे रे भइलें भिनुसार चिरइया एक बोलेले, मिरुग बन चूँगेले' यह गीत विवाह के पाँच दिन पूर्व से विवाह के दिन तक भोर के आवाहन के रूप में प्रथम मन्त्र की भाँति उच्चरित होता है। इसमें भोर का स्मरण, पितरों का स्मरण, घर के अभाव का स्मरण और मंगल के अमोघ प्रभाव का स्मरण किया जाता है। यह स्मरण प्रतिबोधित होता है पहली चिरइया की बोली से, जिसे भिनुसार का पहला आभास होता है और यह चिरइया अपने कर्कश कण्ठ से कान के पर्दे चीरनेवाला मुर्गा न समझी जाय, इसका देहाती नाम ठाकुर चिरइया है, क्योंकि इसकी बोली में 'ठाकुर जी ठाकुर जी' की सदृशता मिलती है। इसका कण्ठ बहुत महीन और सुरीला होता है और शुक्रतारा के उगने के थोड़ी देर बाद इसकी प्रभाती उठती है। इसलिए इसे सुनने का सौभाग्य भी बहुत ही कम लोगों को मिलता होगा, क्योंकि बहुत कम लोग शुक्रतारा का उदय देखने के लिए उत्कण्ठित रहते हैं, अधिकतर लोग लोहा लगने की बाट जोहते रहते हैं और मुर्गे की कुकुड़ूँ कूँ के बिना प्रभात को प्रमाणित नहीं मानते हैं। ऐसे लोगों से उस सुरीली रागिनी का परिचय कैसे होगा! परिचय उनका होगा, जो जाँते पर झीना आटा निकालने के साथ झीनी रागिनी निकाला करती हैं और अपने जँतसार की विराम-सन्धियों में जिन्हें ठाकुर जी की टेक मिल जाती है, उनका होगा, जिनकी पलकें कार्तिक की तैयारी में लग नहीं पातीं और ताव से बोने का उत्साह जिनको ज्वर-सा उत्तपित किये रहता है, उन्हें ठाकुर जी के स्थान पर बोओ-जोतो का सन्देश उस चिरइया से सुन पड़ता है। परिचय उनका होगा, जिन्हें गाँव की लम्बी डगर चलनी होगी और जिनकी अधखुली आँखें सुकवा तारा की गति निरखती रहती हैं तथा जिनके पग पृथ्वी और अम्बर के उस पहले गीत के ताल पर चल पड़ते हैं और अन्त में परिचय उनका होगा, जिनकी आँखें रात के जादू से एक पल भी झँपती नहीं और अपलक उस जादू का रहस्य-भेदन किया करती हैं, जब तक कि वह जादू उतरने को नहीं होता। एक प्रकार से वह जादू इस जादूभरी रागिनी से ही उतरता है, जिससे ऐसे लोगों की नींद आँखों से नहीं कानों में स्वर की बूँद पड़ने से लगती है।

भोर तो सब जगह होती है और एक-दो पंछी भी हर एक मुँड़ेरी पर आकर मनुष्य को प्रकृति के साथ उसके पुराने सम्बन्धों की गाथा मनुष्य, उसे सुने या न सुने, चाहे न चाहे, गाहे-बेगाहे रो-गाकर कभी-न-कभी सुना ही जाते हैं। लेकिन एलार्म घड़ी या मिल के भोंपू या सूरज की गरम धूप से जिनकी नींद खुलती है, उनको एक चिड़िया के बोलने के साथ प्रभात-वेला का तादात्म्य कभी सपने में भी नहीं झलकेगा। उन आँखों की पलकें जिन सपनों से भारी होती हैं, वे सपने भी उसी जनरववाले, चकाचौंधवाले तथा स्नो की लपटवाले अपरूप जगत् के होते हैं। उन सपनों के सूने आकाश में भला कहाँ से आँगन की जूही या द्वार की चम्पा के घने पत्रजाल में से प्रातःसमीर की सिहरन को स्पन्दित करनेवाली तथा प्रथम मिलन के पिछले पहर की विथकित पर उन्मद शिंजिनी की खनकार में अपना स्वर अत्यन्त कौशल से मिलानेवाली विहग दूती कूकने आयेगी और कूककर अम्बर के आँसुओं से भीनी और उत्कलित दूर्वादलों से पुलकित धरती का सन्देश या आभार-स्वीकार या पुनः उस अम्बर की दैनिक अपरिहार्य ज्वाला के लिए स्निग्ध समर्पण-वचन या कुछ और देर बिलमने की अनुराधना पहुँचायेगी।

आज़ का युग सन्देशों से भरकर मधुवन का कूप बन गया है। प्रत्येक कलम गहनेवाले की गँवार-से-गँवार वाणी गोकुल की गोपी की तरह क्षण-क्षण पर सन्देश भेजते-भेजते कुएँ तक पाटती जाती है। इसलिए रोने के सन्देशों से पटे हुए युग में सही सन्देश की पहचान नहीं रह गयी है। सही सन्देश वस्तुतः इन अनगिन रोनों का संक्षिप्त उत्तर है, सोलह हजार गोपियाँ या सोलह हजार ऋचाओं की उत्कण्ठा का उपशम है और वह सन्देश इनके आराध्य गोपीवल्लभ के जीवन मन्त्र 'त्यक्त्वोत्तिष्ठ परन्तप' की आवृत्ति है। वह सन्देश जागरण के तप पर बल देता है, स्वप्न के सुख का वह तिरस्कार करता है। वह ध्यान करता है कि जगत् में जागरण की वेला आयी, चिड़िया 'ठाकुर जी' गाकर तीन लोक के जागरूक ठाकुर की याद दिला गयी। मृग वन चुगने चलें, हलधर खेतों की ओर चलें, बहुएँ जाँते पर चलें। उठो, जागो और सोये हुए पितरों को जगाओ। दूध दुहाने जायँ, घर में न धेनु है न गाभिन गायें ही हैं। बँहगियों दूध आये और छाछ की नालियाँ बह निकलें, क्योंकि महान् मंगल की वेला आयी है।

'ए भोर रे भइलें भिनुसार चिरइया एक बोलेले, मिरुग बन चूँगेले
ए भोरे खेतवन हर लेके चल हरबहवा त बहुवर जाँते
ए जाइ रे जगावहु कौन बाबा जासु दुहावन
ए नाहिं मोरे धेनु न गाभिन सब मोरे ऊसर
ए दुधवा त आवै बँहिगवा त मठवन नारि बहै।'

यह सन्देश उस अकेली चिड़िया की सुरीली कण्ठध्वनि से जो सुन पाया, वह बड़भागी है और जो सुनकर उसे प्रत्येक मंगलवेला में अपने स्वर में उसे भरकर सुना पाया, वह लोककण्ठ दूना बड़भागी है। अभागे वे हैं, जो चिरइया की वह पहली बोली

एक क्षण भी न सुन पाये हैं, वह बोली, जो अवनि और अम्बर के समवेत जागरण की संयुक्त घोषणा है, जो अवनि से उठती है और अम्बर में भर जाती है, जो दुहराये जाने की कोई प्रत्याशा नहीं रखती है और जो अपने अकेले गायन से समस्त जगत् के जागरण-गीतों को जूठी बना देती है। उससे भी अधिक अभागे वे हैं, जो सुनकर भी उसे गह नहीं पाये, जिन्हें अपने शाश्वत रुदन से भरे हृदय में उस सन्देश के लिए किसी कोने-अँतरे में जगह नहीं मिली और चिड़िया बोली 'मृग वन में तृण चुँगने चले', जाँते की चक्की घूम चली, पर पितरों की स्मृति जगाने की बात तो दूर रही, स्वयं अपने को जगाने का जिन्हें उत्साह नहीं आया, जिन्हें दुरन्त अभाव का रोना भर आता है, पर अपने बाहुबल से दूध-दही बहानेवाले शतजीवी आर्य पूर्वजों के आशीर्वाद से जिन्हें प्रेरणा ग्रहण करना नहीं आता है और जिन्हें मंगल-वेला के लिए मानसिक उल्लास की तैयारी करनी नहीं आती है।

मैं इन अभागों की बात सोचते-सोचते जब सोचता हूँ तो पाता हूँ कि देहात की बँसवारियों का मर्मर मुझसे दो वर्षों का व्यवधान कर चुका है। ठाकुर चिरइया की आवाज भीतर-ही-भीतर धीमी गूँज बन चुकी है। भोर के खेतों से निकलनेवाले बैलों की घण्टियों की टुनटुनाहट स्वप्न की स्मृति बन चुकी है और जँतसार के गीतों की स्वर-लहरी एक असंख्य कम्पन की अछोर रेखा बन चुकी है, पर भोर का वह मंगल-गीत बेले के गजरे की तरह अब भी मन में महक रहा है और इस गजरे में गाँव के जागरण की समस्त कलाएँ पिरोयी हुई हैं। यह गजरा महक रहा है इसलिए कि मैं लोक-साहित्य को फैशन माननेवाले लोगों से अपने को एकाकार न कर सका और सबसे अधिक जन के बीच रहने के कारण जन को तो कुछ-कुछ समझ सका, पर जन को अपने उलटे जप से विलुप्त करनेवाले जनवाद को नहीं समझ पाया। मेरी इस नासमझी और गँवारपना ने ही वह महक जतन से बचा रखी है।

जब मैं भूलना चाहता हूँ कि कारी नागिन कही जानेवाली रात से भी अधिक काले क्रूर डसीले नागों ने मेरे हाथों से दूध पीकर मुझे ही बार-बार डसा है, जब मैं भूल जाना चाहता हूँ कि दूध पिलाने की ममता मुझे सन्ताप देती है, जब मैं भूल जाना चाहता हूँ कि निश्छल व्यवहार पर सहज-अविश्वासी लोगों की प्रतीति नहीं होती और इसलिए विश्वास सदैव मनुष्य की प्रवंचना बन जाता है, जब मैं भूल जाना चाहता हूँ कि प्रतिदान न माँगने से लोग उलटे कर्जदार मानने लगते हैं, और अन्त में जब मैं भूल जाना चाहता हूँ कि प्रेय कभी श्रेय हो नहीं सकता, तो मुझे केवल उस भिनुसार की अगवानी करनेवाली अकेली चिरइया की प्रभाती की सुधि में मनचाही विस्मृति की छाँह मिल जाती है और इस छाँह में ही मैं खोया हुआ विश्वास वापस पा जाता हूँ।

मैं अपने को बाहर फैलाकर जब देखता हूँ, तब मुझे अपने देश के असंख्य अमुखर कण्ठों से अव्यक्त रूप से एक ही ध्वनि सुनायी पड़ती है कि 'चिरइया एक बोलेले'।

गरुड़ के डैनों का अभ्रभेदी निनाद और कबूतर की टोलियों की गुटुरगूँ के कोलाहल के बीच घने अन्धकार की प्रगाढ़ छाया में निश्शंक भाव से अदम्य विश्वास के साथ वह अकेली चिरइया बोल उठी है। उसकी इस पतली आवाज में सुप्त मानवता ने अपने अस्तित्व की आदि प्रतिज्ञा दुहरायी है कि वह बन्धन में पड़ने के लिए नहीं, बल्कि मोक्ष के लिए है, उस आवाज में अम्बर का ऊर्ध्वंग अभिमान बोला है, उस आवाज में धरती की अपार तितिक्षा लहरायी है, जो अपनी मधुरता में समस्त विराव संराव की तीव्रता घोलकर उन्हें मधुर बनाने की क्षमता रखती है और उस आवाज में ऊषा का प्रथम अभिनन्दन करनेवाला महान् इतिहास उचरा है कि भविष्य-निर्माण के लिए नींव में पितरों की आशीष छिपी हुई है, ईंट और गारा सँभालो, भवन तुम्हारे हाथों ढला तैयार है। हाँ यह जरूर है कि इस आवाज को गुँजा वही सकता है, जो पहले इसे भर सके। और जिन्दगी की कसम खाने मात्र से ही जिन्दगी का गीत बनने का जो साहित्य दावा करता है, वह इस आवाज को अपने में नहीं भर सकता। जो जिन्दगी की तपस्या की श्रम-वारि से भरा नहीं, वह साहित्य छूँछा है और छूँछे घट में मंगल की अवतारणा कम भी नहीं की जा सकी। यह आवाज वह श्रम-वारि माँगती है, सबसे अधिक साहित्यकार से। श्रम-वारि के अनन्तर यह माँगती है, पंच पल्लव और धान्य से परिपूर्ण पात्र पर कमल की अल्पना। पर श्रम-वारि उसकी पहली माँग है और आज का साहित्य बिजली के पंखे के नीचे का साहित्य है। उसमें श्रम की बूँद उठने नहीं पाती, उठती भी है, तो पल-भर में सुखा दी जाती है, मानो साहित्य में द्रवणशीलता ही नहीं रही। यह द्रवणशीलता ताप से आती है, रस की उत्पत्ति तेज से होती है और पानी ताप का ही रूपान्तर होता है। इस सत्य को ग्रहण किये बिना उस ताप की रागिनी को नहीं समझा जा सकता जो भोर की सुखनिंदिया का परित्याग कर देती है, केवल इसलिए कि उसी वेला में ब्राह्म मुहूर्त्त को ध्यान की घड़ी बनानेवाले पूर्वजों के पुण्य प्रताप का चिन्तन एकाग्रभाव से किया जा सकता है। उसी वेला में 'गोकामा वयं ब्रह्मविदो नमस्कुर्मः' इस प्रतिज्ञा के साथ ब्रह्मचर्चा करनेवाले आदित्यवादी याज्ञवल्क्य की अर्चना की जा सकती है, छकड़ा लादनेवाले महाज्ञानी रैक्व की पूजा की जा सकती है, "उत्तिष्ठत जाग्रत प्राप्य वरान्निबोधत क्षुरस्य धारा निशिता दुरत्यया दुर्गे पथस्तकवयो वदन्ति" का उद्बोधन देनेवाले यमराज की वन्दना की जा सकती है और उनसे जीवन की तपस्या के लिए सम्बल ग्रहण किया जा सकता है। वह तप की भावना ही एक दूसरे भोर-गीत में बबूल की छाया में मण्डप छाने के उल्लास का अनुभव कराती है। साथ ही तप की वह भावना किसी समूह के अनुवर्तन या किसी सम्प्रदाय के प्रवर्तन या किसी लोक के अनुधावन की लेशमात्र भी चिन्ता नहीं करती, यद्यपि वह स्वयं लोकहिताय और लोकसुखाय इस लक्ष्य से प्रेरित है। वह अकेलेपन में विवशता या हताशा का अनुभव नहीं करती। वह

उसमें भी उत्साह पाती है, उसमें विश्व को समेटनेवाला आत्म-विश्वास है, क्योंकि उसकी आत्मा विश्वात्मा से एकाकार है।

व्यष्टि रूप से आज साहित्य में तप की भी अर्चना है, आनन्द की भी परिकल्पना है, बुद्धिवाद का भी विलास है और भावना की भी रंगीनी है, पर इन सबके अंकन में एक विशृंखलता ऐसी है, जो पूर्ण मंगल की अवतारणा नहीं होने देती। मंगल के लिए सामूहिक आयोजन भी है, पर सिद्धि नहीं है। इसका कारण यदि ढूँढ़ना हो, तो उस 'चिरइया' की आवाज सुननी चाहिए और इसके बाद उस आवाज से मंगल की प्रेरणा लेनेवाली लोक-रागिनी सुननी चाहिए और तब यह लगेगा कि उस एक 'चिरइया' में जैसे तत्सत् की पूर्ण उपलब्धि हो गयी हो और विश्व की गति, विश्व का आनन्द, विश्व का बोध और विश्व के कण्ठ का मंगल उसके कण्ठ से एक साथ खुल पड़े हों, तब यह मर्म खुलेगा कि खेतिहरों, गोपालों और वनवासियों की युगों की चिन्ता जिन उपनिषदों में सूत्रित हुई है, वे ही उपनिषद् सहज आनन्द-बोध लोक-मानस से प्रवाहित होनेवाली अपौरुषेय रागिनी में समर्पण कर गये हैं। तभी इसका भी अर्थ उघरेगा कि भारत की वह एक 'चिरइया' एक होते हुए भी अनेक को चुनौती है, अपने स्वर की उच्चता के बल पर नहीं, बल्कि अपनी शाश्वत मधुरता और पवित्रता के कारण और अपनी बोली में नवमंगल के उदय का विश्वास भरे रहने के कारण।

●

धीरे-धीरे मुरली बजाउ

कल रात मैं सुख से सो न सका। कारण बहुत-से हो सकते हैं। बाढ़ से डँसे हुए घर की चिन्ता, डासन-असन में ही जिन्दगी ढुहुरते देख व्यर्थता की चुभन, जड़ता और आलस्य से लड़-झगड़कर जो कुछ लिखा-लिखाया भी उसका प्रसार नहीं हुआ, जिनके बीच प्रसार हुआ भी, उनसे जनवादी उपदेश ही अधिक सुनने को मिले, प्रतीकों का मोह छोड़ दो, बूर्जुआ रंगीनी के चक्कर में न पड़ो, जीवन-सत्य के प्रति ईमानदार बनो, घबराओ नहीं, तुममें मूल तत्त्व किसी मात्रा तक अवश्य है, पर उसे सही लीक नहीं मिली है, इसलिए सही लीक पकड़कर चलो आदि आदि, शायद इसके अनुध्यान के कारण या लम्बे अरसे से स्वेच्छा से यक्ष बना बैठा हूँ, इसकी कुछ तपन हो बहरहाल नींद नहीं आयी। बादल भी जैसे बरसों की भूल एक साथ सुधारने की उतावली में पास के टीनों पर बूँदों की टंकार मारते रहे, नींद आती भी थी, तो उखड़ जाती थी। बरबस सपनों में उलझ गया... कि कानों में एक कड़ी गूँजी 'नन्दक नन्दन कदब क तरु तर धीरे-धीरे मुरली बजाउ' आँखें खुलीं और देखा कि अपने गाँव के हीरासागर पोखरे की पूरबवाली अधढही भीट पर बैठा हुआ मैं सन्ध्या की लाली की प्रतिच्छवि जल में निहारने की कोशिश कर रहा हूँ। पर लो, यह तो काली घनघटा घहर आयी है और हीरासागर एकदम स्याह हो गया है, जमुना के कालीदह-जैसा और इसमें वर्षा की होड़ में भँवरें खौल उठी हैं। मैंने भीट के उत्तर किनारे पर बरसों से खड़े कदम की डालों की छाँह पानी चाही, तो गहरा धक्का लगा, इस साल की बाढ़ में वह कदम भहरा गया और जड़ ऊपर, कंकाल तन नीचे, भूत जैसा उसका इतिहास तालाब में सिर धुन रहा है। पर गीत फिर गूँजने लगा और इतने में बिजली कौंध गयी...

देखा कि भीट पर माटी के हाथी पर सवार हीरासागर की देई गाँव की बूढ़ी सयानी काली माई के थान की ओर बढ़ रही है, पीछे-पीछे सम्मोहित-सा मैं भी चला। हीरासागर की देई पुरइन पहिरे और गले में कँवलगट्टे की माला डाले बारहों मास घूमती है, ऐसा सुना तो बहुत था, पर भर आँख देखने को आज मिला। इतने में मैंने गौर किया कि उनके माथे पर पाटी में गुही हरसिंगार की लर और कदम्ब के फूल का टीका सरक गया

है, देई की आँखें डबडबा आयी हैं, 'लोचन जल रहि लोचन कोना'। मैं भी गहबरा आया, पर गाँव के दक्खिन नीम के नीचे ऊँचे चबूतरे पर रात-भर चौकी करनेवाली काली का दिल नहीं पसीजा और वे कड़क उठीं "क्यो रे कँवलदेइया, मुझे रोज-रोज क्यों दिक करती है? तुझे कहाँ से बात-बात पर बड़ी दया-ममता उमड़ आती है?" हीरासागर की देई सहमी नहीं, मुग्ध स्वर में कूक उठी—

"कमलाअरा ण मलिआ हंसा उड्डाविआ ण अ पिउच्छा
केण वि गामतडाए अब्भं उत्ताणअं फलिहम्।।"

(बड़ी फुआ, न तो कमलों के झुण्ड-के-झुण्ड मसले गये और न हंस ही उड़ाये गये। पर किसी ने चोरी से मौका पाकर आकाश को उलट करके इस हीरासागर पोखर में फेंक दिया है।)

बूढ़ी दाई, तुमने देखा नहीं, इतनी बड़ी घटना हो गयी और तुम इसे भी छोटी बात कहोगी! आकाश ही क्यों समूचे गाँव का दैव उलटकर इस पोखर में डुबो दिया गया, तुम बारह वर्षों से लगातार बाढ़ आते देख रही हो। गाँव में नवमी-पूजा साल-दर-साल संक्षेप होती जा रही है, पँचइया (नागपंचमी) के दिन भी सुआपंखी सारी देखने को नहीं मिलती बाढ़ उतर जाने पर खेत पथरा गये हैं, चारा की कटौती झेलते-झेलते बूढ़े बैल हल पर गिर-गिर पड़ रहे हैं, बीज जमने की कोई आशा नहीं, गाँव की रामलीला पार साल ही उखड़ गयी, दिवाली सिर पर आ गयी, पर न कहीं चूना से सफेदी हो रही है, न मकड़ी के जाले साफ किये जा रहे हैं, न कुम्हार का चक्का घण्टी बनाने के लिए घूम रहा है, न हरंगी हलवाई के यहाँ चीनी के खिलौने ढल रहे हैं और न धर-घर बत्ती ही पूरी जा रही है। पर तुम कराल कंकालिनी, तुम्हें तो चौगुना उल्लास होगा कि तुम्हारी प्रेतनगरी और आबाद होगी, अमावस्या और काली होगी और इस कालिमा में काला जुआ और तेज होगा। अभी काली जवाब के तैश में कड़कने को तैयार नहीं हुई थीं कि इतने में गीत की दूसरी कड़ी लहरायी "सामरि तोरा लागि अनुखन विकल मुरारि। जमुना क तीर उपवन उदवेगल फेरि फेरि ततइ निहारि।" ...सपना जैसे टूट गया और मैं सोचने लगा कि बाँसुरी का युग जाने कितना पीछे छूट गया, यह तो नगाड़ों से भी आगे दमामों का युग है, कान के पर्दे कभी इनसे फट चुके हैं, बाँसुरी की क्या बिसात कि वह सूने जमुना तट पर सायँ-सायँ की निराट् शून्यता में जाने कितने युगों से प्रतीक्षा में आकुल अकेले बैठे हुए गँवार गोपाल की व्यथा 'सामरि' तक पहुँचा सके।

इन 'सामरि' को अपनी आँखों से हाल ही में कलकत्ते में देख आया हूँ। बड़ा बाजार के साततल्ला बाड़ियों के सबसे ऊपरवाले तल्ले में सेफों, चेक बुकों और हवाई हुण्डियों में छमक-छमककर इन्हें थिरकते देखकर मुझे इनका वास्तविक रूप नहीं दिखा; इनका

असली रूप तो गोदामों की गर्द में आटा में बालू मिलाते समय, पिसी हर्दी में भूसी मिलाते समय, पिसी मिर्च में रँगी चोकर मिलाते समय, और दुनिया की जितनी भी असली चीज हो सकती है, उसमें एक हिस्से में तीन हिस्सा नकली चीज मिलाते समय मुझे दिखा। और तब मैं उस चरवाहे की बेकली समझ सका। 'सामरि' की जब छन-छन हेरा-फेरी दूर जादू के देश में हो रही हो, तब भला सान्त्वना मिले, तो कैसे मिले। सिवाय इसके कि मुरली जरा और धीरे, और भी धीरे बजायी जाय, इतने धीरे कि स्वर का कम्पन फैलते-फैलते गूँज बन जाय, वैसे ही जैसे ढेला फेंकने पर लहरें बढ़ते-बढ़ते अनन्त बन जाती हैं। पेशेवर नगारी (नगाड़ा बजानेवाले) कहेंगे कि वाह, यह तो बुजदिली है, जितनी ही तेज चोट की जायगी, उतनी ही और बुलन्दी आवाज में आयेगी और उतना ही और असर होगा, इस तरह अपने लय हो जाने की बात क्यों उठाते हो? बात उनकी सही है, क्योंकि वे यह नहीं देखते कि नगाड़ा तो दूर, मजीरा भी बजाने के लिए कसी कमर चाहिए, पर जिनकी कमर टूट गयी हो, जिनकी एक-एक उँगली नये स्वर की खोज में, नयी आशा की तलाश में और नये आश्वासन के अन्वेषण में बाँसुरी की पोरों पर नाचते-नाचते जड़ हो गयी हो और जिनकी आत्मा उजग में निस्पन्द हो गयी हो, उनसे चोट की आशा करना व्यर्थ है।

बाँसुरी उपवन की नहीं, वन की, आँगन की नहीं, गगन की और तन की नहीं, मन की चीज है। यही कारण है कि वह जमुना और वह जमुनातट, महारास की वह शरद्-पूर्णिमा, रूप का वह उच्छ्वसित ज्वार, कुमुद, मल्लिका और कह्लार की वह रसभीनी विथकित बयार और कदम्ब के श्यामल पत्र-जाल में से उझककर झाँकती हुई वह सलोनी श्याम मूर्ति, आज कल्पना के लिए भी अगोचर भले हो गयी हो, पर इन सबको अभिव्याप्त करनेवाली और देश-काल की सीमाओं को लाँघकर अपनी अनुगूँज भरनेवाली बाँसुरी सुनसान और वीरान अँधियारी में भी, 'दुखदारिद' के प्रबल 'दवारि' के बीच भी और हताशा के महाशून्य के नीचे, कंकाल तन की खड़खड़ में भी गूँज उठती है। तो क्या बाँसुरी की तान केवल सम्मोहन है, क्या वह 'अस्पन्दनं गतिमता' मात्र है। नहीं, ऐसा होता, तो तरुओं का भी पुलक वह कैसे बन पाती, नदियों के हृदय में मनोभव का आवेग कैसे भर पाती और सौ फणवाले विषधर कालिय का मानमर्दन कैसे कर पाती। उसे परब्रह्म की पराशक्ति मानने का अर्थ यह नहीं होता कि वह कोई अनुभव से विलग, स्पर्श से विलग, जगत् से विलग और उसके सुख-दुःख से विलग वस्तु है, क्योंकि ब्रह्म की परिभाषा पूर्णता है, रिक्तता नहीं। कोरी आध्यात्मिकता एक रीती और अधूरी कल्पना है, जिसमें भटकाव जितना मिले, तृप्ति नहीं मिल सकती। इतिहास से दर्शन को, दर्शन से साहित्य को और साहित्य से कला को विच्छिन्न देखने की जिसकी प्रवृत्ति होगी, मुरलीधर और हलधर, संगीत और श्रम की युगल छवि उसकी आँखों में समा नहीं सकती।

आजकल अन्न कमाने से अधिक अन्न खाने पर जोर है। दूसरे शब्दों में सुनहली बालियों से अधिक रोटी का जोर है। अनाज उपजाने के लिए प्रचार होता है, पर रोटी के लिए आन्दोलन होता है। आज रोटी पकाने की उतावली में बावली दुनिया उस गोपी के साथ एकस्वर होकर बाँसुरी के लिए खीझ उँड़ेलने लगती है।

मुरहर रन्धनसमये मा कुरु मुरलीरवं मधुरम्
नीरसमेधो रसता कृशानुरप्येति कृशतरताम्

मुरारी, "राँधने के समय तो यह रसीली बाँसुरी न छेड़ा करो, सूखी लकड़ी गीली हो जाती है, भभकती आग भी मन्द पड़ने लगती है, इसलिए इस समय तो दया किया करो।" मैं भी कहूँगा कि "छबीले मुरली नेकु बजाउ" सब कहीं न बजाओ, सब जगह बजाने लायक नहीं है, जहाँ दुनिया भर का भार वहन करनेवाले, जगन्नाथ जी का रथ वहन करनेवाले गधे की तरह अन्देशाबाजी हो, शिष्ट शब्दों में विश्व चिन्ता हो, जगदीश्वर के प्रति लोगों की प्रेम-प्रणति से अपनी चरण वन्दना का भ्रमामोद हो, वहाँ तान बिखेरने को मैं भी नहीं कहूँगा।

डाहभरी गोपी और डाहभरी बावली दुनिया को सूर द्वारा मुरली ने अपनी प्रेम-साधना का मर्म समझाया भी है कि विश्व के परमानन्द का रसपान करने के लिए उलाहना देने के पहले यह समझना चाहिए कि मुरली को जो अधर-शय्या मिली है, वह किस तपस्या, त्याग और साधना के कारण,

ग्वारिन समुझि उरहनो देहु!
पूछहु जाह श्याम सुन्दर कों, जिहि दुःख जुयों सनेहु।।
जनमत ही ते भई विरत चित, तज्यो गाँउ, निज गेहु।
एकहि पाउ रही हौं ठाढ़ी, हिम आतप अरु मेहु।।
तज्यो मूल साखा-सुपत्र सब, सोच सुखायी देहु।
अगिनि सुलाकत मुर्‍यो न तन मन, विकट बतावत बेहु।।
बकतीं कहा बाँसुरी कहि-कहि, करि-करि तापस तेहु।
सूर श्याम इहि भाँति रिझै, किनि, तुमहु अधर रस लेहु।।

अत्याचार के प्राचीर के भीतर पराधीनता की बेड़ियों में जकड़ी देवकी ने तुम्हारी अवतारणा के लिए तिल-तिल घुलकर दुसह दुःख झेला है, तुम्हारे जनम की मंगल-वेला में जो आततायी के आतंक से तुम्हारी सुरक्षा के लिए आनन्द-गीत अपने कण्ठ में पी गयी है, केवल इसलिए कि तुम्हारी बाँसुरी की तान खेत-खलिहान में बिखरे, वन निर्झर में बिखरे, गोधूलि के कण-कण में और गोधूलि के पीछे अनुधावन के प्रत्येक स्वेदकण

में बिखरे। स्वराज्य की कल्पना तुम्हें याद करके मोहक थी, उसकी साधना तुम्हारे वचनामृत से जीव्यमान थी, चाहे कर्मयोग के द्वारा, या चाहे अनासक्ति योग के द्वारा, पर आज वह साधना अपनी सिद्धि में श्रान्त है, दिन के परिक्षय से जैसे पक्षी श्रान्त हो जाते हैं, गगन की सीढ़ियाँ चढ़ते-चढ़ते जैसे दिनकर श्रान्त हो जाता है, कलस्विनी सरिताएँ मौनमुकुलित हो जाती हैं और गैरिक वस्त्रों में धरती ध्यानमग्न हो जाती है, वैसे ही भारत की साधना आज अपनी उपलब्धि में निस्पन्द है, क्लान्त है, मूक है, निस्तब्ध है और रंगीन बादलों के बीच भी एकदम रीती है। आज उसकी एक ललक है और एक कामना है कि हमारे वे अपने इस संझा से इधर निकल पड़ें जो द्वैताद्वैत, सन्धि-विग्रह, प्रेम-विरह और काव्य-दर्शन के प्रपंच से निर्लिप्त होकर हमारे बीच हममें से एक बनकर आ सकते हैं, जो खेतिहर की खेती और उसका गोधन सँभाल सकते हैं, जिनकी सुधि में व्यास की कपिला वाणी यीं पेन्हा उठती है—

वत्सलो व्रजगवां यदगध्रो वन्द्यमानचरणः पथि वृद्धैः।
कृत्स्नगोधनमुपोह्य दिनान्ते गीतवेणुरनुगेडितकीर्तिः।।
उत्सवश्रमरुचापि दृशीनामुन्नयन्खुरजश्छुरितस्रक्।
दित्सयैति सुहृदाशिष एष देवकीजठरभूरुडुराजः।।

श्रम की शोभा से कमनीय और गो-सेवा के कारण ही वृद्धों द्वारा भी वन्दनीय इस सुहृदानन्दिनी छवि की सुधि की आज एकमात्र कड़ी है मुरली और मुरली की आराधना में यहाँ के कवियों के उन्मद और विह्वल गीत। पर हाय, कैसी यह संझा है कि न गौएँ हैं, न गउओं की धूलि है, तारकोल की काली-कलूटी अछोर-सी डगर है, इसे जमुना मान भी लें, तो कदम्ब की डाल नहीं, बरसों से सफेदी की आशा में मुँह जोहे टूटी छत की मुँड़ेरी है, इसी को 'समय सँकेत निकेतन' मान लीजिये, वहीं कुछ खड़ा, कुछ बैठा-सा और अधिक तो सोया ही-सा मेरे मन का नन्दनन्दन है, मेरी प्राचीप्रीति की जठर में कुक्षि में सोय व्रजचन्द्र है, और वह बार-बार अपनी राधा या यों कहें मेरे खेतिहर देश की 'सामरि' श्यामा लच्छों को वंशी में टेर रहा है, टेर दशों दिशाओं को कँपा रही है और गँवार विद्यापति का सजातीय सनातन गँवार मन भी टेर रहा है—

नन्दकनन्दन कदम्बक तरुतर, धिरे-धिरे मुरलि बजाउ।
समयसँकेतनिकेतन बइसल, बेरि-बेरि बोलि पठाव।।
सामरि तोरा लागि, अनुखन बिकल मुरारि।।
जमुनाक तिट उपवन उद्वेगल, फिरि-फिरि ततहि निहारि।
गोरस बेचए अबइत जाइत जनि-जनि पुछ बनमारि।।
तोहे मतिमान सुमति मधुसूदन बचन सुनह किछु मोरा।
भनइ विद्यापति बर जौवति बन्दह नन्द-किशोरा।।

वनमाली से बिगाड़ इसीलिए है कि वह गोरस बेचने नहीं देता, गोरस के मुक्त विवरण को वह प्रश्रय देता है, आज गोरस चाहे वह दूध, दही, माखन या छाछ किसी रूप में हो, या दुखिया गौ पृथ्वी के फल-फूल-अन्न किसी रूप में हो या वाणी के किसी रस के रूप में हो, मुक्त कौन कहे सुलभ तक नहीं है, सुलभ है उसका अपमिश्रित रूप। पर तब भी सीधा-सादा ग्वाल-मन इस आशा में है कि कभी-न-कभी इस प्रकार के दुस्साहस का व्यापार करनेवाली गोपी को मेरे चरणों में आश्रय लेना ही होगा, इसलिए 'धिरे-धिरे मुरली बजाउ', मुरली धीरे-धीरे टेरे जाओ, टेरे जाओ, जब तक गोपी स्वयं गोरस की मटकी चरणों में लुटाने नहीं आती।

कदम की फूली डाल

आजकल तो कमल के फूल जरा कम खिलते हैं। वैसे तो सरोवर नहीं सूखे, कुछ नये सरोवर हकीकत में न सही, कागज पर खुदते ही चले जा रहे हैं, पुराने तालाबों की मरम्मत भी हो रही है, गाँवों में जलकुम्भी जैसे पिशाचों से उद्धार के लिए एक बड़े विशाल पैमाने पर उद्धार-योजनाएँ भी बन रही हैं, पर तो भी अब पुरइन में पत्ते कम आते हैं और इन पत्तों में से उझककर नाल पर लहरों की ताल के साथ कमल के मुकुल अब थिरकने नहीं आते, आते भी हैं तो बहुत छिपे-छिपे आते हैं। हिन्दी में भी लगभग दशा यही है। नयी मान्यताओं का निर्माण हो रहा है, पुरानी परम्पराओं का बहिष्कार किया जा रहा है। साहित्य को कुण्ठाओं आदि के कलुष से धोने के प्रयत्न हो रहे हैं। पर तो भी प्रत्येक दल जिसका एक-सा विकसित हो, जिसमें शत-शत मधुपों को पान कराकर भी न रीतनेवाला मकरन्द का अक्षय कोष हो, शाश्वत पर भीनी सुरभि हो, अनुराग की विविध छटाओं के बीच सोने की केसर हो और श्री की अंजलि, भारती का आसन, शिव का अर्ध्य, विष्णु का पाद्य और ब्रह्मा का ध्यान एक साथ भरने की क्षमता हो, वह कमल नहीं फूलता। शायद इस भय से कि जिस तरह उसकी पुरइन पत्तल बनाकर परसी जा चुकी है, कहीं उसके कमलगट्टे के लिए उसका व्यावसायिक उत्पादन उसके अस्तित्व को ही न लोप कर दे, वह सहम-सहमकर अपने मुकुल छितराता है। एक प्रकार से वह नैष्टर्शियम, पैञ्जी, वॉयलेट, सनोवर और गुलचीं के बहुरंगीपन के आगे अपना रंग जमाने में हताश-सा हो चुका है और इसलिए वह बड़ी तेजी के साथ अन्तर्धान होता जा रहा है।

पर कमल की बात अलग है। वह मानस की गहराई में पैरनेवाले हंस का प्रतियोगी है, योग-दर्शन का जिज्ञासु है, द्वन्द्वचर पतत्रियों का पक्षधर है, सौन्दर्य की मुखश्री है, श्री की हथेली का शृंगार है, श्रीपति के नयनों की छवि है, शिव के हृदय का उल्लास है, स्रष्टा की मति का प्रसाद है, सृष्टि को अपने स्पर्श से अलौकिक आभा देनेवाली वाणी की विश्रान्ति है, सविता का हुलास है, शक्ति की मुदित मुद्रा है और मनुज की देवत्व के लिए साकार आकांक्षा है। वह आभिजात्य का निर्मल जीवन और उत्कर्ष का उज्ज्वल प्रकाश माँगता है। बादल उमड़-घुमड़ रहे हों, पंक और जल एक हो रहे हों,

हंस दूर उड़ते जा रहे हों, वारिधाराएँ शर-वर्षा की झड़ी लगा रही हों, उस समय उसका उन्मथित होना भी स्वाभाविक है, उत्फुल्ल होना आकस्मिक घटना है। उस समय तो शत-शत शरसम्पात जिसके किंजल्क-जाल बन जायँ, वह कदम्ब ही फूल सकता है, क्योंकि उसमें शिरीष की चिड़चिड़ी सुकुमारता का दावा नहीं है, शरद् की निरभ्र निकाई का आग्रह नहीं है, ऋतुपति के नान्दीपाठ की लालसा नहीं है, उसको तो दुर्दिन की झड़ी का भी स्वागत करने की उमंग है, क्योंकि उसे दिनकर की रश्मियों से कोई प्रेरणा नहीं मिलती, चन्द्र की चाँदनी से अमृत का छिड़काव नहीं मिलता, उसकी धमनियों में तो मुरली की ब्रह्माण्डभेदिनी फूँक है।

गुलाब के लिए क्यारी चाहिए, कमल के लिए जतन से संरक्षित शान्त और निर्मल जल-अवगाह चाहिए, पर कदम्ब को धरती की विशाल गोद में दो अंगुल जगह मात्र बीज फोड़कर निकलने के लिए चाहिए। तुलसी के काव्य के लिए जिस 'सीय राम' के विमल यश के मानसर की आवश्यकता है, वह साधारण स्थिति में नहीं निर्माण किया जा सकता। दूसरी ओर आज की अधिकांशतः कविता भी शीशे के गृह के नीचे की सँभाल और न जाने कितनी पोथियों के पारायण के अनन्तर नाप-जोखकर उर्वरक-दान और झंझरों के रस-सिंचन का मधुर परिणाम है, प्रत्येक क्यारी में विजातीय खरपात की निराई, बेकायदे जाती हुई फुनगी की छँटाई और एक निश्चित आकार से अधिक जाने पर या जरा भी मुरझा जाने पर जड़ से सफाई, इन सब व्यापारों के लिए अतिशय ही कुशल हाथ चाहिए और बाहर के दुःख-सुख से एक गहरा विलगाव चाहिए।

एक दूसरे प्रकार के फूलों की इधर बाढ़ आयी है, जो रंग में बड़े शोख और चटकीले, पर कागज के बने होने के कारण स्पर्श में बड़े खुरदुरे और कहीं-कहीं तारों के कँटीलेपन के कारण बहुत चुभनेवाले भी होते हैं और जिन्हें कबूतर की गुटरगूँ पर खिलने को विवश किया जाता है। यद्यपि उनका उत्पादन एक सामूहिक पैमाने पर होता है, पर तो भी उनकी रंगसाजी के लिए एक विशिष्ट प्रतिभा की जरूरत पड़ती है, उनको सजाने और चमकाने के लिए सुदीर्घ शिक्षण की अपेक्षा होती है। और वैसे वे पहले प्रकार के फूलों से सस्ते और सुलभ हैं, पर उनके बाजार पर एक विशेष वर्ग की इजारादारी है। इन सब विलक्षणताओं में से किसी एक की भी अपेक्षा न रखता हुआ किसी सन्त के प्रसाद या माली की रखवाली या शिल्पी के कौशल की तनिक भी चाह न करता हुआ वह (कदम्ब) खिलता चला जाता है। केवल उसे भर आँख धरती के वक्षःस्थल में से उमड़ता हुआ रस देखने को मिलना चाहिए, उसके श्यामल पत्रजाल से गगन का ओर-छोर एकाकार होना चाहिए, हलधर के आत्मीय और कृषि के प्राण कृष्ण के जन्म के मंगलगान चाहिए, वह एक साथ ही फूलता और फलता चला जायगा, क्योंकि उसका फूल फूल भी है और फल भी है, उसमें फूल का शतमुखी विकास है, गन्ध है, केसर है और साथ ही फल की मिठास भी है।

जाने कितने ग्रीन हाउस बसे होंगे और उनकी छाया में पली हुई क्यारियों की जाति उनके साथ उजड़ गयी होगी और रंगसाजों के कितने अरमान अनगिन सावन-भादों की मूसलधार वर्षा में गल गये होंगे, पर कदम्ब का पेड़ वही है, जिसने ग्वालों के बीच में विश्व को अपनी ओर खींचनेवाले एक बालक की बाँसुरी सुनी थी, जिसने खड़े-खड़े विष की खौलती भँवर से कलिन्दजा का उद्धार देखा था, जिसने छह-छह महीने तक चन्द्रमा को रास में शारदीय राका से विजड़ित देखा था, जिसने देवताओं के पौरुष के केन्द्र इन्द्र का मानमर्दन गोवर्द्धन को धारण करनेवाले एक गोपाल द्वारा होते देखा था, जिसने ब्रह्मा का मोहभंग देखा था और जिसने धरती को उत्पीड़ित करनेवाले कंसों को धराशायी होते देखा था।

कदम्ब वही है और उस कदम्ब के फूल के साथ सौ-सौ दिशाओं में एक साथ विकसनेवाले लोक-मंगल का राग भी वही है। कदम्ब का पेड़ पुराना होकर भी पुराना नहीं हुआ, क्योंकि उसकी जड़ें पथरा गयी हैं, उसकी छाल रुक्षतर हो गयी है, उस तन में जाने कितने कोटर बन गये हैं, पर उसके फूल में वही ताजगी है, इसीलिए वह नया है।

लोक-मंगल का स्वर भी जन-चेतना के एकदम पाषाण बन जाने पर भी अपने बीच में जाने कितने दिनों से विषधर साँपों के एक ओर, रार मचानेवाले कौवों के दूसरी तथा अपनी अनुकरण-शक्ति के कारण सहज ही में पिंजरों में बँधनेवाले सुग्गों के तीसरी ओर बसेरा हो जाने के बावजूद भी उसका आह्लाद वैसा ही परिपूरित है, उसमें वैसी ही रमणीयता है। इस बीच शिष्ट कहे जानेवाले साहित्य ने कितने तर्ज बदले हैं और इस सब बदलने के बाद भी उसका बासीपन या जूठापन स्वयं उसकी दुकान सजानेवाले के मन में किस भाँति करका है, यह उन्हीं से पूछने की चीज है। बात यह है कि जैसे कदम्ब की कलम करने की कोशिश नहीं हुई, वैसे ही लोक-रागिनी को भी अपने मनमाने ढंग से रोपने की कोशिश नहीं की गयी। उसने साहित्य को शरीर दिया और प्राण दिया पर स्वयं उसने साहित्य से प्रतिदान कौन कहे एक चुटकी लोन भी उधार नहीं माँगा और क्योंकि वह रूखे-सूखे से ही सन्तुष्ट रहा, चिकनई से उसे कोई लगाव नहीं रहा।

जब कला ने अपने को सजाना चाहा, तब वह उसके सीमन्त में सौभाग्य-शृंगार बना, जब साहित्य ने तृषित कण्ठ से दो घूँट पानी माँगा, तब उसने कामधेनु बनकर दुग्ध-दान किया और जब गिरा और अर्थ के परिणय की मंगल-वेला आयी, तो उसी ने मिट्टी के पद्मांकित मंगल-कलश में मेघ बनकर चारों समुद्रों और सातों नदियों की पावन वारि भरी, पर कभी भी अपने दान का उसने दावा नहीं किया, अपने प्रभाव का कोई आतंक नहीं जमाया और यहाँ तक कि बदले में कृतज्ञता-स्वीकार तक न माँगा। इसका कारण यह है कि गमलों में फूल लगानेवाले अपने नाम का चाहे मोह रखें, अपने-आप सर-सरिता के फूल के रस से उमगकर उगा हुआ कदम्ब का पेड़ भला किस सुकृती की मुहर स्वीकार कर सकता है। उसके बीज से लेकर फूल तक के विकास की प्रत्येक

अवस्था में असंख्य प्रीतिस्निग्ध लोचनों की मंगल-कामना, रक्षा और उत्फुल्लता का ही बल रहता है। जब कोई लोकगीत रचा जाता है, कोई नयी शैली सिरजी जाती है, तब उसमें कोई एकाकिनी प्रतिभा काम नहीं करती, उसकी सृष्टि में असंख्य कण्ठ एक साथ योग देते हैं और उसका असली रूप तभी निखरकर सामने आता है, जब वह असंख्य कण्ठों के द्वारा दुहराये जाने के कारण मन्त्र के समान अमोघ बन जाता है। पुनरावृत्ति से साहित्य का नयापन नष्ट हो जाता है और इसीलिए शिष्ट साहित्य बराबर नयी सूझ, नये छन्द, यहाँ तक कि नये शब्द के पीछे भटकता रहता है, जब कि लोक-साहित्य पुनरावृत्ति पर ही जीवित रहता है। उसकी जितनी ही आवृत्तियाँ होती हैं, उतना ही वह अर्थवान् बनता चला जाता है।

साहित्य में जो प्रतीक घिस जाते हैं, जो चरित्र निर्जीव हो जाते हैं और जो विषय नीरस हो जाते हैं, वही लोकरागिनी का स्पर्श पाकर नयी चमक, नया जीवन और नया रस पा जाते हैं, उसी प्रकार, जिस प्रकार कदम्ब की डालों में पड़े हुए झूले की पेंग के साथ चढ़ती-उतरती कजली की तान में गाँव-गाँव की कन्याएँ अपने जीवन का खोया धन वापस पा जाती हैं और बेचारा गमले का फूल अपने अभिमान के ही तप में मुरझा जाता है। वह खुद भी अपने ऊपर देर तक आनन्द नहीं मना पाता, दूसरों को आनन्द देने की बात तो बहुत दूर है।

इधर बड़ी तेजी से साहित्य के पुराने और नये मालियों ने यह सोचना शुरू कर दिया है कि क्या बात है कि लोक-रागिनी में वह रीतापन नहीं है, वह विस्वरता नहीं है, जो उनमें है और क्या कारण है कि लोक-साहित्य में कोई भी चमक-दमक, कौंध-चकाचौंध या जादू न रहते हुए भी ऐसी मोहकता है, जो उनमें नहीं है, उनकी कृतियों में नहीं है और बहुत-से समझदार लोक-साहित्य का सत खींचने में या रंग निकालने में या साँचा ढालने में लग गये हैं। पर इन सबमें एक विलक्षणता लाने का प्रयत्न ही लोक-साहित्य की छाया को भी दूर भगा देता है। लोक-साहित्य कदम्ब के केसरों में अंचित धरती का पुलक है, जो उसे मेघ के जीवनदान की बेसुधी में होता है, सुधि दिलाते ही वह पुलक तिरोहित हो जाता है। वह रजनी का मुक्ताभ श्रमकण है, जो प्रकाश के हाथ फैलते ही पानी बनकर ढुलक जाता है। उसे हृदय की सीपी में ग्रहण किया जा सकता है, उसको हथियाने का प्रयत्न उसे विलीन कर देता है। उस पुलक को सिहरन प्राप्त करने के लिए बेसुधी की जरूरत है, बुद्धि-विलास की नहीं। इसीलिए त्रयताप से उद्विग्न मति कदम्ब पर लरजनेवाली कादम्बिनी का चुम्बन माँगती है।

स्मृतापि करुणातपं करुणया हरन्ती नृणा
मभङ्गुरतनुत्विषां वलयिता शतैर्विद्युताम्।
कलिन्दगिरिनन्दिनीतटसुरद्रुमालम्बिनी
मदीयमतिचुम्बिनी भवत कापि कादम्बिनी।।

जब तक कि मति अपने को इस प्रकार कदम्ब की घनी छाँह के प्रति नहीं अर्पित करती, तब तक वह स्वयं भी तप्त रहेगी और दूसरों को भी तप्त करती रहेगी और कविता भी जब तक कि अलका की वधू की भाँति अपनी माँग में कदम्ब के फूल का टीका प्रेम और उमंग से नहीं लगाती, तब तक उसका सौभाग्य सूना ही रहेगा। कदम्ब का फूल पदनख की ज्योति नहीं, कर-कमलों का लीला-कमल नहीं, कानों का शिरीष नहीं, नासा की लवंग नहीं, वह सीमन्त भरनेवाला सौभाग्य का शृंगार है। वह कुतूहल या लालसा की पूर्ति नहीं है, वह मंगल की परम सिद्धि का प्रतीक है, सुन्दरता का उसे मोह नहीं, मंगल के लिए उसकी ममता है, मंगल भी अपना नहीं, लोक का। लोक का साहित्य जिसे बनना हो, उसे उस कदम की फूली डाल की छाँह गहनी होगी। जिस पर बैठकर नन्दनन्दन ने विश्व को आनन्द से उल्लसित करनेवाली मुरली बजायी थी।

●●●